高等职业教育改革与创新新形态教材

公差配合与测量技术

主　编　贺义宗
副主编　李继明
参　编　李玉红　　王道青

机 械 工 业 出 版 社

本书采用项目任务模式，围绕单级齿轮减速器传动轴组零部件的相关公差配合技术规范的选择、解读及检测等方面的实际应用问题的解决，讲述了有关尺寸公差及检测、配合公差及检测、尺寸链的解算、几何公差及检测、公差原则、圆锥公差及检测、表面粗糙度及检测、滚动轴承及与其配合孔轴公差、键和花键连接的公差及检测、普通螺纹的公差及检测、渐开线圆柱齿轮的公差及检测等方面的知识。所涉及的所有相关标准均为现行国家标准。

每个项目都由学习目标、任务描述、任务分析、知识准备、任务实施、思考与练习六个环节组成。学生在明确学习目标、知晓学习任务的情况下，通过任务驱动，有针对性地学习相关知识，完成学习任务和思考与练习环节的作业训练，在解决问题中对所学知识进行总结和重构，有效提升学习效果。

本书为高等职业院校机电类专业基础课配套教材，也可供相关专业技术人员参考。

本书配套电子课件及思考与练习参考答案。凡选用本书作为教材的教师均可登录机械工业出版社教育服务网（http://www.cmpedu.com），注册后免费下载。

图书在版编目（CIP）数据

公差配合与测量技术/贺义宗主编. —北京：机械工业出版社，2023.3
（2024.8 重印）
高等职业教育改革与创新新形态教材
ISBN 978-7-111-72655-5

Ⅰ.①公… Ⅱ.①贺… Ⅲ.①公差-配合-高等职业教育-教材②技术测量-高等职业教育-教材 Ⅳ.①TG801

中国国家版本馆 CIP 数据核字（2023）第 028474 号

机械工业出版社（北京市百万庄大街 22 号 邮政编码 100037）
策划编辑：于奇慧 责任编辑：于奇慧
责任校对：潘 蕊 李 婷 封面设计：严娅萍
责任印制：刘 媛
涿州市般润文化传播有限公司印刷
2024 年 8 月第 1 版第 2 次印刷
184mm×260mm · 13 印张 · 315 千字
标准书号：ISBN 978-7-111-72655-5
定价：42.00 元

电话服务　　　　　　　　网络服务
客服电话：010-88361066　　机 工 官 网：www.cmpbook.com
　　　　　010-88379833　　机 工 官 博：weibo.com/cmp1952
　　　　　010-68326294　　金 书 网：www.golden-book.com
封底无防伪标均为盗版　　机工教育服务网：www.cmpedu.com

前　言

新时代的高等职业教育作为一种类型教育，以培养理想信念坚定、德智体美劳全面发展的高素质技术技能人才为目标。坚定人人都是中国特色社会主义事业的建设者和接班人、人人都是美好生活的创造者和守护者的决心，培养的人才都要具有一定的科学文化和专业技术技能水平，良好的人文素养、职业道德和创新意识，精益求精的工匠精神，较强的就业能力和可持续发展能力。

课程是教育的载体，正是不断完善更新的课程体系承载了培养高素质技术技能人才的教育任务。"公差配合与测量技术"课程是教育部最新公布的高等职业院校装备制造大类机械设计制造、机电设备等七个专业教学标准中的专业基础课或专业课。该课程讲述有关产品几何技术公差标准及其应用的知识和技术。随着科学技术的发展、生产水平的提升及产品制造国际化程度的深入，我国有关产品几何技术的规范逐步与 ISO 标准体系接轨且不断及时更新，所以课程配套的教材就需要及时引入新的标准，以适应生产技术快速发展的需要。

本书参照现行国家标准及机械行业标准，在遵循技术技能人才的成长规律，对接职业标准、职业资格（能力水平评价）标准，结合生产过程中的工作特点，兼顾专业知识逻辑体系的完整性和职业能力养成的具象性，以及总结多年教学经验的基础上编写而成。根据该课程普遍课时限制在 48 学时以内的现实，编者精心选择、设计和编排学习项目任务和知识内容。本书把有关尺寸公差配合及检测、几何公差及检测、公差原则及应用、表面粗糙度及检测作为重点内容，目标是使学生能深入学习和熟练应用，达到能解决相关实际问题的水平。另外，本书还介绍了尺寸链、圆锥的公差及检测、滚动轴承及与其配合的孔轴的公差、键和花键的公差及检测、普通螺纹的公差及检测、圆柱齿轮的公差及检测等知识，方便师生根据不同专业拓展需要选择教学。

本书的绪论，项目一、二，项目四的任务 2，项目五，项目八由兰州石化职业技术大学贺义宗编写，项目三由兰州石化职业技术大学王道青编写，项目四的任务 1、3、4、5 由兰州石化职业技术大学李玉红编写，项目六、七、九、十、十一由兰州石化职业技术大学李继明编写。兰州兰石检测技术有限公司岳永天工程师审阅了全书，并提出了宝贵的修改意见。

在本书编写过程中，得到了兰石检测技术有限公司、泰西（北京）精密技术有限公司、甘肃省职业技能公共实训中心精密测量实验室等单位技术专家的大力支持，在此表示衷心感谢！

由于编者水平有限，书中难免有疏漏或不当之处，恳请读者批评指正。

编　者

二维码索引

目 录

绪　论

当今的机械产品种类繁多、数量巨大，构成了现代文明的主要物质基础。比如我们生活中常见的轿车，2021 年全国产量为 976.5 万辆，这么巨量的产品，其零部件都是通过分散制造，然后集中装配的专业化协作生产完成的。如在长春装配的某型车上的零件，可能在长春车厂制造，也可能从天津、江苏、广东等地的生产企业定制，它们都能跟长春装配生产厂家的部件装配到一起而满足产品使用要求。同样，这么巨量的产品，在使用过程中免不了要维修，某一个零件损坏了，从市场上购买一件同规格的零件换上就好了。这种相互替换使用的情况在我们看来很简单。可是，世界上从来没有两个完全相同的物体，无论是冲压成形还是铸造成形、无论是减材制造还是增材制造、无论是普通加工或者精密加工甚或超精密加工，制造过程中产品的几何特征量（尺寸、形状等）的误差是不可避免的、是绝对存在的。确定误差的合理范围及控制误差是现实生产中需要解决的问题。

误差的确定与控制很复杂，它涵盖了从宏观到微观的产品几何特征，涉及产品开发、设计、制造、验收、使用以及维修、报废的整个过程，涉及产品几何特征及其特征量的诸多技术标准，是装备制造业永恒的课题、永恒的追求。

在此，先了解一下产品几何特征及其特征量的技术规范的实现过程。整个过程可以表述如下：

1）设计者根据零件的功能需求，确定零件的一组几何特征的允许偏差。

设计者首先确定一个具有理想形状的“零件”，即具有满足功能需求所需的形状和尺寸，该零件称为公称模型。它不能直接用于制造或检验（每个制造或测量过程有可变性和不确定度）。

其次，从公称几何形体出发，设计者假想一个零件实际表面的模型，该模型表达了实际表面预期的变化范围。该模型表示了零件的非理想的几何要素，被称为“非理想表面模型”。非理想表面模型用来在概念层次上模拟表面的变动，在这个模型上，设计者在功能有所降级但仍能确保使用功能的前提下，可以优化最大允许极限值。这些最大允许极限值即零件的每一特征的公差值。

2）检验提供了表明零件符合规范的客观证据。

制造人员或检验人员从阅读规范开始，并考虑非理想表面模型，了解规定的特征。从零件实际表面出发，根据所用测量设备，确定检验过程的各个步骤，然后通过比较指定特征的几何规范和测量结果，确定其符合程度。检验合格的零件，就意味着实现了几何特征量技术规范。

下面以"ϕ30mm 轴与特定孔装配后实现无泄漏运转的功能需求"为例，说明产品几何特征及其特征量的技术规范的实现过程。为了满足无泄漏运转的功能需求，设计者确定的功能规范是"无泄漏运转 2000h"，然后把这个功能规范转换成几何规范"轴 ϕ30h7 ($^{0}_{-0.021}$)，表面粗糙度 Ra1.6μm，滤波器截止波长 2.5mm"，即该轴的图样或技术文件；制造者正确解读该几何规范，制造出符合几何规范要求的轴，从而满足轴的功能要求。全过程如图 0-1 所示。

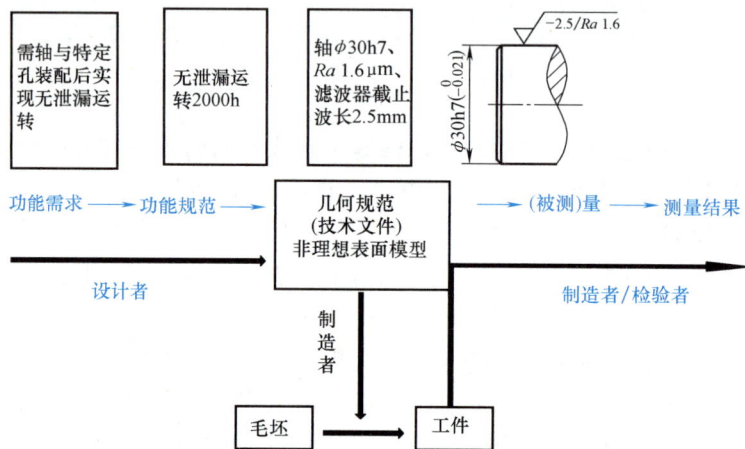

图 0-1　产品几何技术规范的实现过程

在整个产品几何特征及其特征量的技术规范的实现过程中，与本课程有关的几个方面如下。

一、公差与配合

公差与配合就是产品几何特征及其特征量的技术规范的具体体现。如国家标准 GB/T 1800.1—2020《产品几何技术规范（GPS）　线性尺寸公差 ISO 代号体系　第 1 部分：公差、偏差和配合的基础》，GB/T 1958—2017，《产品几何技术规范（GPS）　几何公差　检测与验证》，GB/T 1031—2009《产品几何技术规范（GPS）　表面结构　轮廓法　表面粗糙度参数及其数值》。它们是对零件及零件装配（连接）误差的限制。

随着科技的发展和技术进步，产品的功能要求在不断提高，产品几何技术规范中公差与配合的国家标准也在不断更新发展，如 GB/T 1800.1—2020，就是替代了 GB/T 1800.1—2009《产品几何技术规范（GPS）　极限与配合　第 1 部分：公差、偏差和配合的基础》。作为使用者，就必须及时学习、掌握、应用现行的公差与配合的国家标准。

二、测量技术

1. 测量及测量技术的定义

测量是将被测量与测量单位或标准量在数值上进行比较，从而确定两者比值的实验过程。本课程所涉及的被测量都是几何量，所以此处测量专指几何量测量。

测量技术就是测量实验的原理、设备和方法的统称。

2. 测量的意义与测量技术的发展

"没有测量就没有科学",我们每天都在进行各种不同的测量,测量数据是人类活动中最重要的信息源之一。

在机械产品的制造过程中,产品的几何量数据都是通过测量获取的,所以说没有高质量的测量,就生产不出高质量的机械产品。

我国精密测量与仪器工程专家、中国工程院院士谭久彬教授曾说过:在很多人的认识中,普遍存在着"质量保障"误区,我们常常认为质量是靠先进的制造装备来保障的。其实,只有先进的制造装备是不行的,特别是发展到精密、超精密制造阶段,测量不出来,就制造不出来。只有通过精确测量,才能精确找到产品质量不合格出现在哪里;只有对测量数据进行大量积累和深度分析,才能发现不合格的根源和误差作用规律;只有经过系统的精度调控,全面精准地消除产生误差的根源,才能最终提升产品制造质量。

伴随着科技的进步和社会的发展,机械产品的种类不断增多、性能不断升级,产品几何量测量技术也就需要不断发展。当今的几何量测量技术主要的发展方向是:①精密、超精密测量。测量精度从微米级向纳米级及更高等级发展,如中国航空工业集团已经研制出了纳米级三坐标测量机,在测量范围小于 40mm 范围内的分辨率可达 0.1nm。②非接触式测量。相较于触测和扫描等接触式测量,非接触式测量是利用光学原理,在不接触产品表面的前提下得到被测件的表面参数信息,大大提高了测量效率,扩大了测量范围。如飞机机翼、壁板、隔框、蒙皮等大型结构件的外形几何量检测,常用激光跟踪仪测量。③数字化、智能化、自动化综合测量系统。随着产品及其制造过程的复杂化、测量需求的多样化,需要多个参数的综合测量、产品的整体测量等,就需要专门的数字化、智能化、自动化综合测量系统,如飞机装配时在各个零件和组件按照产品技术要求进行定位和连接的过程中,就需要复杂的自动化测量系统才能保证。

坐标测量机、激光扫描测量系统、关节臂式三维测量系统、照相式光学三维扫描仪和摄影测量系统、大空间激光扫描系统、激光跟踪仪、激光干涉仪、全自动高精度影像测量系统等测量仪器设备代表着当今测量技术的发展方向。

三、互换性

1. 互换性的定义

零、部件的互换性按其互换程度,可分为完全互换性和不完全互换性。

1)完全互换性是指在同一规格的若干个零件或部件中任取一件,不需做任何挑选、修配或调整,就能装配到机器或仪器上,并能满足机器或仪器使用性能的特性。

2)不完全互换性是指在同一规格的零件或部件中,经过修配或调整,都能装配到机器或仪器上,并能满足机器或仪器的使用性能的特性;或者是同一规格的零件或部件,经过挑选或分组后,都能装配到机器或仪器上,并能满足机器或仪器使用性能的特性。

一般来说,零部件需厂际协作时应满足完全互换性,场内制造装配时,可采用不完全互换性。

2. 互换性的条件

理想条件:互换性零件的材料性能和几何技术特征完全相同、一模一样,没有差别(误差为零)。

实际条件：互换性零件的材料性能和几何技术特征方面的偏差在许可（公差）范围内，能保证使用性能要求即可。

本课程仅讨论零部件几何技术特征方面的互换性。以下所提到的互换性，均指几何技术特征方面的互换性。

3. 影响互换性的主要因素

影响零部件互换性的因素主要是零部件的制造误差。

4. 保证互换性的方法

要保证零部件的互换性，就是要把零部件的制造误差控制在许可（公差）范围内。要控制零部件的制造误差，需要从以下两个方面实施：

1）设计方面，要设定零部件几何技术特征的合理许可范围，即设定合理的公差。

2）制造方面，通过恰当的制造工艺和测量手段，保证零部件的制造误差在设定的公差范围内。

四、本课程的内容及学习目标、学习方法

1. 本课程的内容

本课程主要讲述机械产品几何技术规范（几何技术特征公差标准）及其标注知识和测量技术知识，常用结构件的公差标准及检测知识，为学生在以后的专业学习和工作实践中保证机械零部件公差配合技术要求的落实打下基础。

2. 本课程的学习目标

学生在学习完本课程后，要达到下列目标：

① 能解读机械图样上常用几何技术特征公差的标注。

② 能通过查阅相关几何技术规范的国家标准，解读机械图样上本课程未介绍的几何技术特征公差的标注。

③ 能合理选用和使用常用计量器具对常用机械零件几何技术特征参数进行测量、检验。

④ 能通过查阅相关几何技术规范的国家标准，合理选用和使用常用计量器具对本课程未介绍的有关机械零件几何技术特征参数进行测量、检验。

3. 本课程的学习方法

本课程的理论性和实践性都比较强，所以要学好这门课程，需要多读书、多思考、多实验、多查阅资料。

学习一门课程的目的是掌握该门课程所介绍的专业技术知识，更重要的是提升学习者的专业素养，即创造性地解决专业问题的能力。遇到问题，往往是学习的一个新的起点、新的动力；解决了问题，就会增加一份自信、壮大一些能力、激发一些专业兴趣，人就成长了一些。思考、实验、查阅资料等，不断地试错，直至成功，这是解决问题的常规方法。

大国工匠：顾秋亮

顾秋亮是中国船舶重工集团公司第七〇二研究所蛟龙号载人潜水器首席装配钳工技师。他凭着精到丝级的手艺，为海底的探索者——7000米级潜水器"蛟龙号"安装特殊的"眼睛"。蛟龙号的观察窗与海水直接接触，在海底7000米深处，面积大约0.2平方米的窗玻璃要承受的压力有1400吨重。而观察窗的玻璃与金属窗座是异体镶嵌，如果二者贴合的精度

不够，窗玻璃处就会产生渗漏，所以要求玻璃与金属窗座之间的安装缝隙要小于0.2丝（1丝＝0.01毫米）。这么小的安装间隙还不能用任何金属仪器接触测量，他只能靠眼睛观察和手上的触摸感觉来判断这0.2丝的误差，可谓神技。

为了练就这门功夫，"两丝"钳工顾秋亮的那双指纹已不清晰的手，给亿万观众留下了深刻印象。顾秋亮在钳工岗位上一干就是43年，能把中国载人潜水器的组装做到精密度达"丝"级。他把一块块钢板用手工逐渐锉薄，在钢板一层层变薄的过程中，用手不断捏捻搓摸，让自己的手形成对厚薄的精准感受力。手指上的指纹磨光了，但这双失去指纹的手却成了心灵感知力的精准延伸器。

项目一

尺寸公差及尺寸的检测

【项目描述】

在某型单级齿轮减速器中，传动轴（从动轴）零件的尺寸标注如图1-1所示。本项目要求解读零件图中直径尺寸和长度尺寸标注的含义，并选择合适的通用计量器具检测标注公差的尺寸，判断实际零件的相应参数是否合格。

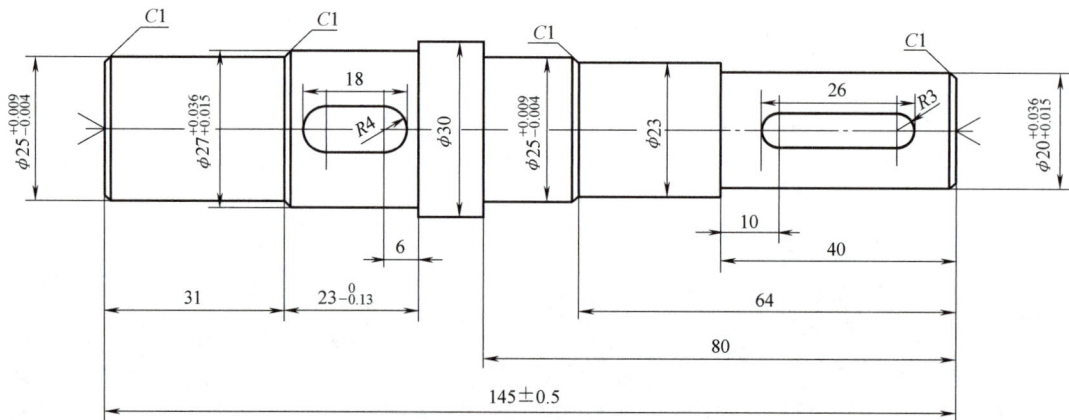

技术要求

未注公差尺寸等级按GB/T 1804-m。

图1-1 传动轴尺寸标注

【项目分析】

轴类零件的尺寸主要有径向尺寸和轴向尺寸（即直径和长度），一般有配合要求的轴颈径向尺寸的精度要求较高，其精度可采用"公差代号+极限偏差"形式的标注，也可只标注"极限偏差"，而轴向尺寸常采用"极限偏差"形式标注。对于非配合尺寸，可不标注公差，只在技术要求中说明参考标准及等级。要保证图样的尺寸精度要求，只有加工中通过选用适合的计量器具检测来实现。

要达到项目要求，就需要学习掌握有关尺寸及其偏差、公差的名词术语、标准规范、几何量检测、计量器具的选择方法及使用规范等知识。本项目分三个任务完成。

任务1　传动轴注公差尺寸的解读

【学习目标】

1. 能解释零件图中注公差尺寸的含义。
2. 会查阅标准公差值表和基本偏差值表。
3. 能通过查表和计算解读公差带代号的含义。
4. 认识公差带选用的标准推荐系列代号。

【任务描述】

解读传动轴图样中注公差尺寸的含义，如图 1-2 所示（3 个直径尺寸，2 个长度尺寸），并查阅基本偏差表和标准公差表，确定其公差带代号。

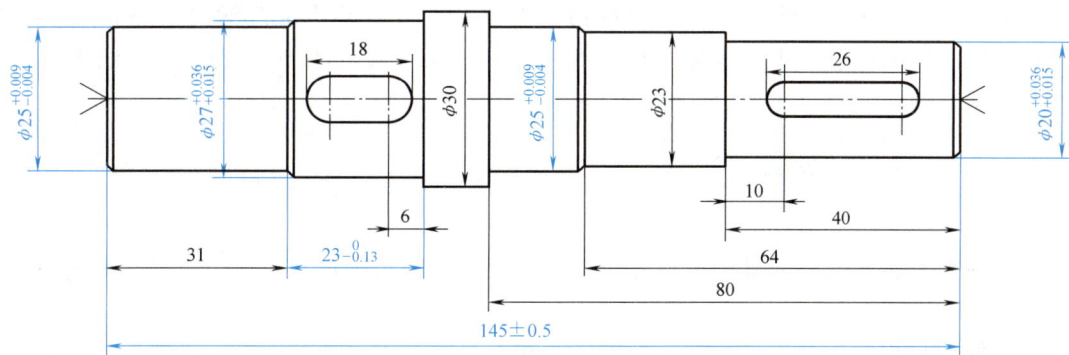

图 1-2　传动轴注公差尺寸

【任务分析】

要完成本任务，需要学习有关尺寸及其公差、偏差的名词术语、标准规范等相关知识。

知识准备

一、孔和轴的定义

1. 孔
孔是工件的内尺寸要素，包括非圆柱面形的内尺寸要素。

2. 轴
轴是工件的外尺寸要素，包括非圆柱形的外尺寸要素。

二、尺寸的定义

1. 尺寸
尺寸是以特定单位表示线性尺寸值的数值。在技术图样中或在一定范围内已注明共同单位（如在工程图样尺寸标注中以"mm"为默认单位）时，均可只写数字，不写单位，否则必须注明单位。

2. 公称尺寸

公称尺寸是由图样规范定义的理想形状要素的尺寸。它可以是一个整数或一个小数值，例如25，3.5等。为了表述方便，本书孔的公称尺寸用 D 表示，轴的公称尺寸用 d 表示。

3. 实际尺寸

实际尺寸是拟合组成要素的尺寸。通俗地说，就是实际测量得到的尺寸。为了表述方便，本书孔的实际尺寸用 D_S 表示，轴的实际尺寸用 d_S 表示。

4. 极限尺寸

尺寸要素的尺寸所允许的极限值即极限尺寸。实际尺寸应位于极限尺寸之间，也可达到极限尺寸。

（1）上极限尺寸　即尺寸要素允许的最大尺寸。上极限尺寸在2009年以前的有关标准中被称为最大极限尺寸。为了表述方便，本书孔的上极限尺寸用 D_{max} 表示，轴的上极限尺寸用 d_{max} 表示。

（2）下极限尺寸　即尺寸要素允许的最小尺寸。下极限尺寸在2009年以前的有关标准中被称为最小极限尺寸。为了表述方便，本书孔的下极限尺寸用 D_{min} 表示，轴的下极限尺寸用 d_{min} 表示。

三、尺寸偏差和公差的定义

1. 尺寸偏差

尺寸偏差是实际尺寸减其公称尺寸所得的代数差，即实际尺寸偏离公称尺寸的量。

2. 极限偏差

极限偏差是相对于公称尺寸的上极限偏差和下极限偏差。孔的上、下极限偏差代号分别用大写字母 ES、EI 表示；轴的上、下极限偏差代号用小写字母 es、ei 表示。

（1）上极限偏差（ES，es）　上极限尺寸减其公称尺寸所得的代数差为上极限偏差。在以前的版本中，上极限偏差被称为上偏差。

$$ES = D_{max} - D$$
$$es = d_{max} - d$$

（2）下极限偏差（EI，ei）下极限尺寸减其公称尺寸所得的代数差为下极限偏差。在以前的版本中，下极限偏差被称为下偏差。

$$EI = D_{min} - D$$
$$ei = d_{min} - d$$

3. 尺寸公差（简称公差）

尺寸公差是尺寸允许的变动量，是上极限尺寸与下极限尺寸之差，或上极限偏差与下极限偏差之差。尺寸公差是一个没有符号的绝对值。为了表述方便，本书公差用 T 表示，孔公差用 T_h 表示，轴公差用 T_s 表示。

即　$T_h = D_{max} - D_{min} = ES - EI$

$T_s = d_{max} - d_{min} = es - ei$

图1-3所示为有关尺寸、偏差、公差术语的图解。

图 1-4 所示 $\phi25^{+0.052}_{0}$ 的孔和 $\phi25^{\ 0}_{-0.033}$ 的轴，其有关尺寸、公差、偏差见表 1-1。

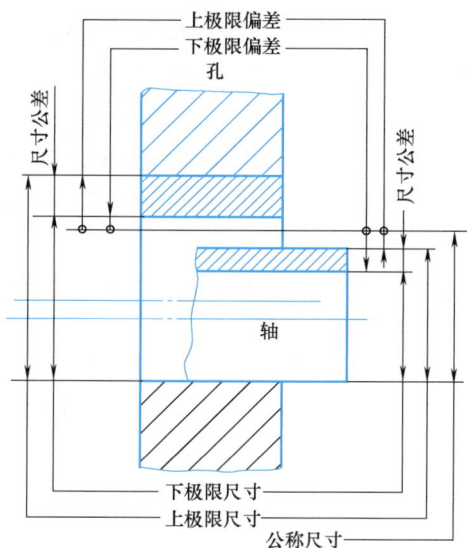

有关公称尺寸、极限偏差与公差的讲解

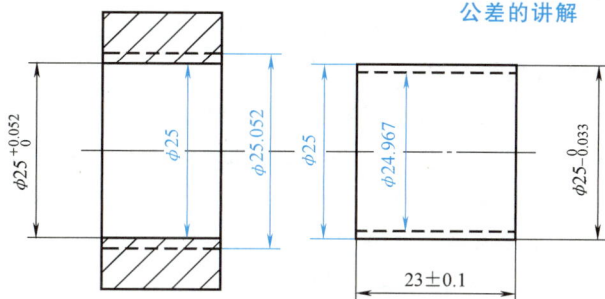

图 1-3　尺寸、偏差、公差术语图解

图 1-4　尺寸、偏差、公差术语应用示例

表 1-1　图 1-4 中的有关尺寸、公差、偏差　　　　（单位：mm）

参数	孔 $\phi25^{+0.052}_{0}$	轴 $\phi25^{\ 0}_{-0.033}$	长度 23±0.1
公称尺寸	$\phi25$	$\phi25$	23
上极限尺寸	$\phi25.052$	$\phi25$	23.1
下极限尺寸	$\phi25$	$\phi24.967$	22.9
尺寸公差＝上极限尺寸-下极限尺寸	0.052	0.033	0.2
上极限偏差＝上极限尺寸-公称尺寸	+0.052	0	+0.1
下极限偏差＝下极限尺寸-公称尺寸	0	-0.033	-0.1

　　公差与偏差是两个不同的概念。公差决定了尺寸允许的变动量，反映尺寸的精度；偏差表示尺寸偏离公称尺寸的程度。极限偏差既反映了尺寸允许变动的范围，又反映了尺寸允许偏离公称尺寸的界限。

四、有关尺寸偏差和公差的国家标准

（一）标准化及标准

1. 标准化

　　标准化就是指在经济、技术、科学以及管理等社会实践中，对重复性的事物（如产品、零件、部件）和概念（如术语、规则、方法、代号、量值），在一定范围内通过简化、优选和协调，做出统一的规定，经审批后颁布、实施，以获得最佳秩序和社会效益的活动过程。

2. 标准

　　标准就是为在一定的范围内获得最佳秩序，对活动或结果规定的共同的和重复使用的规则、导则或特性文件，由特定部门制定和发布。标准是标准化的主要体现形式。

1）标准的分级。按照标准服务范围的不同，服务范围从大到小依次分为：国际标准（ISO）、国家标准（GB）、行业标准（如机械行业标准JB）、地方标准、企业标准（QB）。

2）标准的分类。《中华人民共和国标准化法》（2018）规定，我国的国家标准分为强制性标准和推荐性标准。

强制性国家标准是指对保障人身健康和生命财产安全、国家安全、生态环境安全以及满足经济社会管理基本需要的技术要求制定的国家标准。强制性标准必须执行。国家鼓励采用推荐性标准。行业标准、地方标准是推荐性标准。

推荐性国家标准、行业标准、地方标准、企业标准的技术要求不得低于强制性国家标准的相关技术要求。

请读者主动在国家标准化管理委员会（sac.gov.cn）网站的信息公开栏目（法律法规）搜索学习《中华人民共和国标准化法》，积极落实标准化工作，树立提升产品和服务质量，促进科学技术进步，保障人身健康和生命财产安全，维护国家安全、生态环境安全，提高经济社会发展水平的意识。

（二）标准公差

标准公差即线性尺寸公差ISO代号体系中的任一公差，也是在GB/T 1800.1—2020《产品几何技术规范（GPS）线性尺寸公差ISO代号体系 第1部分：公差、偏差和配合的基础》的标准公差表中所规定的任一公差。

1. 标准公差等级

标准公差等级是用常用标示符表征的线性尺寸公差组。标准公差等级标示符由IT及其之后的数字组成，例如IT7，表示7级标准公差。GB/T 1800.1—2020对公称尺寸≤500mm规定了IT01、IT0、IT1、…、IT18共20个标准公差等级；公称尺寸>500~3150mm规定了IT1~IT18共18个标准公差等级。IT01精度最高，其余依次降低，标准公差数值依次增大。同一公差等级（例如IT7）对所有公称尺寸的一组公差被认为具有同等精确程度（标准公差数值随公称尺寸的增大依次增大）。

标准公差数值表查阅讲解

2. 标准公差数值

标准公差数值参见表1-2（节选自GB/T 1800.1—2020）。

表1-2 公称尺寸至500mm的标准公差数值

公称尺寸/mm		标准公差等级																			
		IT01	IT0	IT1	IT2	IT3	IT4	IT5	IT6	IT7	IT8	IT9	IT10	IT11	IT12	IT13	IT14	IT15	IT16	IT17	IT18
		标准公差数值																			
大于	至	μm												mm							
—	3	0.3	0.5	0.8	1.2	2	3	4	6	10	14	25	40	60	0.1	0.14	0.25	0.4	0.6	1	1.4
3	6	0.4	0.6	1	1.5	2.5	4	5	8	12	18	30	48	75	0.12	0.18	0.3	0.48	0.75	1.2	1.8
6	10	0.4	0.6	1	1.5	2.5	4	6	9	15	22	36	58	90	0.15	0.22	0.36	0.58	0.9	1.5	2.2
10	18	0.5	0.8	1.2	2	3	5	8	11	18	27	43	70	110	0.18	0.27	0.43	0.7	1.1	1.8	2.7
18	30	0.6	1	1.5	2.5	4	6	9	13	21	33	52	84	130	0.21	0.33	0.52	0.84	1.3	2.1	3.3
30	50	0.6	1	1.5	2.5	4	7	11	16	25	39	62	100	160	0.25	0.39	0.62	1	1.6	2.5	3.9

（续）

公称尺寸 /mm		标准公差等级																			
		IT01	IT0	IT1	IT2	IT3	IT4	IT5	IT6	IT7	IT8	IT9	IT10	IT11	IT12	IT13	IT14	IT15	IT16	IT17	IT18
大于	至	标准公差数值																			
		μm												mm							
50	80	0.8	1.2	2	3	5	8	13	19	30	46	74	120	190	0.3	0.46	0.74	1.2	1.9	3	4.6
80	120	1	1.5	2.5	4	6	10	15	22	35	54	87	140	220	0.35	0.54	0.87	1.4	2.2	3.5	5.4
120	180	1.2	2	3.5	5	8	12	18	25	40	63	100	160	250	0.4	0.63	1	1.6	2.5	4	6.3
180	250	2	3	4.5	7	10	14	20	29	46	72	115	185	290	0.46	0.72	1.15	1.85	2.9	4.6	7.2
250	315	2.5	4	6	8	12	16	23	32	52	81	130	210	320	0.52	0.81	1.3	2.1	3.2	5.2	8.1
315	400	3	5	7	9	13	18	25	36	57	89	140	230	360	0.57	0.89	1.4	2.3	3.6	5.7	8.9
400	500	4	6	8	10	15	20	27	40	63	97	155	250	400	0.63	0.97	1.55	2.5	4	6.3	9.7

注：公称尺寸小于或等于1mm时，无IT14～IT18。

标准公差数值表应用举例：

① 公称尺寸25mm的IT6级标准公差值，查表1-2中公称尺寸>18～30mm所在行与标准公差等级IT6对应列对应单元格，数值为"13"，单位为"μm"，即0.013mm。

② 公称尺寸50mm的IT6级标准公差值，查表1-2中公称尺寸>30～50mm所在行与标准公差等级IT6对应列对应单元格，数值为"16"，单位为"μm"，即0.016mm。

（三）基本偏差

基本偏差就是确定公差带相对于公称尺寸位置的那个极限偏差。它是上极限偏差和下极限偏差中靠近公称尺寸的极限偏差。

1. 基本偏差代号

基本偏差代号，对于孔，用大写字母 A，…，ZC 表示；对于轴，用小写字母 a，…，zc 表示（图1-5），各28个。为避免混淆，不用下列字母：I，i；L，l；O，o；Q，q；W，w。

由图1-5可以看出，在孔的基本偏差代号中，代号A～G的基本偏差均为下极限偏差 EI，其值均为正，且依次减小；代号H的基本偏差也为下极限偏差 EI，且 $EI=0$；代号J～ZC的基本偏差均为上极限偏差 ES，除J、K、M外，其余值均为负，且依次减小（绝对值依次增大）。在轴的基本偏差代号中，代号a～g的基本偏差均为上极限偏差 es，其值均为负，且依次增大（绝对值是依次减小）；代号h的基本偏差也为上极限偏差 es，且 $es=0$；代号j～zc的基本偏差均为下极限偏差 ei，除j外，其余值均为正，且依次增大。对于代号JS和js的基本偏差，由于公差带相对于零线对称分布，所以基本偏差可以是上极限偏差，也可以是下极限偏差。

2. 基本偏差数值

公称尺寸至500mm的轴、孔的基本偏差数值分别见表1-3和表1-4。

基本偏差代号的数值都随公称尺寸分段的不同而不同，有些基本偏差代号的数值还因公差等级而不同。所以查表时首先根据基本偏差代号是大写字母还是小写字母而确定是孔还是轴，选对要查的表格；然后在表格中查找公称尺寸所在的行与基本偏差代号（和指定公差

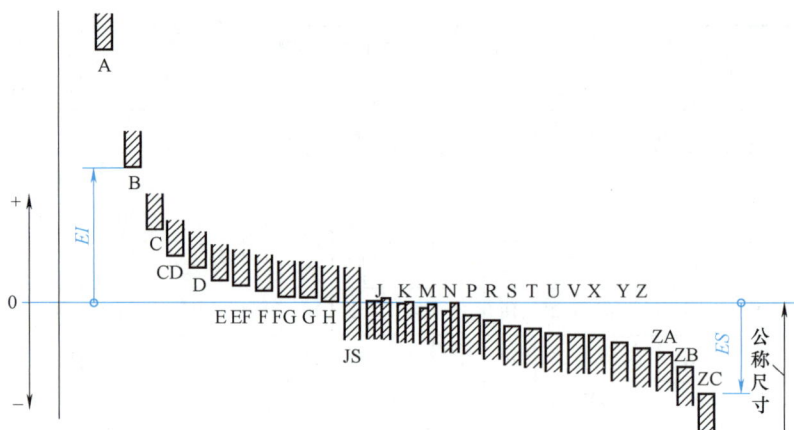

a) 孔(内尺寸要素)

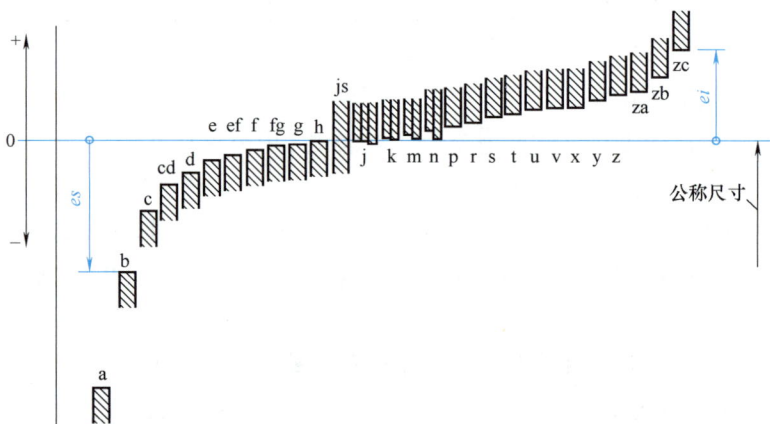

b) 轴(外尺寸要素)

图 1-5 公差带（基本偏差）相对于公称尺寸位置的示意图

等级）对应列相交处的数值或表达式，即可得基本偏差代号的数值，从基本偏差代号所在列的表格首行即可查到该代号的基本偏差是上极限偏差还是下极限偏差。

1）轴的基本偏差取值示例（表 1-3 数值查取示例）。

查取基本偏差代号分别为 d、h、js、k、m、u，公称尺寸为 30mm、IT7 轴的基本偏差及其数值。

查表 1-3，得公称尺寸为 30mm、IT7 轴的下列代号的基本偏差及其数值。

d 的基本偏差：$es = -65\mu m$

h 的基本偏差：$es = 0$

js 的基本偏差：由偏差 $= \pm \dfrac{IT_n}{2} = \pm \dfrac{21\mu m}{2} = \pm 10.5\mu m$，得偏差 $= \pm 10.5\mu m$

k 的基本偏差：$ei = +2\mu m$

m 的基本偏差：$ei = +8\mu m$

u 的基本偏差：$ei = +48\mu m$

2）孔的基本偏差取值示例（表 1-4 数值查取示例）。

查取基本偏差代号分别为 K、P，公称尺寸为 30mm、IT7 轴的基本偏差及其数值。

查表 1-4，得公称尺寸为 30mm、IT7 孔的下列代号的基本偏差及其数值。

K 的基本偏差：$ES=-2\mu m+\Delta=-2\mu m+8\mu m=6\mu m$

P 的基本偏差：$ES=-22\mu m+\Delta=-22\mu m+8\mu m=-14\mu m$

五、公差带

公差带即公差极限之间（包括公差极限）的尺寸变动值，它是由公差大小和相对公称尺寸的位置确定。通常在公差带图解中，由代表上极限偏差和下极限偏差或上极限尺寸和下极限尺寸的两条直线所限定的一个区域表示，如图 1-6 所示。

1. 零线

在公差带图解中，零线为表示公称尺寸的一条直线，以其为基准确定偏差和公差（图 1-6）。

通常，零线沿水平方向绘制，正偏差位于其上，负偏差位于其下。

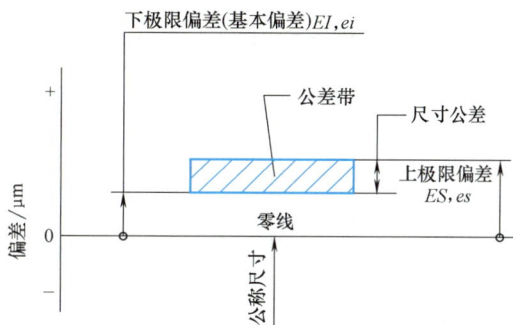

2. 公差带图的绘制

如图 1-6 所示，在公差带图中画一条水

图 1-6　公差带图解

平线代表零线，左端标注 "0"，过零线左端点与零线垂直方向画一条直线，代表偏差数值的数轴，向上为正方向，零线端点为原点。然后根据要表征尺寸的极限偏差数值的大小和正负，在偏差数轴对应位置画两条代表上、下极限偏差的平行于零线的直线（直线长度自定），分别连接左右两端点构成矩形，直线的右端标注极限偏差数值，矩形线框填充图案（建议孔用 45°线填充，轴用-45°线填充），如此就绘制好了公差带图。

3. 公差带代号

公差带代号包含公差大小和相对于尺寸要素的公称尺寸的公差带位置的信息。公差大小由标准公差等级标示，位置由基本偏差标示。

公差带代号用标示基本偏差的字母和公差等级表示。如 H7 表示基本偏差代号为 H，标准公差等级为 IT7 的孔公差带代号；h6 表示基本偏差代号为 h，标准公差等级为 IT6 的轴公差带代号。

4. 公差带代号的解读及图示

举例：解读 $\phi 35j6$、$\phi 35H7$ 公差带代号的含义并画出公差带图。

解：① 整体解读。

$\phi 35j6$：公称尺寸为 35mm、公差带代号为 j6 的轴。

$\phi 35H7$：公称尺寸为 35mm、公差带代号为 H7 的孔。

② 解读公差带代号。查表 1-3（轴的基本偏差数值表），得公称尺寸为 35mm、基本偏差代号为 j 的 IT6 轴的基本偏差 $ei=-5\mu m=-0.005mm$。

查表 1-4（孔的基本偏差数值表），得公称尺寸为 35mm、基本偏差代号为 H 的 IT7 孔的基本偏差 $EI=0$。

轴基本偏差
数值表查阅
讲解（1）

轴基本偏差
数值表查阅
讲解（2）

表 1-3 轴的基本偏差

公称尺寸 /mm		基本偏														
		上极限偏差 es														
		所有标准公差等级											IT5 和 IT6	IT7	IT8	IT4~IT7
大于	至	a①	b①	c	cd	d	e	ef	f	fg	g	h	js	j			
—	3	−270	−140	−60	−34	−20	−14	−10	−6	−4	−2	0		−2	−4	−6	0
3	6	−270	−140	−70	−46	−30	−20	−14	−10	−6	−4	0		−2	−4		+1
6	10	−280	−150	−80	−56	−40	−25	−18	−13	−8	−5	0		−2	−5		+1
10	14	−290	−150	−95	−70	−50	−32	−23	−16	−10	−6	0		−3	−6		+1
14	18																
18	24	−300	−160	−110	−85	−65	−40	−25	−20	−12	−7	0		−4	−8		+2
24	30																
30	40	−310	−170	−120	−100	−80	−50	−35	−25	−15	−9	0		−5	−10		+2
40	50	−320	−180	−130													
50	65	−340	−190	−140		−100	−60		−30		−10	0		−7	−12		+2
65	80	−360	−200	−150													
80	100	−380	−220	−170		−120	−72		−36		−12	0		−9	−15		+3
100	120	−410	−240	−180													
120	140	−460	−260	−200		−145	−85		−43		−14	0		−11	−18		+3
140	160	−520	−280	−210													
160	180	−580	−310	−230													
180	200	−660	−340	−240		−170	−100		−50		−15	0	偏差 = ±IT$_n$/2, 式中 n 是标准公差等级数	−13	−21		+4
200	225	−740	−380	−260													
225	250	−820	−420	−280													
250	280	−920	−480	−300		−190	−110		−56		−17	0		−16	−26		+4
280	315	−1050	−540	−330													
315	355	−1200	−600	−360		−210	−125		−62		−18	0		−18	−28		+4
355	400	−1350	−680	−400													
400	450	−1500	−760	−440		−230	−135		−68		−20	0		−20	−32		+5
450	500	−1650	−840	−480													

① 公称尺寸≤1mm 时，不使用基本偏差 a 和 b。

数值（摘自 GB/T 1800.1—2020）　　　　　　　　　　　　　　　　　　　　　（单位：μm）

差数值

≤IT3,>IT7	所有标准公差等级													
下极限偏差 ei														
k	m	n	p	r	s	t	u	v	x	y	z	za	zb	zc
0	+2	+4	+6	+10	+14		+18		+20		+26	+32	+40	+60
0	+4	+8	+12	+15	+19		+23		+28		+35	+42	+50	+80
0	+6	+10	+15	+19	+23		+28		+34		+42	+52	+67	+97
0	+7	+12	+18	+23	+28		+33		+40		+50	+64	+90	+130
								+39	+45		+60	+77	+108	+150
0	+8	+15	+22	+28	+35		+41	+47	+54	+63	+73	+98	+136	+188
						+41	+48	+55	+64	+75	+88	+118	+160	+218
0	+9	+17	+26	+34	+43	+48	+60	+68	+80	+94	+112	+148	+200	+274
						+54	+70	+81	+97	+114	+136	+180	+242	+325
0	+11	+20	+32	+41	+53	+66	+87	+102	+122	+144	+172	+226	+300	+405
				+43	+59	+75	+102	+120	+146	+174	+210	+274	+360	+480
0	+13	+23	+37	+51	+71	+91	+124	+146	+178	+214	+258	+335	+445	+585
				+54	+79	+104	+144	+172	+210	+254	+310	+400	+525	+690
0	+15	+27	+43	+63	+92	+122	+170	+202	+248	+300	+365	+470	+620	+800
				+65	+100	+134	+190	+228	+280	+340	+415	+535	+700	+900
				+68	+108	+146	+210	+252	+310	+380	+465	+600	+780	+1000
0	+17	+31	+50	+77	+122	+166	+236	+284	+350	+425	+520	+670	+880	+1150
				+80	+130	+180	+258	+310	+385	+470	+575	+740	+960	+1250
				+84	+140	+196	+284	+340	+425	+520	+640	+820	+1050	+1350
0	+20	+34	+56	+94	+158	+218	+315	+385	+475	+580	+710	+920	+1200	+1550
				+98	+170	+240	+350	+425	+525	+650	+790	+1000	+1300	+1700
0	+21	+37	+62	+108	+190	+268	+390	+475	+590	+730	+900	+1150	+1500	+1900
				+114	+208	+294	+435	+530	+660	+820	+1000	+1300	+1650	+2100
0	+23	+40	+68	+126	+232	+330	+490	+595	+740	+920	+1100	+1450	+1850	+2400
				+132	+252	+360	+540	+660	+820	+1000	+1250	+1600	+2100	+2600

表 1-4　孔的基本偏差

公称尺寸/mm		下极限偏差 EI 所有公差等级											JS	J			K		M		N	
大于	至	A①	B①	C	CD	D	E	EF	F	FG	G	H	JS	IT6	IT7	IT8	≤IT8	>IT8	≤IT8	>IT8	≤IT8	>IT8
—	3	+270	+140	+60	+34	+20	+14	+10	+6	+4	+2	0		+2	+4	+6	0	0	−2	−2	−4	−4
3	6	+270	+140	+70	+46	+30	+20	+14	+10	+6	+4	0		+5	+6	+10	−1+Δ		−4+Δ	−4	−8+Δ	0
6	10	+280	+150	+80	+56	+40	+25	+18	+13	+8	+5	0		+5	+8	+12	−1+Δ		−6+Δ	−6	−10+Δ	0
10	14	+290	+150	+95	+70	+50	+32	+23	+16	+10	+6	0		+6	+10	+15	−1+Δ		−7+Δ	−7	−12+Δ	0
14	18																					
18	24	+300	+160	+110	+85	+65	+40	+28	+20	+12	+7	0		+8	+12	+20	−2+Δ		−8+Δ	−8	−15+Δ	0
24	30												偏差=±IT$_n$/2,式中 n 为标准公差等级数									
30	40	+310	+170	+120	+100	+80	+50	+35	+25	+15	+9	0		+10	+14	+24	−2+Δ		−9+Δ	−9	−17+Δ	0
40	50	+320	+180	+130																		
50	65	+340	+190	+140		+100	+60		+30		+10	0		+13	+18	+28	−2+Δ		−11+Δ	−11	−20+Δ	0
65	80	+360	+200	+150																		
80	100	+380	+220	+170		+120	+72		+36		+12	0		+16	+22	+34	−3+Δ		−13+Δ	−13	−23+Δ	0
100	120	+410	+240	+180																		
120	140	+460	+260	+200		+145	+85		+43		+14	0		+18	+26	+41	−3+Δ		−15+Δ	−15	−27+Δ	0
140	160	+520	+280	+210																		
160	180	+580	+310	+230																		
180	200	+660	+340	+240		+170	+100		+50		+15	0		+22	+30	+47	−4+Δ		−17+Δ	−17	−31+Δ	0
200	225	+740	+380	+260																		
225	250	+820	+420	+280																		
250	280	+920	+480	+300		+190	+110		+56		+17	0		+25	+36	+55	−4+Δ		−20+Δ	−20	−34+Δ	0
280	315	+1050	+540	+330																		
315	355	+1200	+600	+360		+210	+125		+62		+18	0		+29	+39	+60	−4+Δ		−21+Δ	−21	−37+Δ	0
355	400	+1350	+680	+400																		
400	450	+1500	+760	+440		+230	+135		+68		+20	0		+33	+43	+66	−5+Δ		−23+Δ	−23	−40+Δ	0
450	500	+1650	+840	+480																		

① 公称尺寸≤1mm 时，不适用基本偏差 A 和 B。

② 基本偏差值有增加一个 Δ 值（+Δ）。

③ Δ 值见本表续表。

④ 特例：对于公称尺寸>250~315mm 的公差带代号 M6，$ES=-9\mu m$（计算结果不是 $-11\mu m$）。

⑤ 公称尺寸≤1mm 时，不使用标准公差等级>IT8 的基本偏差 N。

数值（摘自 GB/T 1800.1—2020）　　　　　　　　　　　　　　　（单位：μm）

差数值

上极限偏差 ES

≤IT7		>IT7 的标准公差等级										Δ 值 标准公差等级					
P 至 ZC②,③	P	R	S	T	U	V	X	Y	Z	ZA	ZB	ZC	IT3	IT4	IT5	IT6	IT7	IT8
在>IT7 的标准公差等级的基本偏差数值上增加一个 Δ 值	−6	−10	−14		−18		−20		−26	−32	−40	−60	0	0	0	0	0	0
	−12	−15	−19		−23		−28		−35	−42	−50	−80	1	1.5	1	3	4	6
	−15	−19	−23		−28		−34		−42	−52	−67	−97	1	1.5	2	3	6	7
	−18	−23	−28	−33			−40		−50	−64	−90	−130	1	2	3	3	7	9
						−39	−45		−60	−77	−108	−150						
	−22	−28	−35		−41	−47	−54	−63	−73	−98	−136	−188	1.5	2	3	4	8	12
				−41	−48	−55	−64	−75	−88	−118	−160	−218						
	−26	−34	−43	−48	−60	−68	−80	−94	−112	−148	−200	−274	1.5	3	4	5	9	14
				−54	−70	−81	−97	−114	−136	−180	−242	−325						
	−32	−41	−53	−66	−87	−102	−122	−144	−172	−226	−300	−405	2	3	5	6	11	16
		−43	−59	−75	−102	−120	−146	−174	−210	−274	−360	−480						
	−37	−51	−71	−91	−124	−146	−178	−214	−258	−335	−445	−585	2	4	5	7	13	19
		−54	−79	−104	−144	−172	−210	−254	−310	−400	−525	−690						
	−43	−63	−92	−122	−170	−202	−248	−300	−365	−470	−620	−800	3	4	6	7	15	23
		−65	−100	−134	−190	−228	−280	−340	−415	−535	−700	−900						
		−68	−108	−146	−210	−252	−310	−380	−465	−600	−780	−1000						
	−50	−77	−122	−166	−236	−284	−350	−425	−520	−670	−880	−1150	3	4	6	9	17	26
		−80	−130	−180	−258	−310	−385	−470	−575	−740	−960	−1250						
		−84	−140	−196	−284	−340	−425	−520	−640	−820	−1050	−1350						
	−56	−94	−158	−218	−315	−385	−475	−580	−710	−920	−1200	−1550	4	4	7	9	20	29
		−98	−170	−240	−350	−425	−525	−650	−790	−1000	−1300	−1700						
	−62	−108	−190	−268	−390	−475	−590	−730	−900	−1150	−1500	−1900	4	5	7	11	21	32
		−114	−208	−294	−435	−530	−660	−820	−1000	−1300	−1650	−2100						
	−68	−126	−232	−330	−490	−595	−740	−920	−1100	−1450	−1850	−2400	5	5	7	13	23	34
		−132	−252	−360	−540	−660	−820	−1000	−1250	−1600	−2100	−2600						

孔基本偏差数值
表查阅讲解

查标准公差数值表，得公称尺寸为 35mm、IT6 的标准公差数值 $T_s = 16\mu m = 0.016mm$；IT7 的标准公差数值 $T_h = 25\mu m = 0.025mm$。

将以上查表所得数值分别代入 $T_s = es - ei$ 和 $T_h = ES - EI$ 两式得：$es = 0.011mm$，$ES = 0.025mm$。

综上可得：

$\phi35j6$ 表示公称尺寸 35mm 的轴的上极限偏差为 0.011mm、下极限偏差为 $-0.005mm$，也即上极限尺寸为 $\phi35.011mm$、下极限尺寸 $\phi34.995mm$。

$\phi35H7$ 表示公称尺寸 35mm 的孔的上极限偏差为 $+0.025mm$、下极限偏差为 0，也即上极限尺寸为 $\phi35.025mm$、下极限尺寸 $\phi35.0mm$。

③ 公差带图。公差带图如图 1-7 所示。

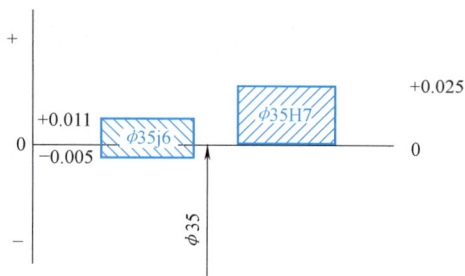

图 1-7　公差带图

5. 公差带的选择

公差带的选择原则是在满足使用要求的前提下，获得最佳的技术经济效益。在标准化体系中，国家标准推荐了一些常用的公差带以供选用。当然，在实践中根据使用要求也可选用非标准推荐的公差带。

（1）公称尺寸至 500mm 的轴公差带的选择　GB/T 1800.1—2020 推荐了一般性用途的常用轴公差带代号，如图 1-8 所示，并规定框中的公差带优先选用。

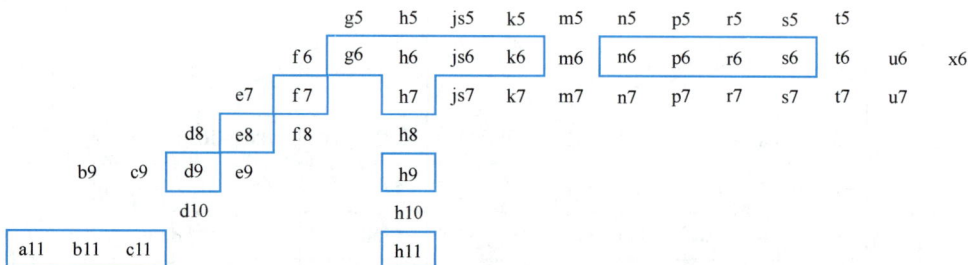

图 1-8　轴常用公差带

（2）公称尺寸至 500mm 的孔公差带的选择　GB/T 1800.1—2020 推荐了一般性用途的常用孔公差带代号，如图 1-9 所示，并规定框中的公差带优先选用。

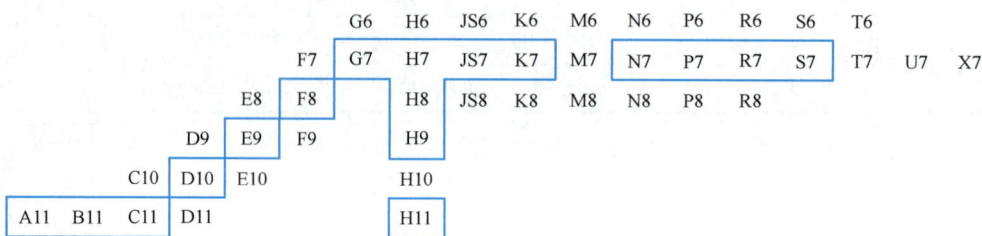

图 1-9　孔常用公差带

六、注公差尺寸的表示

在图样上标注尺寸及尺寸公差时，用公称尺寸后跟所要求的公差带代号或（和）对应的偏差值表示。图 1-10 所示为孔内径注公差尺寸的标注示例。

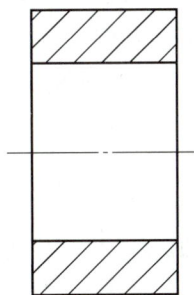

标注公差的尺寸要素要求其任一被测实际尺寸（两点尺寸）都位于极限尺寸之间（含上、下极限尺寸）才算合格；只要有一处被测实际尺寸（两点尺寸）超过极限尺寸，则可判定尺寸不合格。

任务实施

1. 标注图 1-11 所示轴套零件的尺寸：内径 $\phi25^{+0.033}_{0}$ mm、外径 $\phi40^{0}_{-0.025}$ mm、长度（20±0.042）mm。

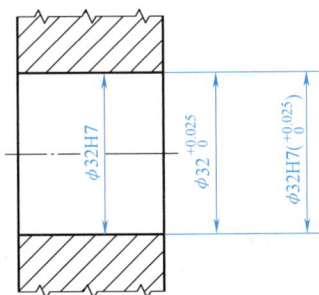

图 1-10　注公差尺寸的标注示例　　　　图 1-11　轴套

2. 解读图 1-2 所示传动轴中标注公差的直径、长度尺寸的含义，填入表 1-5。

表 1-5　注公差的尺寸的含义　　（单位：mm）

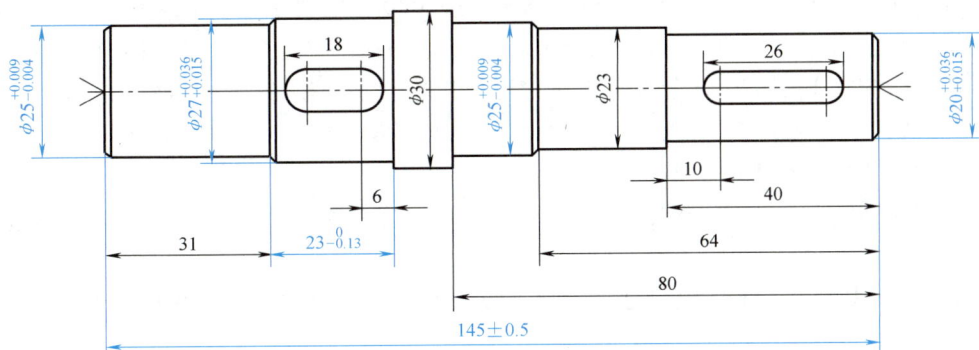

参数	$\phi25^{+0.009}_{-0.004}$	$\phi27^{+0.036}_{+0.015}$	$\phi20^{+0.036}_{+0.015}$	$23^{0}_{-0.13}$	145±0.5
公称尺寸					
上极限偏差					
下极限偏差					
尺寸公差					
上极限尺寸					
下极限尺寸					

思考与练习

一、判断题

1. 尺寸的上极限偏差一定大于其下极限偏差。（　　）

2. 上极限尺寸一定大于公称尺寸。（　　）

3. 尺寸公差是指零件尺寸允许的最大偏差。（　　）

4. 图样标注"$\phi 32^{+0.025}_{0}$"的尺寸，实际尺寸越靠近公称尺寸就越精确。（　　）

5. $\phi 10f6$、$\phi 10f7$ 和 $\phi 10f8$ 的尺寸公差等级依次降低，公差值依次增大，上极限尺寸相同。（　　）

6. $\phi 50H7$ 的下极限偏差为 0，$\phi 50h6$ 的上极限偏差为 0。（　　）

7. $\phi 50F7$ 的下极限尺寸大于公称尺寸。（　　）

8. $\phi 50P7$ 的上极限尺寸大于公称尺寸。（　　）

9. 一般来讲，公称尺寸相同的情况下，公差值越大，越容易加工。（　　）

10. 一般来讲，公称尺寸相同的情况下，基本偏差值（绝对值）越大，越容易加工。（　　）

二、选择题

1. 公差带的大小是由（　　）决定的。

    A. 公差值　　　　　B. 基本偏差值　　　　　C. 上极限偏差　　　　　D. 下极限偏差

2. 公差带的位置是由（　　）决定的。

    A. 公差值　　　　　B. 基本偏差值　　　　　C. 上极限偏差　　　　　D. 下极限偏差

3. 标准公差值与（　　）有关。

    A. 公称尺寸和公差等级　　　　　　　　B. 公称尺寸和基本偏差

    C. 公差等级和基本偏差　　　　　　　　D. 加工难易程度

4. 对于 0 至 500mm 公称尺寸，GB/T 1800.1—2020 规定的标准公差等级有（　　）级。

    A. 18　　　　　　　B. 20　　　　　　　C. 17　　　　　　　D. 19

5. GB/T 1800.1—2020 规定的孔和轴的基本偏差代号各有（　　）种。

    A. 18　　　　　　　B. 20　　　　　　　C. 28　　　　　　　D. 29

6. 实际尺寸合格与否的依据是（　　）。

    A. 极限尺寸　　　　B. 极限偏差　　　　C. 公差值　　　　　D. 基本偏差值

三、计算填表

计算表 1-6 中的上、下极限尺寸，上、下极限偏差和公差，并按尺寸标注形式标注。

表 1-6　计算填表　　　　　　（单位：mm）

孔或轴	上极限尺寸	下极限尺寸	上极限偏差	下极限偏差	公差	尺寸标注
孔 $\phi 10$	9.985	9.970				
孔 $\phi 18$						$\phi 18^{+0.018}_{0}$
孔 $\phi 30$			+0.012		0.021	
轴 $\phi 40$			−0.050	−0.112		
轴 $\phi 60$	60.041				0.030	
轴 $\phi 85$		84.978			0.022	

四、综合题

查表确定下列公差带的上、下极限偏差，并绘制公差带图。

$\phi 25f6$，$\phi 25h6$，$\phi 25j7$，$\phi 25p8$，$\phi 25js8$，$\phi 50F6$，$\phi 50H6$，$\phi 50K7$，$\phi 50P7$，$\phi 50JS8$。

任务 2　传动轴未注公差尺寸的解读

【学习目标】

1. 掌握一般公差的定义。
2. 会查阅未注公差尺寸的极限偏差数值表，解读零件图未注公差尺寸的含义。

【任务描述】

解读图 1-1 所示传动轴未注公差尺寸的含义。

【任务分析】

要完成本任务，需要学习一般公差的定义及相关规定，学习相关规范的国家标准知识。

知识准备

一、一般公差的概念及解释

一般公差是指在车间通常加工条件下可保证的公差。GB/T 1804—2000《一般公差　未注公差的线性和角度尺寸的公差》规定，采用一般公差的尺寸，在该尺寸后不需标注极限偏差数值，而是在图样上、技术要求或技术文件中做出总的说明。

构成零件的所有要素总是具有一定的尺寸和几何形状误差，为保证零件的使用功能就必须对误差加以限制，超出误差将会损害其功能。因此，零件在图样上表达的所有要素都有一定的公差要求。

只有对功能上无特殊要求的要素可给出一般公差。一般公差可应用在线性尺寸、角度尺寸、形状和位置等几何要素。

线性和角度尺寸的一般公差是在车间普通工艺条件下，机床设备可保证的公差。在正常维护和操作情况下，它代表车间通常的加工精度。

一般公差的公差等级的公差数值符合通常的加工精度。按零件使用要求选取相应的公差等级。线性尺寸的一般公差主要用于低精度的非配合尺寸。

采用一般公差的尺寸在保证正常加工精度的条件下，一般可不检验。除另有规定，超出一般公差的零件，如其功能未损害时，通常不应判定拒收。

二、一般公差的公差等级和极限偏差数值

GB/T 1804—2000 规定，一般公差分精密 f、中等 m、粗糙 c、最粗 v 共四个等级，并按未注公差的线性尺寸和角度尺寸分别给出了各公差等级的极限偏差数值。

1. 线性尺寸

表 1-7 给出了线性尺寸各公差等级的极限偏差数值。

表 1-7　未注公差的线性尺寸极限偏差数值（摘自 GB/T 1804—2000）（单位：mm）

公差等级	公称尺寸分段				
	0.5~3	>3~6	>6~30	>30~120	>120~400
精密 f	±0.05	±0.05	±0.1	±0.15	±0.2
中等 m	±0.1	±0.1	±0.2	±0.3	±0.5
粗糙 c	±0.2	±0.3	±0.5	±0.8	±1.2
最粗 v	—	±0.5	±1	±1.5	±2.5

表 1-8 给出了倒圆半径和倒角高度尺寸各公差等级的极限偏差数值。

表 1-8　倒圆半径和倒角高度尺寸极限偏差数值（摘自 GB/T 1804—2000）

（单位：mm）

公差等级	公称尺寸分段			
	0.5~3	>3~6	>6~30	>30
精密 f	±0.2	±0.5	±1	±2
中等 m				
粗糙 c	±0.4	±1	±2	±4
最粗 v				

2. 角度尺寸

表 1-9 给出了角度尺寸各公差等级的极限偏差数值，其值按角度短边长度确定，对圆锥角按圆锥素线长度确定。

表 1-9　角度尺寸极限偏差数值（摘自 GB/T 1804—2000）

公差等级	长度分段/mm				
	≤10	>10~50	>50~120	>120~400	>400
精密 f	±1°	±30′	±20′	±10′	±5′
中等 m					
粗糙 c	±1°30′	±1°	±20′	±15′	±10′
最粗 v	±3°	±2°	±1°	±30′	±20′

三、一般公差的图样表示

GB/T 1804—2000 规定，若采用标准规定的一般公差，应在图样标题栏附近或技术要求、技术文件中注出该标准号及公差等级代号。例如选取中等等级时，标注为：GB/T 1804-m。

任务实施

仔细阅读图 1-1 所示传动轴零件图，根据未注公差要求，查表确定图中未注公差尺寸的极限偏差数值并完成表 1-10。

表 1-10　未注公差尺寸的极限偏差　（单位：mm）

待检尺寸分类	待检尺寸	一般公差等级	极限偏差数值
线性尺寸	$\phi30$		
	$\phi23$		
	6		
	31		
	80		
倒角尺寸	4 个 C1		

思考与练习

一、判断题

1. 图样上未注公差的尺寸，意味着该尺寸无公差限制。（　　）

2. 图样上未注公差的尺寸，并非无公差限制，而是一般公差，应在图样的技术要求中给出相关标准及公差等级要求。（　　）

3. GB/T 1804—2000 规定，一般公差分精密 f、中等 m、粗糙 c、最粗 v 共四个等级。（　　）

4. 未注公差的尺寸一般可不检验。（　　）

5. 一般公差可应用在线性尺寸、角度尺寸、形状和位置等几何要素。（　　）

二、综合题

请回答什么是一般公差，并说明什么场合采用一般公差。一般公差在图样上如何表示？

任务 3　传动轴尺寸的检测

【学习目标】

1. 能解释有关测量的要素及分类。
2. 能说明测量误差的来源及处理原则。
3. 会正确使用卡尺、外径千分尺、量块等通用精密量具。
4. 会利用有关资料选择计量器具。
5. 会确定光滑工件尺寸的验收极限。
6. 能完成传动轴尺寸的检测。

【任务描述】

按照图 1-1 所示传动轴的图样要求，完成传动轴尺寸的检测。

【任务分析】

要检测传动轴的尺寸，主要是根据零件尺寸公差要求、结构特点及量具条件，确定合适的验收极限和测量方法。这就需要学习几何量测量基础知识、测量误差知识、常用量具使用知识、计量器具的选择、验收极限的确定等相关知识。

知识准备

一、几何量测量基础知识

机械产品和零件的设计、制造及检测都是互换性生产中的重要环节。测量技术是进行质量管理的手段，是贯彻质量标准的技术保证。在生产和科学实验中，为了保证机械零件的互换性和精度，经常需要对完工零件的几何量进行检验或测量，判断这些几何量是否符合设计要求。在测量过程中，应保证计量单位统一和量值准确。为了完成对零件几何量的测量和获得可靠的测量结果，还应正确选择计量器具和测量方法。

1. 几何量测量要素

几何量测量就是以确定被测对象几何量量值为目的的全部操作，其实质是将被测量与具有计量单位的标准量进行比较，从而确定比值的过程。在被测量一定的情况下，比值的大小完全取决于所采用的计量单位，而计量单位的选择取决于被测量值所要求的精确程度。

一个完整的几何量测量过程应包括以下四个要素。

（1）测量对象　主要是指被测几何量，包括长度、角度、几何误差、表面粗糙度，以及螺纹、齿轮的各种参数等。

（2）计量单位　指用于计量的约定的标准量。我国法定计量单位中长度单位为米（m），机械制造中常用单位有毫米（mm）、微米（μm）。角度单位是弧度（rad），使用中常以度（°）分（′）秒（″）为单位。

注意，标准量所体现的量值需要由同一基准提供，即计量单位基准。如长度计量单位基准"米"，在2018年第26届国际计量大会通过了其新定义，新定义于2019年5月20日起正式生效。米的定义更新为："当真空中光速 c 以 m/s 为单位表达时，选取固定数值 299792458 来定义米，其中秒是由铯的频率 Δv（Cs）来定义"。而1983年第17届国际计量大会通过的米的定义的中文表述是："1米是光在真空中于1/299792458秒时间间隔内所经路径的长度"。必须把"米"的基准量值准确地传递到生产中所引用的计量器具和零件上去，即建立长度量值传递系统。

长度计量基准——人体之尺

长度的测量是从身边的实物的测量开始的。随着人类认识世界的扩展，长度测量不断向长距离和微小距离两个方向发展。

我们的生活离不开长度测量，那么长度测量是如何开始的呢？要准确地回答这个问题非常困难，但有一点是可以肯定的，那就是人体之尺在计量过程中扮演了重要的角色。

孟子曰："度，然后知长短。"那么，如何度才能知长短呢？

《孔子家语》中有"布手知尺、布指知寸，舒肘知寻"的说法。这说明我们的先辈曾用人体的某一部分或某种动作来作为计量的基准，这是长度测量发展的初级阶段。

"布手知尺"，其本意是指中等身材的男人伸开大拇指和食指，指尖之间的距离为一尺（即一拃）。女子的手一般小于男子，古人将女人拇指指尖到食指指尖的长度称为"咫尺"。"布指知寸"是说中指节上的横纹间的距离为一寸；"舒肘知寻"是说两臂伸展后的长度为一寻。

"迈步定亩"，"步"成为测量大地最原始的单位。这种以步为丈量土地的单位甚至延续了几千年。怎样才算一步呢？跬步，作为长度单位起源于走的动作。《孔丛子》说"跬，一举足也，倍跬为步。"即一条腿跨出的距离称"跬"，再把另一条腿跨出的距离称"步"。今日所称的"步"则为一举足，其实相当于古代的半步。

借助于人体来进行测量，其意义在于为长度测量找到了一个"基准"。然而，这样的"基准"并不准确。因为每个人的身高、臂长、手指长并不一样，因此存在很大的不确定性。看来，使用一个统一的计量标准就很有必要了。

在中国历史上，秦始皇统一度量衡，长度计量沿用春秋战国时期的尺，当时的1尺约合现在的23.1厘米；隋朝统一度量衡后，长度计量的1尺约合现在的29.5厘米，一直到明清两代也没有大的变化；直到民国时期统一度量衡，长度计量开始采用当时世界上使用较多的米制，尺与米的比率为1米等于3市尺，我国的长度计量开始进入了米制时代。我们现在的长度计量单位都是米或米的换算单位，如千米、厘米、毫米等，不再用尺、寸、分的计量单位了。但是我们应该知道我国古代的"尺"，它是中国的历史和文化。当代生产能力下，长度计量器具种类越来越多、越来越精密，但是人体之尺仍然有用，在某些地方方言中，至今还保留着一"拃"长、几"拃"长的口头表达。

我国的长度量值从国家长度基准开始，分两个平行的系统向下传递，一个是端面量具（量块）系统，另一个是线纹量具（线纹尺）系统。

在测量用量具的使用过程中，务必定期校准量具，实施量值溯源，建立量值传递，保证基准统一。

（3）测量方法 测量方法是指在进行测量时所采用的测量器具、测量原理和测量条件的综合。在测量过程中，应根据被测零件的特点（如材料硬度、外形尺寸、批量大小等）和测量对象的定义及精度要求来确定测量方法。

（4）精度 精度是指测量结果与真值的一致程度。由于在测量过程中总是不可避免地出现测量误差，因此，测量结果只是在一定范围内近似于真值，测量误差的大小反映测量精度的高低。测量误差大，则测量精度低，测量误差小，则测量精度高。不知测量精度的测量是毫无意义的测量。

2. 测量方法分类

（1）直接测量和间接测量 按实测量是否是被测量，测量方法分为直接测量和间接测量。

1）直接测量。直接测量是用测量器具直接测得被测量的量值或相对于标准量的偏差。例如，用游标卡尺、外径千分尺测量外圆直径。

2）间接测量。间接测量是用测量器具直接测量与被测量有已知函数关系的有关量，再通过已知的函数关系求得被测量的值的测量方法。例如，在测量大型圆柱零件的直径时，没有足够大量程的量具直接测量直径 d，可以通过直接测量周长 c，然后通过函数式 $d = c / \pi$ 计

算间接得到直径 d。

（2）绝对测量和相对测量　按示值是否是被测量的整个量值，测量方法分为绝对测量和相对测量。

1）绝对测量。绝对测量是指从测量器具上直接得到被测量的整个量值的测量。例如用游标卡尺测量零件的轴径。

2）相对测量。相对测量是指计量器具的示值仅表示被测量对已知标准量的偏差。例如用量块调整比较仪测量零件尺寸。

一般来说，相对测量的测量精度比绝对测量的测量精度高。

（3）接触测量和非接触测量　按被测零件的表面与测量头是否有机械接触，测量方法分为接触测量和非接触测量。

1）接触测量。测量器具的测头与零件被测表面接触后有机械作用力的测量为接触测量。如用外径千分尺、游标卡尺测量零件等。为了保证接触的可靠性，测量力是必要的，但它可能使测量器具及被测件发生变形而产生测量误差，还可能造成零件被测表面损坏。

2）非接触测量。测量器具的测量头（感应元件）与被测表面不直接接触，不存在机械作用力的测量力。属于非接触测量的仪器主要是利用光、气、电、磁等作为感应元件进行测量，如干涉显微镜、磁力测厚仪、气动量仪等。

（4）单项测量和综合测量　按同时被测参数的多少，测量方法分为单项测量和综合测量。

1）单项测量。单项测量指单独地、彼此没有联系地测量零件的单项参数。一般用于工序间的测量。例如测量圆柱体零件某一剖面处的直径。

2）综合测量。综合测量指检测零件几个相关参数的综合效应或综合参数，从而综合判断零件的合格性。例如用螺纹量规检验螺纹。综合测量一般用于终结检验，其测量效率高，能有效保证互换性，在大批量生产中应用广泛。

（5）静态测量和动态测量　按被测零件在测量时所处状态，测量方法分为静态测量和动态测量。

1）静态测量。测量时被测件表面与测量器具的测头处于相对静止状态。例如用外径千分尺测量轴颈的直径。

2）动态测量。测量时被测零件表面与测量器具测头处于相对运动状态，或测量过程是模拟零件在工作或加工时的运动状态，它能反映生产过程中被测参数的变化过程。例如用激光比长仪测量精密线纹尺，用电动轮廓仪测量表面粗糙度，在磨削过程中测量零件的直径等。

3. 测量误差

（1）测量误差的概念　由于计量器具本身的误差以及测量方法和条件的限制，任何测量过程都不可避免存在误差，测量所得的值不可能是被测量的真值，测得值与被测量的真值之间的差异在数值上表现为测量误差。

测量误差可以表示为绝对误差和相对误差。

1）绝对误差 δ。绝对误差是指被测量的测得值 X 与其真值 X_0 之差，即 $\delta = X - X_0$。

2）相对误差 ε。相对误差是指测量绝对误差的绝对值与其真值之比，即 $\varepsilon = \delta / X_0$。

对大小不同的同类量进行测量时，要比较其测量精度的高低，就用相对误差比较，相对误差大的测量精度低，相对误差小的测量精度高。

（2）测量误差的来源

1）测量器具误差。测量器具误差是指测量器具本身在设计、制造和使用过程中存在的各项误差。这些误差可用测量器具的示值精度或不确定度来表示。

2）测量方法误差。测量方法误差是指由于测量方法不完善所引起的误差，例如，接触测量中测量力引起的测量器具和零件表面变形误差，间接测量中计算公式的不精确误差等。

3）测量环境误差。测量环境误差是指由于测量时的环境条件不符合标准条件所引起的误差。测量的环境条件包括温度、湿度、气压、振动及灰尘等。其中，温度对测量结果的影响最大。

4）人员误差。人员误差是指由于测量人员的主观因素所引起的误差。例如，测量人员技术不熟练、视觉偏差、估读判断错误等引起的误差。

（3）测量误差的处理　引起测量误差的因素很多，有些误差是不可避免的，但有些是可以避免的。测量者应对一些可能产生测量误差的原因进行分析，掌握其影响规律，设法消除或减小其对测量结果的影响。对于不可避免的误差，要根据误差的类型及特点，采用科学的方法进行处理，以保证测量精度。误差分析及测量数据处理是测量技术的重要课题之一，本书不做深入介绍。

二、常用轴类零件尺寸检测通用量具

1. 卡尺

卡尺是一种常用的测量长度的通用量具，具有结构简单、使用方便、精度中等和测量尺寸范围大等特点，在生产中得到广泛应用。用它可以测量零件的外径、内径、长度、深度等。

卡尺的鼻祖：新莽铜卡尺

1992年5月在扬州市西北8公里的邗江县甘泉乡（今邗江区甘泉镇）的一座东汉早期的砖室墓中出土了一件铜卡尺，距今约2000年，如图1-12所示。该铜卡尺与现代游标卡尺相比较，二者有惊人的相似之处。铜卡尺由固定尺和活动尺等部件构成，固定尺通长13.3厘米，固定卡爪长5.2厘米、宽0.9厘米、厚0.5厘米。固定尺上端有鱼形柄，长13厘米，中间开一导槽，槽内置一能旋转调节的导销，循着导槽左右移动。在活动尺和活动卡爪间接一环形拉手，便

图1-12　新莽铜卡尺

于系绳或抓握。两个爪相并时，固定尺与活动尺等长。使用时，将左手握住鱼形柄，右手牵动环形拉手，左右拉动，以测工件。用此量具既可测器物的直径，又可测其深度以及长、宽、厚，均较直尺方便和精确。该铜卡尺被定为国家一级文物，现收藏于扬州市博物馆。

（1）游标卡尺的结构　游标卡尺主要由尺身和附在尺身上能滑动的游标尺（深度尺与游标尺连在一起）两部分构成。尺身以毫米为单位，而游标尺上则有10、20或50个分格，

根据分格的不同，游标卡尺可分为十分度游标卡尺、二十分度游标卡尺、五十分度游标卡尺等，其分度值依次是 0.1mm、0.05mm、0.02mm。

图 1-13 所示为测量范围为 0~150mm、分度值为 0.02mm、最大允许误差 MPE（精度）为 ±0.03mm 的三用游标卡尺。

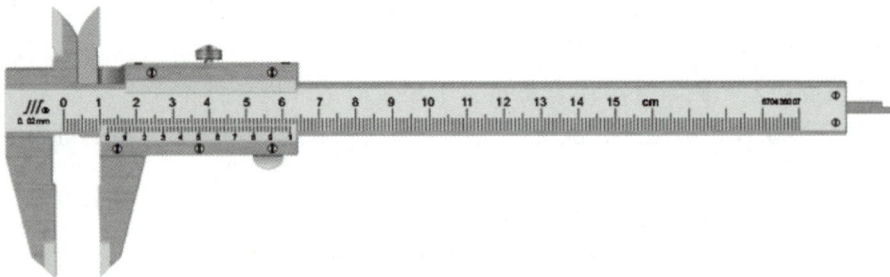

图 1-13　三用游标卡尺

（2）游标卡尺的读数技巧　在介绍读数方法之前，假定所使用游标卡尺无零位误差。游标卡尺读数可以分以下三步：

1）首先以游标零刻度线为基准在尺身上读取毫米整数值（就是尺身上位于游标零刻线左侧的从右向左数的第一条刻线的刻度值），即以毫米为单位的整数部分。

这一步中，初学者容易出错的点有两个：

① 粗心地以游标尺左端面为读取尺身毫米整数值的参考基准。仔细看图示或实物，游标尺的零刻线不在其左端面，而是距左端面有一定距离。

② 在游标尺零刻线与尺身某一刻线近乎对齐的情况下，不能准确判断尺身上位于游标零刻线左侧的从右向左数的第一条刻线，也就说难以断定尺身上与游标尺零刻线近乎对齐的那条刻线到底是在游标尺零刻线的左侧还是右侧。如果判断错误，读数结果就会产生 1mm 误差。技巧在于参考小数位读数确定：若小数位读数靠近 0.98（0.02mm 精度的卡尺），则可判断尺身上与游标尺零刻线近乎对齐的那条刻线是在游标尺零刻线的右侧；若小数位读数靠近 0.02（0.02mm 精度的卡尺），则可判断尺身上与游标尺零刻线近乎对齐的那条刻线是在游标尺零刻线的左侧。

2）找游标尺上与尺身刻线对齐的一条刻线，读出游标尺上这条刻线的刻度值（即小数位数值）。

这一步中，初学者常常纠结的点也有两个：

① 找不准游标尺上是哪条刻线与尺身刻线对得最齐，其实这就是人员误差的来源。读数时要保持视线与尺身垂直。技巧是：选定相邻的三条线，如左侧的线在尺身对应线之右，右侧的线在尺身对应线之左，中间那条线便可以认为是对准了。也就是借助游标尺上刻线与尺身刻线错位的前后趋势判断。

② 游标刻线的刻度值不能快速直接读出来，往往还要数刻线数，然后按照刻线原理计算得出结果。学习时这样读数还勉强可以，在生产现场这样读数是不行的，必须能直接读出游标尺上某刻线的刻度值。

3）前两步读数数值相加，就是测得值。如果有零误差（游标的零刻度线在尺身零刻线右侧的称为正零位误差，在尺身零刻线左侧的称为负零位误差），则第三步应为前两步读数数值相加再减去零位误差，才是测得值。

如图 1-14a 所示，尺身上位于游标零刻线左侧的从右向左数的第一条刻线的刻度值为 17mm（注意尺身上的刻度"1""2"等数字，表示厘米数），而且游标尺零刻线靠近尺身 18 毫米刻线，故游标尺与尺身对齐刻线应在游标尺刻线的后半段区间，图示应为游标"9"刻线与尺身刻线对齐，读数 0.90mm，两读数相加，测量读数为 17.90mm。图 1-14b 所示的读数为 17.02mm。

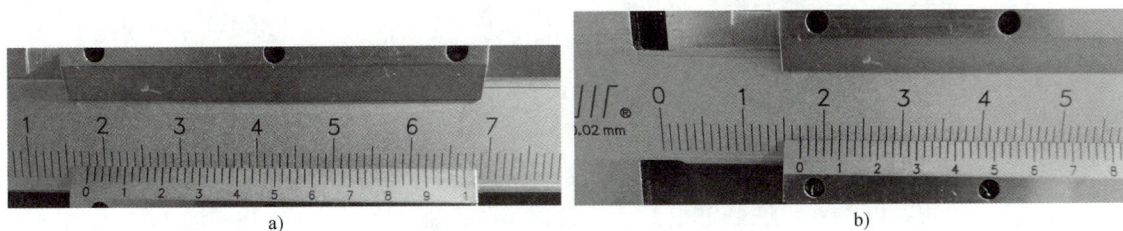

a)   b)

图 1-14 游标卡尺读数示意图

（3）其他卡尺

1）带表卡尺。图 1-15 所示为测量范围为 0～150mm、分度值为 0.02mm、最大允许误差 MPE（精度）为 ±0.03mm 的带表卡尺。

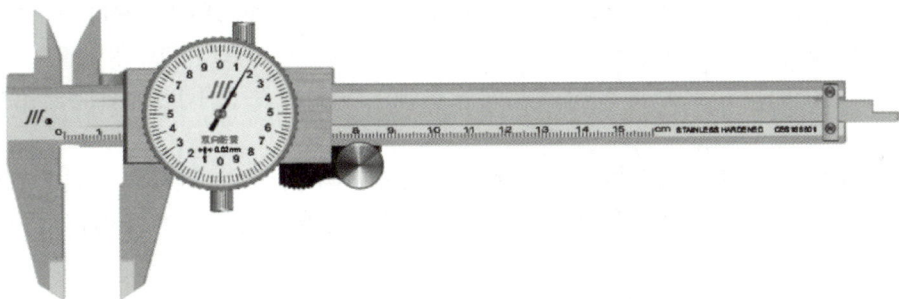

图 1-15 带表卡尺

2）电子数显卡尺。图 1-16 所示为测量范围为 0～150mm、分度值为 0.01mm、最大允许误差 MPE（精度）为 ±0.03mm 的电子数显卡尺。

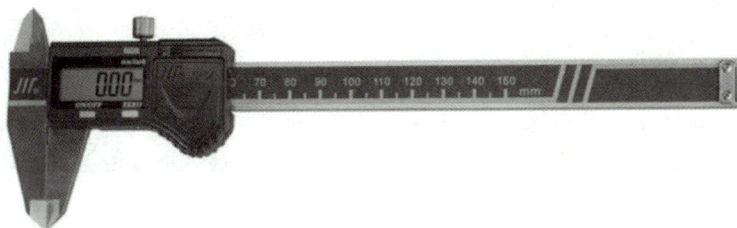

图 1-16 电子数显卡尺

2. 外径千分尺

外径千分尺是利用螺旋副原理，对尺架上两测量面间分隔的距离进行读数的外尺寸测量器具，常用以测量或检验零件的外径、厚度等。

（1）外径千分尺的结构 外径千分尺由尺架、测微头、读数套筒、测力装置和制动器等组成。读数套筒由固定套管和微分筒组成。固定套管上刻线的分度值为1mm，微分筒周向50等分，分度值为0.01mm。

图1-17为测量范围为0~25mm、分度值为0.01mm、最大允许误差MPE（精度）为0.004mm的外径千分尺。

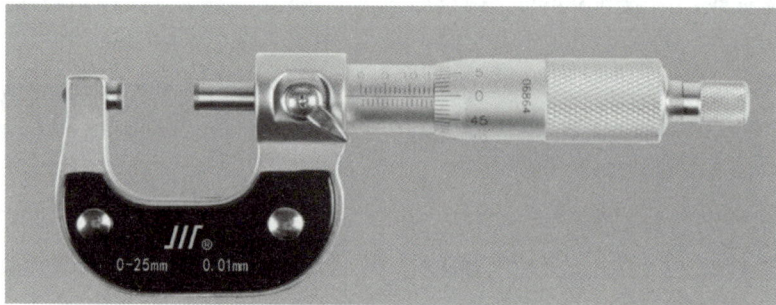

图1-17　外径千分尺

（2）外径千分尺的读数技巧　在外径千分尺的固定套管上刻有轴向中线，作为微分筒读数的基准线。另外，为了计算测微螺杆旋转的整数转，在固定套管中线的两侧刻有两排刻线，上排刻线为整数刻度线，下排刻线为半刻度线，上下相邻两刻线分度值为0.5mm，微分筒转一圈则沿固定套管移动0.5mm。用千分尺测量前，要检查或调整零位到正确位置。

外径千分尺的读数分三步：

第一步，读出固定套管上露出的最大刻线示值，一定要注意不能遗漏应读出的0.5mm的刻线值。

第二步，读出微分筒上的刻线示值。要看清微分筒圆周上哪一刻线与固定套管的中线基准对齐，将格数乘0.01mm即得微分筒上的读数，若固定套管的中线恰好落在微分筒两刻线之间，则可估读一位千分位数。

第三步，将前面两步读数相加得测量读数。

对于初学者，遇到微分筒端面与固定套管上整数刻度线或半刻度线重叠的情况时，若判断失误，读数就会相差0.5mm。有些初学者为了能看见固定套管整数刻度线或半刻度线，甚至把千分尺偏转，斜向读数，这是不正确的，读数时应始终保持视线与固定套管轴线垂直。处理技巧：

1）单纯依赖视觉判断。应以零位校准（调零）状态下的固定套管零刻线相对于微分筒端面的可见程度为参考来判断，视线必须与固定套管轴线垂直。这个是很难把握的。图1-18所示为千分尺零位校准状态时固定套管的零刻线的可见状态参考。

图1-18　千分尺主标尺零刻线可见性参照

2）附加微分筒的位置来综合判断。当遇到微分筒端面与固定套管整数刻度线或半刻度线重叠的情况，此时不急于读固定套管整数刻度线或半刻度线，而先读微分筒刻度。若微分筒上的读数刻度在0~5之间，则可判断固定套管整数刻度线或半刻度线是可见的；若微分筒上的读数刻度在45~0之间，则可判断固定套管整数刻度线或半刻度线是不可见的。

如图 1-19a、c 所示，微分筒读数刻度分别是"49"和"48"，在"45~0"刻度之间，据此可判断图 1-19a 中固定套管上的 3mm 刻线和图 1-19c 中固定套管上的 3.5mm 刻线是不可见的，读数分别应为 2.990mm 和 3.480mm。若错误判断为可见，则会误读为 3.490mm 和 3.980mm。

如图 1-19b、d 所示，微分筒读数刻度分别是"3"和"2"，在"0~5"刻度之间，据此可判断固定套管上的 3mm 刻线和 3.5mm 刻线是可见的，读数分别应为 3.030mm 和 3.520mm。若错误判断为不可见，则会误读为 2.530mm 和 3.020mm。

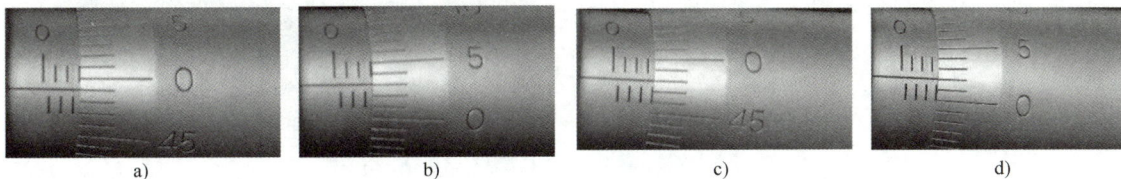

| a) | b) | c) | d) |

图 1-19 千分尺读数示意图

（3）数显外径千分尺 图 1-20 所示为测量范围为 0~25mm、分度值为 0.001mm、最大允许误差 MPE（精度）为 ±0.002 的数显外径千分尺。

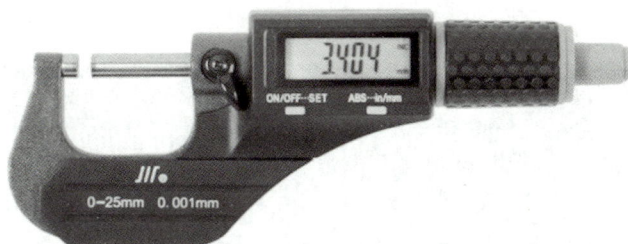

图 1-20 数显外径千分尺

3. 量块

量块是用耐磨材料制造、横截面为矩形、具有一对相互平行测量面的实物量具。量块的测量面可以和另一个量块的测量面组合使用，也可以和具有类似表面质量的辅助体表面相研合而用于量块长度的测量。

（1）量块的用途和级别 量块是控制尺寸的最基本的量具，是从标准长度到零件之间尺寸传递的媒介，是技术测量上长度计量的基准。

量块一般制成矩形截面的长方块，如图 1-21 所示。它有上、下两个测量面和四个非测量面。两个测量面是经过精密研磨和抛光加工的很平、很光的平行平面。基本尺寸为 0.5~10mm 的量块，其截面尺寸为 30mm×9mm；基本尺寸>10~1000mm 的量块，其截面尺寸为 35mm×9mm。

量块标称长度，是标记在量块上，用以表明其与主单位（m）之间关系的量值，也称为量块长度的示值。在每块量块上，都标记着它的标称长度，当量块尺寸等于或大于 6mm 时，标记在非工作面上；当量块尺寸在 6mm 以下时，则直接标记在测量面特定位置，如图 1-21 所示。

量块的级别，根据量块长度的精度和两个测量面的平行度等的准确程度，分为 K 级

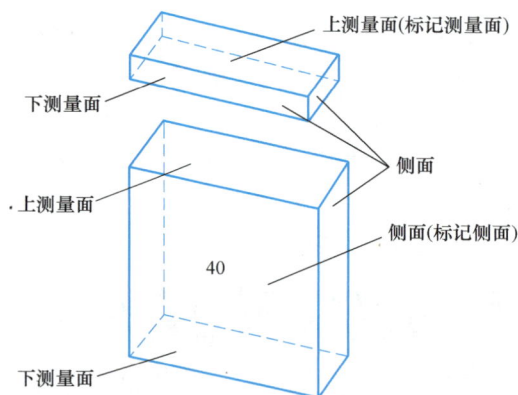

图 1-21　量块实物及结构示意图

（校准级）和 0 级、1 级、2 级、3 级。K 级量块的精度最高；3 级量块的精度最低，一般作为工厂或车间计量站使用的量块，用来检定或校准车间常用的精密量具。

（2）成套量块和量块尺寸的组合　量块是成套供应的，每套装成一盒，如图 1-22 所示。每盒中有各种不同尺寸的量块，其尺寸编组有一定的规定，其中 83 块一套的尺寸编组见表 1-11 。

图 1-22　成套量块实物图

表 1-11　83 块套别量块尺寸系列

套别	总块数	级别	尺寸系列/mm	间隔/mm	块数
2	83	0,1,2,(3)	0.5,1,1.005	—	3（各1）
			1.01,1.02,…,1.49	0.01	49
			1.5,1.6,…,1.9	0.1	5
			2.0,2.5,…,9.5	0.5	16
			10,20,…,100	10	10

由于量块的两个测量面做得十分准确而光滑，具有可黏合的特性，即将两块量块的测量面轻轻地推合后，这两块量块就能黏合在一起，不会自己分开，好像一块量块一样。由于量块具有可黏合性，就可组成各种不同尺寸的量块组，大大扩大了量块的应用范围。但为了减少误差，希望组成量块组的块数不超过 4~5 块。

为了使量块组的块数为最小值，在组合时就要根据一定的原则来选取量块尺寸，即首先选择能去除最小位数的尺寸的量块。

例如，若要用83块一套的2级量块组成87.545mm的量块组（表1-11），量块尺寸的选择方法如下：

量块组的尺寸	87.545mm
选用的第一块量块尺寸	1.005mm（剩下的尺寸　86.54mm）
选用的第二块量块尺寸	1.04mm（剩下的尺寸　85.5mm）
选用的第三块量块尺寸	5.5mm
剩下的即为第四块尺寸	80mm

三、计量器具的选择

工欲善其事，必先利其器。要检测零件的几何量，必须根据待测量的类型、大小、精度以及零件的结构、材料等因素选择适合的计量器具。

1. 选择计量器具要考虑的因素

计量器具的选择主要取决于计量器具的技术指标和经济指标，具体可从以下几点综合考虑。

1）根据零件加工批量考虑计量器具的选择。批量小时选用通用的计量器具；批量大时则选用专用量具、检验夹具，以提高测量效率。

2）根据零件的结构和重量选择计量器具的测量形式。轻小简单的零件可放到计量仪器上测量；重大复杂的零件则要将计量器具放到零件上测量。

3）根据零件尺寸的大小和要求确定计量器具的规格。使所选择的计量器具的测量范围、示值范围、分度值等能够满足测量要求。

4）根据零件的尺寸公差来选择计量器具。尺寸公差小，计量器具精度要高；尺寸公差大，计量器具精度应低。一般地说，应使所选用计量器具的最大允许误差占被测零件公差的$1/10 \sim 1/3$；对低精度的零件采用$1/10$，对高精度的零件采用$1/3$。

5）根据计量器具所导致的测量不确定度（简称计量器具的测量不确定度）的允许值（u_1）选择计量器具。

2. 按照计量器具的测量不确定度的允许值（u_1）选择计量器具的方法

在生产车间选择计量器具时，主要是按计量器具的不确定度的允许值来选择。

GB/T 3177—2009《产品几何技术规范（GPS）光滑工件尺寸的检验》规定了按照计量器具所导致的测量不确定度（简称计量器具的测量不确定度）的允许值（u_1）选择计量器具的原则和方法。

（1）原则　选择时，应使所选用的计量器具的测量不确定度数值等于或小于选定的u_1值。

（2）计量器具的测量不确定度允许值（u_1）　按测量不确定度（u）与工件公差的比值分档：对IT6~IT11的分为Ⅰ、Ⅱ、Ⅲ三档；对IT12~IT18的分为Ⅰ、Ⅱ两档。测量不确定度（u）的Ⅰ、Ⅱ、Ⅲ三档值分别为工件公差的$1/10$、$1/6$、$1/4$。计量器具的测量不确定度允许值（u_1）约为测量不确定度（u）的0.9倍，其三档数值列于表1-12中。

选用表1-12中计量器具的测量不确定度允许值（u_1），一般情况下，优先选用Ⅰ档，其次选用Ⅱ档、Ⅲ档。

表1-12 安全裕度（A）与计量器具的测量不确定值允许值（u₁） （单位：μm）

公称尺寸/mm 大于	至	6 T	6 A	6 u_1 I	6 u_1 II	6 u_1 III	7 T	7 A	7 u_1 I	7 u_1 II	7 u_1 III	8 T	8 A	8 u_1 I	8 u_1 II	8 u_1 III	9 T	9 A	9 u_1 I	9 u_1 II	9 u_1 III	10 T	10 A	10 u_1 I	10 u_1 II	10 u_1 III	11 T	11 A	11 u_1 I	11 u_1 II	11 u_1 III
—	3	6	0.6	0.5	0.9	1.4	10	1.0	0.9	1.5	2.3	14	1.4	1.3	2.1	3.2	25	2.5	2.3	3.8	5.6	40	4.0	3.6	6.0	9.0	60	6.0	5.4	9.0	14
3	6	8	0.8	0.7	1.2	1.8	12	1.2	1.1	1.8	2.7	18	1.8	1.6	2.7	4.1	30	3.0	2.7	4.5	6.8	48	4.8	4.3	7.2	11	75	7.5	6.8	11	17
6	10	9	0.9	0.8	1.4	2.0	15	1.5	1.4	2.3	3.4	22	2.2	2.0	3.3	5.0	36	3.6	3.3	5.4	8.1	58	5.8	5.2	8.7	13	90	9.0	8.1	14	20
10	18	11	1.1	1.0	1.7	2.5	18	1.8	1.7	2.7	4.1	27	2.7	2.4	4.1	6.1	43	4.3	3.9	6.5	9.7	70	7.0	6.3	11	16	110	11	10	17	25
18	30	13	1.3	1.2	2.0	2.9	21	2.1	1.9	3.2	4.7	33	3.3	3.0	5.0	7.4	52	5.2	4.7	7.8	12	84	8.4	7.6	13	19	130	13	12	20	29
30	50	16	1.6	1.4	2.4	3.6	25	2.5	2.3	3.8	5.6	39	3.9	3.5	5.9	8.8	62	6.2	5.6	9.3	14	100	10	9.0	15	23	160	16	14	24	36
50	80	19	1.9	1.7	2.9	4.3	30	3.0	2.7	4.5	5.8	46	4.6	4.1	6.9	10	74	7.4	6.7	11	17	120	12	11	18	27	190	19	17	29	43
80	120	22	2.2	2.0	3.3	5.0	35	3.5	3.2	5.3	7.9	54	5.4	4.9	8.1	12	87	8.7	7.8	13	20	140	14	13	21	32	220	22	20	33	50
120	180	25	2.5	2.3	3.8	5.6	40	4.0	3.6	6.0	9.0	63	6.3	5.7	9.5	14	100	10	9.0	15	23	160	16	15	24	36	250	25	23	38	56
180	250	29	2.9	2.6	4.4	6.5	46	4.6	4.1	6.9	10	72	7.2	6.5	11	16	115	12	10	17	26	185	19	17	28	42	290	29	26	44	65
250	315	32	3.2	2.9	4.8	7.2	52	5.2	4.7	7.8	12	81	8.1	7.3	12	18	130	13	12	19	29	210	21	19	32	47	320	32	29	48	72
315	400	36	3.6	3.2	5.4	8.1	57	5.7	5.1	8.4	13	89	8.9	8.0	13	20	140	14	13	21	32	230	23	21	35	52	360	36	32	54	81
400	500	40	4.0	3.6	6.0	9.0	63	6.3	5.7	9.5	14	97	9.7	8.7	15	22	155	16	14	23	35	250	25	23	38	56	400	40	36	60	90

（续）

公差等级		12				13				14				15				16				17				18			
公称尺寸/mm		T	A	u_1		T	A	u_1		T	A	u_1		T	A	u_1		T	A	u_1		T	A	u_1		T	A	u_1	
大于	至			I	II			I	II			I	II			I	II			I	II			I	II			I	II
—	3	100	10	9.0	15	140	14	13	21	250	25	23	38	400	40	36	60	600	60	54	90	1000	100	90	150	1400	140	135	210
3	6	120	12	11	18	180	18	16	27	300	30	27	45	480	48	43	72	750	75	68	110	1200	120	110	180	1800	180	160	270
6	10	150	15	14	23	220	22	20	33	360	36	32	54	580	58	52	87	900	90	81	140	1500	150	140	230	2200	220	200	330
10	18	180	18	16	27	270	27	24	41	430	43	39	65	700	70	63	110	1100	110	100	170	1800	180	160	270	2700	270	240	400
18	30	210	21	19	32	330	33	30	50	520	52	47	78	840	84	76	130	1300	130	120	200	2100	210	190	320	3300	330	300	490
30	50	250	25	23	38	390	39	35	59	620	62	56	93	1000	100	90	150	1600	160	140	240	2500	250	220	380	3900	390	350	580
50	80	300	30	27	45	460	46	41	69	740	74	67	110	1200	120	110	180	1900	190	170	290	3000	300	270	450	4600	460	410	690
80	120	350	35	32	53	540	54	49	81	870	87	78	130	1400	140	130	210	2200	220	200	330	3500	350	320	530	5400	540	480	810
120	180	400	40	36	60	630	63	57	95	1000	100	90	150	1600	160	150	240	2500	250	230	380	4000	400	360	600	6300	630	570	940
180	250	460	46	41	69	720	72	65	110	1150	115	100	170	1800	180	170	280	2900	290	260	440	4600	460	410	690	7200	720	650	1080
250	315	520	52	47	78	810	81	73	120	1300	130	120	190	2100	210	190	320	3200	320	290	480	5200	520	470	780	8100	810	730	1210
315	400	570	57	51	86	890	89	80	130	1400	140	130	210	2300	230	210	350	3600	360	320	540	5700	570	510	850	8900	890	800	1330
400	500	630	63	57	95	970	97	87	150	1500	150	140	230	2500	250	230	380	4000	400	360	600	6300	630	570	950	9700	970	870	1450

（3）计量器具的不确定度　计量器具的不确定度（即最大允许误差）是计量器具的一个重要的技术性能指标。不确定度意为对测量结果正确性的可疑程度。此处的不确定度是指按 B 类评定的不确定度，一般是计量器具技术资料文件或校准证书、检定证书上提供的技术数据。使用的计量器具要按规范定期校准，以保证量值统一，同时应实时掌握计量器具的示值误差和测量不确定度，保证测量准确可靠。

表 1-13、表 1-14、表 1-15 收集了常用量具的不确定度参考值，以供学习使用。

表 1-13　千分尺和游标卡尺的不确定度

尺寸范围/mm		计量器具类型		
		分度值为 0.01mm 的外径千分尺	分度值为 0.01mm 的内径千分尺	分度值为 0.02mm 的游标卡尺
大于	至	不确定度/mm		
0	50	0.004	0.008	0.020
50	100	0.005		
100	150	0.006		
150	200	0.007	0.013	
200	250	0.008		
250	300	0.009		

表 1-14　比较仪的不确定度

尺寸范围/mm		所使用的计量器具			
		分度值为 0.0005mm 的比较仪	分度值为 0.001mm 的比较仪	分度值为 0.002mm 的比较仪	分度值为 0.005mm 的比较仪
大于	至	不确定度/mm			
	25	0.0006	0.0010	0.0017	0.0030
25	40	0.0007			
40	65	0.0008	0.0011	0.0018	
65	90	0.0008			
90	115	0.0009	0.0012	0.0019	
115	165	0.0010	0.0013		
165	215	0.0012	0.0014	0.0020	0.0035
215	265	0.0014	0.0016	0.0021	
265	315	0.0016	0.0017	0.0022	

注：测量时，使用的标准器由 4 块 1 级（或 4 等）量块组成。

表 1-15　指示表的不确定度

尺寸范围/mm		所使用的计量器具			
		分度值为 0.001mm 的千分表（0 级在全程范围内，1 级在 0.2mm 内），分度值为 0.002mm 的千分表（在 1 转范围内）	分度值为 0.001mm、0.002mm、0.005mm 的千分表（1 级在全程范围内），分度值为 0.01mm 的百分表（0 级在任意 1mm 内）	分度值为 0.01mm 的百分表（0 级在全程范围内，1 级在任意 1mm 内）	分度值为 0.01mm 的百分表（1 级在全程范围内）
大于	至	不确定度/mm			
	25	0.005	0.010	0.018	0.030
25	40				
40	65				
65	90				
90	115				

（续）

尺寸范围 /mm		所使用的计量器具			
		分度值为 0.001mm 的千分表（0 级在全程范围内，1 级在 0.2mm 内），分度值为 0.002mm 的千分表（在 1 转范围内）	分度值为 0.001mm、0.002mm、0.005mm 的千分表（1 级在全程范围内），分度值为 0.01mm 的百分表（0 级在任意 1mm 内）	分度值为 0.01mm 的百分表（0 级在全程范围内，1 级在任意 1mm 内）	分度值为 0.01mm 的百分表（1 级在全程范围内）
大于	至	不确定度/mm			
115	165	0.006	0.010	0.018	0.030
165	215				
215	265				
265	315				

注：测量时，使用的标准器由 4 块 1 级（或 4 等）量块组成。

四、光滑工件尺寸的检验

GB/T 3177—2009 也规定了光滑工件尺寸检验的验收原则、验收极限。

1. 误收与误废

光滑工件尺寸的检验就是通过测量该尺寸要素而得到测得值（实际尺寸），从而判定该被测尺寸是否在要求的极限尺寸范围内，是则合格，否则不合格。但是测量必然存在测量误差，所以测得值（实际尺寸）并不是真值（真实尺寸），从而导致真实尺寸位于极限尺寸范围内，但接近极限尺寸的一部分合格件，可能因测得值超出极限尺寸而被认为尺寸不合格，判定为废品，即为误废。同样，对于真实尺寸位于极限尺寸范围之外但接近极限尺寸的一部分不合格件，可能因测得值在极限尺寸范围之内而被认为尺寸合格，判定为合格品，即为误收。

2. 验收极限

在光滑工件尺寸检验验收时，误收会影响产品质量，误废会造成经济损失。为了保证产品质量，验收时把判断所检验工件尺寸合格与否的尺寸界限从要求的极限尺寸分别向其公差带内移动一段距离（相当于缩小了公差），这就能减小误收率或达到误收率为零，当然同时也增大了误废率。因此，正确地确定验收时判断所检验工件尺寸合格与否的尺寸界限（即验收极限），具有重大意义。

GB/T 3177—2009 对如何确定验收极限规定了两种方式：内缩方式和不内缩方式。

（1）内缩方式　内缩方式的验收极限是从规定的最大实体尺寸（MMS）和最小实体尺寸（LMS）分别向工件公差带内移动一个安全裕度（A）来确定，如图 1-23 所示。A 值按工件公差（T）的 1/10 确定，其数值在表 1-12 中给出。

孔尺寸的验收极限：

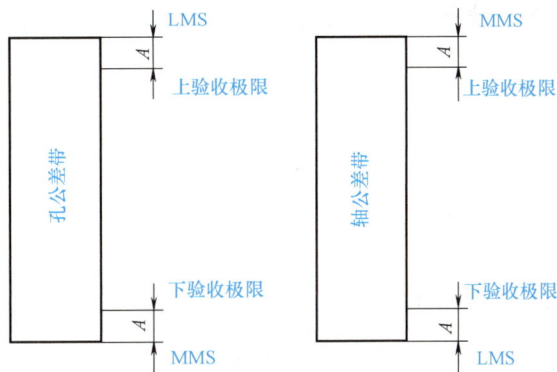

图 1-23　验收极限示意图

上验收极限＝最小实体尺寸（LMS）−安全裕度（A）

下验收极限＝最大实体尺寸（MMS）+安全裕度（A）

其中，孔的最小实体尺寸（LMS）即为上极限尺寸，最大实体尺寸（MMS）即为下极限尺寸。

轴尺寸的验收极限：

上验收极限＝最大实体尺寸（MMS）−安全裕度（A）

下验收极限＝最小实体尺寸（LMS）+安全裕度（A）

其中，轴的最小实体尺寸（LMS）即为下极限尺寸，最大实体尺寸（MMS）即为上极限尺寸。

（2）不内缩方式　不内缩方式验收极限等于规定的最大实体尺寸（MMS）和最小实体尺寸（LMS），即安全裕度 A 值等于零。

3. 验收极限方式的选择

验收极限方式的选择要结合尺寸功能要求及其重要程度、尺寸公差等级、测量不确定度和过程能力等因素综合考虑。通常公差等级较高或配合的尺寸按内缩方式确定验收极限，一般公差或非配合尺寸按不内缩方式确定验收极限。具体应用时可查阅 GB/T 3177—2009 的相关规定。

五、光滑工件尺寸检验举例

1. 检验实例

本例只反映如何根据尺寸公差标注查表确定其尺寸验收极限、不确定度允许值、选择计量器具的方法，所以列出了两种验收极限、两档不确定度允许值情况下计量器具的选择结果。

光滑工件尺寸检验举例的讲解

【例】　针对图样标记的 $\phi25h11$（$^{\ 0}_{-0.13}$）、$\phi25h9$（$^{\ 0}_{-0.052}$）、$\phi25h7$（$^{\ 0}_{-0.021}$）的三个尺寸，查表确定验收极限和选择计量器具。

【解】　①按Ⅰ档不确定度允许值选择见表 1-16。

表 1-16　Ⅰ档不确定度允许值选择　　　　　　　　（单位：mm）

待检尺寸精度	内缩方式验收极限	不内缩方式验收极限	优先选Ⅰ档不确定度允许值	可选量具	所选量具的不确定度
$\phi25h11$（$^{\ 0}_{-0.13}$）	$\phi25^{-0.013}_{-0.117}$	$\phi25^{\ 0}_{-0.13}$	0.012	分度值为 0.01mm 的外径千分尺	0.004
$\phi25h9$（$^{\ 0}_{-0.052}$）	$\phi25^{-0.005}_{-0.047}$	$\phi25^{\ 0}_{-0.052}$	0.0047	分度值为 0.01mm 的外径千分尺	0.004
$\phi25h7$（$^{\ 0}_{-0.021}$）	$\phi25^{-0.002}_{-0.019}$	$\phi25^{\ 0}_{-0.021}$	0.0019	分度值为 0.0025mm 的比较仪	0.0017

②按Ⅲ档不确定度允许值选择见表 1-17。

③计量器具选择结果说明（以 $\phi25h11$（$^{\ 0}_{-0.13}$）为例）见表 1-18。

表 1-17　Ⅲ档不确定度允许值选择　　　　　　　　　　　（单位：mm）

待检尺寸精度	内缩方式验收极限	不内缩方式验收极限	选Ⅲ档不确定度允许值	可选量具	所选量具的不确定度
$\phi 25h11\left(^{0}_{-0.13}\right)$	$\phi 25^{-0.013}_{-0.117}$	$\phi 25^{0}_{-0.13}$	0.029	分度值为 0.02mm 的游标卡尺	0.020
$\phi 25h9\left(^{0}_{-0.052}\right)$	$\phi 25^{-0.005}_{-0.047}$	$\phi 25^{0}_{-0.052}$	0.012	分度值为 0.01mm 的外径千分尺	0.004
$\phi 25h7\left(^{0}_{-0.021}\right)$	$\phi 25^{-0.002}_{-0.019}$	$\phi 25^{0}_{-0.021}$	0.0047	分度值为 0.01mm 的外径千分尺	0.004

表 1-18　计量器具选择结果说明　　　　　　　　　　　（单位：mm）

验收极限方式	验收极限	分度值为 0.01mm 的外径千分尺		分度值为 0.02mm 的游标卡尺	
		测得合格值	是否会误收	测得合格值	是否会误收
内缩方式	$\phi 25^{-0.013}_{-0.117}$	$\phi 24.987\pm 0.004$	否	$\phi 24.98\pm 0.020$	否
不内缩方式	$\phi 25^{0}_{-0.13}$	$\phi 25\pm 0.004$	是	$\phi 25\pm 0.020$	是

注：该尺寸设计合格极限为 $\phi 25^{0}_{-0.13}$mm。

2. 计量器具选用中的现实问题及解决思路

在生产实际中，按照计量器具的测量不确定度允许值（u_1）选择计量器具时，现场的计量器具有可能满足不了精度要求。如果出现这种情况，采用比较测量可以有效降低计量器具的不确定度，一般可以降低 40%，即采用和测量相等尺寸的块规相比较的办法消除量具的示值误差，降低量具的不确定度，提高量具的测量精度。

采用比较测量是一种值得学习的创造性解决问题的思路。大家都知道，我们国家的"两弹一星"是在技术薄弱、条件艰苦的情况下，靠那些老一辈功勋们无私奉献、艰苦奋斗、勇于登攀的精神攻克当时的尖端技术，是车间那些普通的工人师傅用简陋的机床和工装加工出了配套的精密零件。普通的游标卡尺，在那些国宝级的大师手里，精度就能提高一个等级，因为那已经不单单是一把卡尺，而是融入了大师经验、精神（相当于误差修正）的一个高精度工艺系统了，所以就能量出高精度的零件来。

对于测量，在乎的就是毫厘之差，极致是测量人永远的追求。

任务实施

根据传动轴零件图的尺寸要求合理选择验收极限，根据计量器具校准证书出具的测量不确定度查表选定计量器具，按要求填写表 1-19。

1）拆解减速器，取出传动轴。

2）按照所选计量器具准备好量具。

3）实测（测量、复测、记录），并给出验收结论，填写表 1-19。

表 1-19　传动轴注公差尺寸检验任务表　　　　　　　　　　　（单位：mm）

待检尺寸	验收极限（取其一）		不确定度允许值（取其一）		量具	所选量具的不确定度	测得值	验收结论
	内缩方式	不内缩方式	Ⅰ档	Ⅲ档				
$\phi 25^{+0.009}_{-0.004}$	√							

（续）

待检尺寸	验收极限（取其一）		不确定度允许值（取其一）		量具	所选量具的不确定度	测得值	验收结论
	内缩方式	不内缩方式	I 档	III 档				
$\phi 27^{+0.036}_{+0.015}$	√							
$\phi 20^{+0.036}_{+0.015}$	√							
$23^{\ 0}_{-0.13}$		√						
145 ± 0.5		√		II 档				

注：测得值报告形式为"测得读数值±测量器具的不确定度"，如 17.02±0.02。

思考与练习

一、判断题

1. 我国法定计量单位中，长度单位是米（m），与国际单位制相同。（　　）

2. 在任何测量中，都不允许有误差存在。（　　）

3. 不允许使用卡尺、千分尺等接触式测量器具测量机床上运转工件的尺寸。（　　）

4. 采用分度值为 0.02mm、测量不确定度为 0.02mm 的游标卡尺测量读数 49.98，则测量结果的正确报告形式为（49.98±0.02）mm。（　　）

5. 使用的量块越多，组合的尺寸越精确。（　　）

6. 用外径千分尺测量外圆直径是直接测量。（　　）

7. 测量中一定要消除人员误差造成的测量误差。（　　）

8. 由于测量误差的存在，导致真实尺寸位于极限尺寸范围之外但接近极限尺寸的一部分不合格件，可能因测得值在极限尺寸范围之内而被认为尺寸合格，判定为合格品，称为误收。（　　）

9. 为了保证产品质量，按照内缩方式确定的验收极限尺寸，可以有效降低误收率，但同时提高了误废率，造成了浪费。（　　）

10. 内缩方式的验收极限是从规定的最大实体尺寸（MMS）和最小实体尺寸（LMS）分别向工件公差带内移动一个安全裕度 A 来确定。（　　）

11. 安全裕度 A 值规定按工件公差 T 的 1/6 确定。（　　）

12. 轴 $\phi 50^{\ 0}_{-0.1}$mm 按内缩方式确定的验收极限是 $\phi 50^{-0.01}_{-0.09}$mm。（　　）

13. 检验光滑工件尺寸时，应使所选用的计量器具的测量不确定度数值等于或小于选定的计量器具的测量不确定度允许值。（　　）

14. 测量范围 0~25mm、分度值 0.01mm 的外径千分尺的测量不确定度为 0.01mm。（　　）

15. 只要是直径小于 25mm 的轴径，无论其公差大小，都能用测量范围 0~25mm、分度值 0.01mm 的外径千分尺检验。（　　）

二、名词解释

①测量精度　②测量误差　③误收　④误废　⑤验收极限　⑥按照计量器具所导致的测量不确定度（简称计量器具的测量不确定度）的允许值（u_1）选择计量器具的原则。

三、综合题

1. 卡尺读数（图 1-24、图 1-25）。

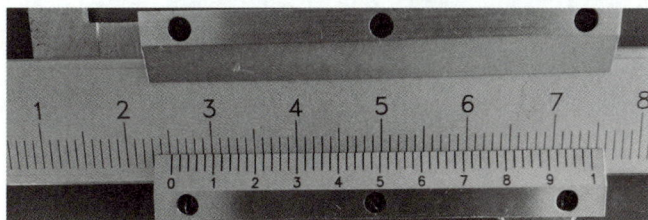

图 1-24 卡尺读数（一）

图 1-24 的读数_____。

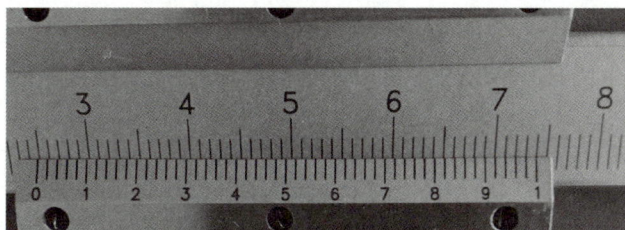

图 1-25 卡尺读数（二）

图 1-25 的读数_____。

2. 千分尺读数（图 1-26、图 1-27）。

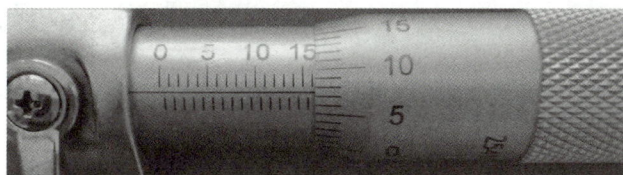

图 1-26 千分尺读数（一）

图 1-26 的读数_____。

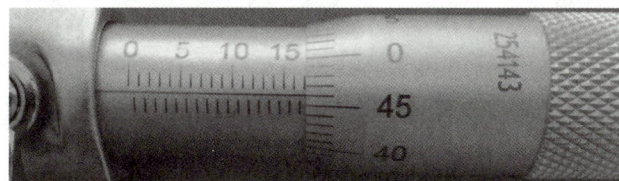

图 1-27 千分尺读数（二）

图 1-27 的读数_____。

3. 试从 83 块一套的量块中组合下列尺寸：

①29.875mm   ②36.98mm   ③50.79mm

4. 调研分析对于 $\phi25h7$ ($^{\ 0}_{-0.021}$) mm 的轴径，加工人员是否可以用不确定度为 0.004mm 的千分尺测量。（调研要记录现场加工人员给出的理由；分析要写出分析过程。）

项目二

配合公差及孔径的检测

1. 能解释装配图上的配合代号的含义。

2. 能对照标准公差表和基本偏差表计算确定配合间隙或过盈的极限值，并进行配合松紧程度的判断。

3. 会选用合适量具检测孔径尺寸。

【任务描述】

减速器中的从动轴及与其配合的轴套如图2-1所示。需要检测轴套的内径，并通过对比轴和轴套的公差带和尺寸检测结果，实际体验配合代号所表示的配合松紧程度。

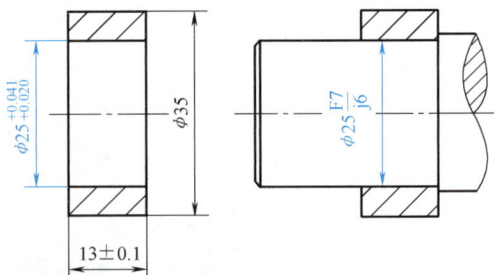

图 2-1　从动轴及与其配合的轴套

【任务分析】

要完成此任务，需要学习配合的有关知识和内孔量具的使用知识。

知识准备

一、配合

配合即类型相同的待装配的外尺寸要素（轴）和内尺寸要素（孔）之间的关系，其前提是内、外尺寸要素的公称尺寸相同。

1. 配合的种类

配合的种类有间隙配合、过盈配合、过渡配合三种。

（1）间隙配合

1）间隙。当轴的直径小于孔的直径时，孔与轴的尺寸之差为间隙，用字母 X 表示。

最小间隙用 X_{min} 表示，即 $X_{min} = D_{min} - d_{max} = EI - es$。

最大间隙用 X_{max} 表示，即 $X_{max} = D_{max} - d_{min} = ES - ei$。

2）间隙配合的表示。孔和轴装配时总存在间隙（包括最小间隙等于零）的配合为间隙配合，此时，孔的公差带在轴的公差带之上（图 2-2）。

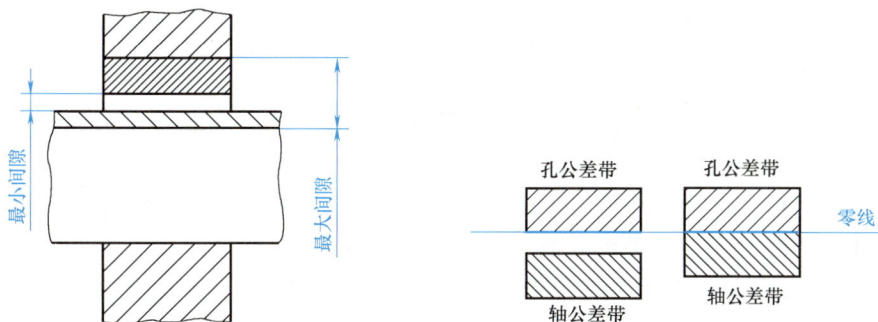

图 2-2　间隙配合示意图

（2）过盈配合

1）过盈。当轴的直径大于孔的直径时，孔与轴的尺寸之差为过盈，用字母 Y 表示。

最小过盈用 Y_{min} 表示，即 $Y_{min} = D_{max} - d_{min} = ES - ei$。

最大过盈用 Y_{max} 表示，即 $Y_{max} = D_{min} - d_{max} = EI - es$。

2）过盈配合的表示。孔和轴装配时总存在过盈（包括最小过盈等于零）的配合为过盈配合，此时，孔的公差带在轴的公差带之下（图 2-3）。

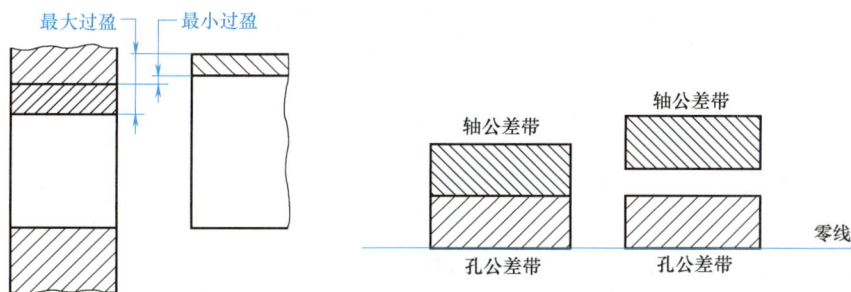

图 2-3　过盈配合示意图

（3）过渡配合　孔和轴装配时可能具有间隙或过盈的配合为过渡配合。此时，孔的公差带与轴的公差带相互交叠（图 2-4）。

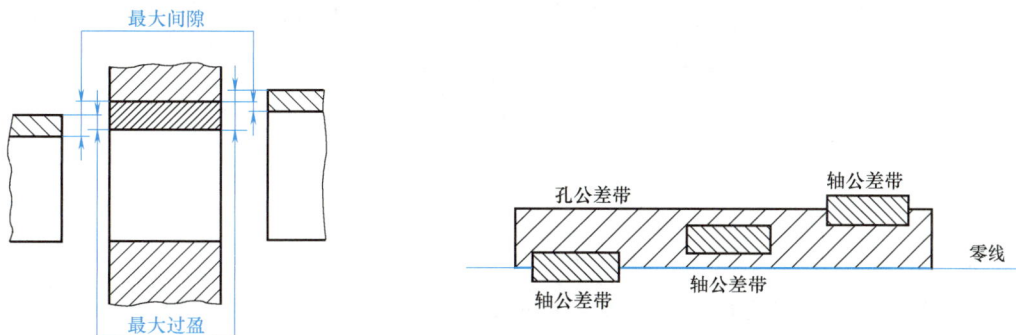

图 2-4　过渡配合示意图

最大间隙用 $X_{\max}$ 表示，即 $X_{\max} = D_{\max} - d_{\min} = ES - ei$。

最大过盈用 $Y_{\max}$ 表示，即 $Y_{\max} = D_{\min} - d_{\max} = EI - es$。

2. 配合公差

配合公差是组成配合的两个尺寸要素的尺寸公差之和。它表示允许间隙或过盈的变动量，是一个没有符号的绝对值，用 T_f 表示，即 $T_f = T_h + T_s = X_{\max} - X_{\min} = Y_{\min} - Y_{\max} = X_{\max} - Y_{\max}$。

3. ISO 配合制

ISO 配合制是指由线性尺寸公差 ISO 代号体系确定公差的孔和轴组成的一种配合制度。GB/T 1800.1—2020 规定了两种配合制：基轴制和基孔制。

（1）基轴制配合　即基本偏差为零的轴，与不同基本偏差的孔形成各种配合的一种制度。

基轴制配合中轴的基本偏差代号为 h ，如图 2-5 所示。

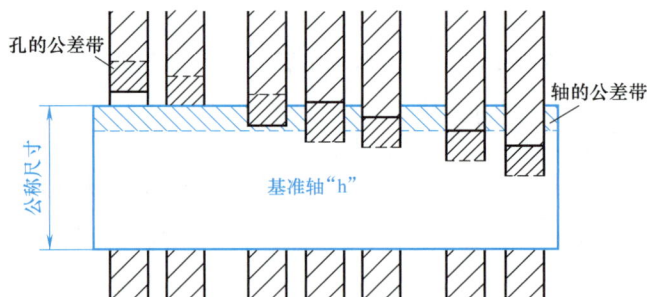

图 2-5　基轴制配合示意图

（2）基孔制配合　即基本偏差为零的孔，与不同基本偏差的轴形成各种配合的一种制度。

基孔制配合中孔的基本偏差代号为 H，如图 2-6 所示。

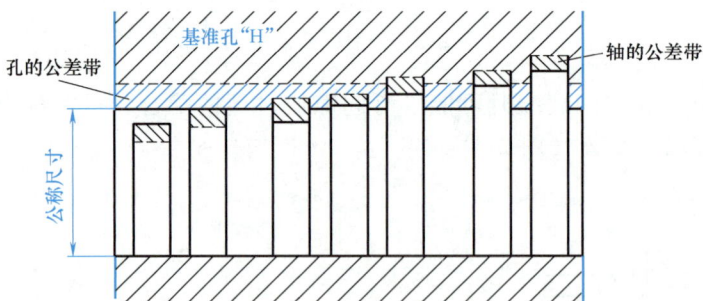

图 2-6　基孔制配合示意图

4. 配合的表示

配合用相同的公称尺寸后跟孔、轴公差带表示。孔、轴公差带写成分数形式（分子为孔公差带，分母为轴公差带），在装配图上标注。例如 $\phi25H7/g6$ 或 $\phi25\dfrac{H7}{g6}$，标注如图 2-7

所示。

5. 配合标注的解读

以图 2-7 所示配合标注为例解读其标注含义，见表 2-1。

6. 配合的选择

配合的选择包括配合制的选择和公差带代号的选择。

（1）配合制的选择　配合制的选择与使用要求无关，主要考虑结构、工艺、装配和经济等方面的因素，一般按以下原则选取。

1）优先选用基孔制。从加工工艺方面考虑，中等尺寸精度较高的孔的加工和检验常采用定值刀具和量具，孔的公差带位置固定，可减少刀具、量具的规格，有利于生产和降低成本，而加工测量轴类零件方便容易，故一般情况下，应优先采用基孔制。

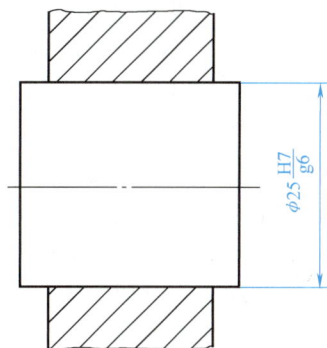

图 2-7　配合标注示意图

表 2-1　配合标注的解读 （单位：mm）

配合代号	公差带代号	基本偏差值	标准公差值	另一个极限偏差值	配合制	配合种类	配合的松紧程度
$\phi25\dfrac{H7}{g6}$	孔 H7	下极限偏差 $EI=0$	0.021	上极限偏差 $ES=+0.021$	基孔制	间隙配合	最大间隙 $X_{max}=ES-ei=0.041$
	轴 g6	上极限偏差 $es=-0.007$	0.013	下极限偏差 $ei=-0.020$			最小间隙 $X_{min}=EI-es=0.007$

2）下列场合选用基轴制。

① 直接采用冷拉棒料制作轴。轴的表面不需要再进行切削加工，同样可以获得明显的经济效益（冷拉圆钢按一定的精度等级加工，其尺寸与几何误差、表面粗糙度达到一定标准），在农业、建筑、纺织机械中常用。

② 有些零件由于结构上的需要，采用基轴制更合理。

配合标注
的讲解

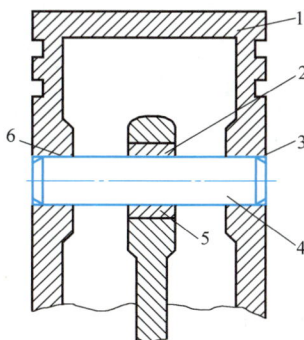

如图 2-8 所示为活塞连杆机构，根据使用要求，活塞销轴与活塞孔采用过渡配合，而连杆衬套与活塞销轴则采用间隙配合。若采用基孔制，如图 2-9a 所示，活塞销轴将加工成台

图 2-8　活塞连杆机构

1—活塞　2—间隙配合　3、6—过渡配合
4—活塞销轴　5—连杆衬套

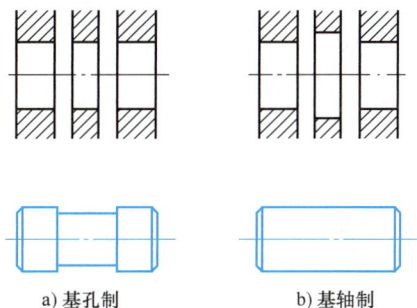

a) 基孔制　　　b) 基轴制

图 2-9　活塞销轴配合基准的选用

阶形状；而采用基轴制配合，如图 2-9b 所示，活塞销轴可制成光轴。这种选择不仅有利于轴的加工，并且能够保证合理的装配质量。

3）与标准件配合时，应以标准件为基准件确定配合制。标准件的几何技术特征已完全标准化，并采用专业化生产，所以与标准件配合要以标准件为基准件，若要实现松紧程度不同的配合结果，只有通过调整与标准件配合的工件的公差带来实现。如滚动轴承内圈与轴颈的配合应选用基孔制，而滚动轴承外圈与壳体孔的配合应选用基轴制。

4）特殊需要时，也可采用非配合制配合。GB/T 1800.1—2020 规定的配合制是推荐标准，根据需要，可以采用标准推荐的配合制以外的非配合制配合。

（2）公差带代号的选择　GB/T 1800.1—2020 推荐了常用配合，可满足普通工程机构需要。图 2-10 为推荐的基孔制常用和优先配合，图 2-11 为推荐的基轴制常用和优先配合。选择时，基于经济因素，如有可能，优先选用框中所示的公差带代号。根据需要，也可以选择非标准的配合。

基准孔	轴公差带代号		
	间隙配合	过渡配合	过盈配合
H6	g5 h5	js5 k5 m5	n5 p5
H7	f6 g6 h6	js6 k6 m6 n6	p6 r6 s6 t6 u6 x6
H8	e7 f7 h7	js7 k7 m7	s7 u7
	d8 e8 f8 h8		
H9	d8 e8 f8 h8		
H10	b9 c9 d9 e9 h9		
H11	b11 c11 d10 h10		

图 2-10　基孔制优先、常用配合

基准轴	孔公差带代号		
	间隙配合	过渡配合	过盈配合
h5	G6 H6	JS6 K6 M6	N6 P6
h6	F7 G7 H7	JS7 K7 M7 N7	P7 R7 S7 T7 U7 X7
h7	E8 F8 H8		
h8	E8 F8 H8		
	D9 E9 F9 H9		
h9	D9 E9 F9 H9		
	B11 C10 D10 H10		

图 2-11　基轴制优先、常用配合

二、测量孔径的常用器具

项目一中介绍的卡尺也能测量孔径。本项目主要介绍内测千分尺。

1. 内测千分尺的结构

内测千分尺是测量小尺寸内径和槽的宽度的常用量具，其特点是容易找正内孔直径，测量方便。图 2-12 所示为测量范围为 5～30mm、分度值为 0.01mm、最大允许误差 MPE（精度）为 0.005mm 的内测千分尺。

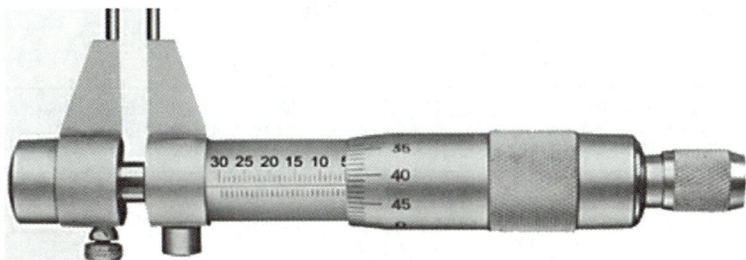

图 2-12　内测千分尺

2. 内测千分尺的读数

内测千分尺的读数方法与外径千分尺相同，只是固定套管上的刻度数值与外径千分尺相反，另外它的测量方向和读数方向也都与外径千分尺相反，二者的差别如图 2-13 所示。图 2-13a 为外径千分尺，固定套管刻度左小右大，微分筒左旋（图示从上向下旋）时后退，尺寸增大；图 2-13b 为内测千分尺，固定套管刻度左大右小，微分筒右旋（图示从下向上旋）时前进，尺寸增大。

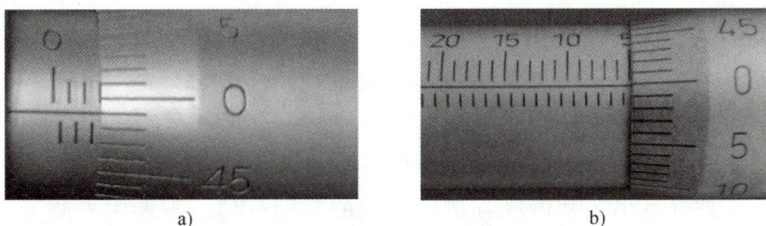

图 2-13　外径千分尺与内测千分尺的差别

读数方法分三步：

第 1 步，读出被微分筒遮挡的最大固定套管数值，特别注意半刻线。

第 2 步，读出微分筒上与固定套管基准线对齐的刻线值，若在两刻线之间，补读一位。

第 3 步，前两步读数相加即得测得读数。

图 2-14a 所示读数为 10.959mm，图 2-14b 所示的读数值为 11.050mm。固定套管刻线是否被遮挡，要结合微分筒的位置判断，判断技巧和外径千分尺的判断技巧相同。

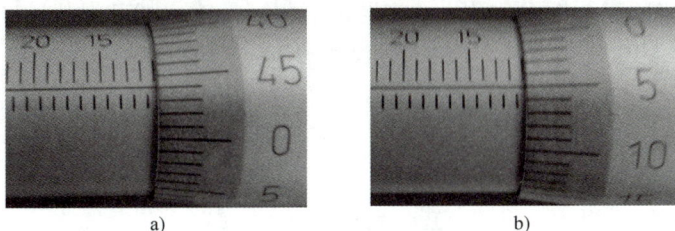

图 2-14　内测千分尺的读数

任务实施

1. 根据轴套零件图（图 2-1）的内径尺寸要求合理选择验收极限，根据计量器具校准证书出具的测量不确定度查表选定计量器具，按要求填写表 2-2。

表 2-2　轴套注公差的尺寸检验任务表

待检尺寸	验收极限（取其一）		不确定度允许值（取其一）		量具	所选量具的不确定度	测得值	验收结论
	内缩方式	不内缩方式	I 档	III 档				
1								
2								
3								

已检轴的尺寸

2. 拆解减速器，取出从动轴、轴套。

3. 按照所选计量器具准备好量具。

4. 实测（测量、复测、记录）3 个轴套内径，并给出验收结论，填写表 2-2。

5. 将 3 个轴套分别与同一轴配合，体验配合的松紧程度。

思考与练习

一、判断题

1. 间隙配合一定有间隙，即最小间隙一定大于零。（　　）

2. 过盈配合一定有过盈，即最小过盈一定小于零。（　　）

3. 配合公差一定等于相互配合的孔和轴的公差之和。（　　）

4. 内测千分尺是测量小尺寸内径和槽的宽度的常用量具，不能用来测量外径。（　）

5. 标记为 H7/k6 的配合一定是过渡配合。（　　）

6. 配合公差越小，配合精度越高。（　　）

7. 与标准件配合时，应以标准件为基准件确定配合制。（　　）

8. 基孔制配合中的孔的基本偏差代号一定是 H。（　　）

9. 同规格的一个轴与一个孔配合，可能是间隙配合或过渡配合或过盈配合。（　　）

10. 只要是能装配到一起的外尺寸要素（轴）和内尺寸要素（孔）之间的关系都是配合关系。（　　）

二、选择题

1. 在一批同规格的配合件中，抽出一套装配后得到间隙，则可判断该批配合为（　　）。
　A. 间隙配合　　　　　　　　B. 过渡配合
　C. 过盈配合　　　　　　　　D. 可能为间隙配合，也可能为过渡配合

2. 在基孔制配合中，基本偏差代号 a~h 的轴与基准孔（基本偏差代号 H）配合一定是（　　）配合。
　A. 间隙配合　　　　　　　　B. 过渡配合
　C. 过盈配合　　　　　　　　D. 可能为间隙配合，也可能为过渡配合

3. 在基轴制配合中，基本偏差代号 JS~Z 的孔与基准轴（基本偏差代号 h）配合一定是（　　）配合。
　A. 间隙配合　　　　　　　　B. 过渡配合
　C. 过盈配合　　　　　　　　D. 有过盈配合，也有过渡配合

4. 配合的松紧程度取决于配合的孔和轴的（   ）。

    A. 配合公差   B. 极限尺寸

    C. 标准公差   D. 基本偏差

5. 配合制的选择与（   ）无关。

    A. 使用要求   B. 结构

    C. 工艺   D. 经济性

三、名词解释

①配合 ②间隙配合 ③过盈配合 ④过渡配合 ⑤基孔制配合 ⑥基轴制配合 ⑦配合公差

四、综合题

1. 查表计算确定配合 $\phi50H7/k6$、$\phi50F8/h7$、$\phi50H7/p6$ 的间隙或过盈的极限值。

2. 写出图 2-15 所示内测千分尺的读数值。

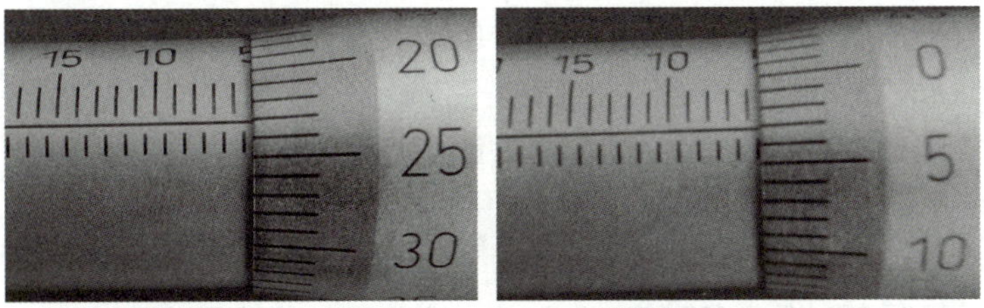

读数值：_____   读数值：_____

图 2-15　内测千分尺的读数示例

项目三

尺寸链及其计算

【学习目标】

1. 能说明尺寸链的基本术语，如封闭环、组成环、增环、减环等。
2. 会计算线性尺寸链。
3. 会进行尺寸链的查找、分析、建立及求解。

【任务描述】

GB/T 1095—2003《平键 键槽的剖面尺寸》推荐了轴槽和毂槽深度 t_1 和 t_2 的公称尺寸及极限偏差数值。图 3-1 所示的轴和毂的键槽深度 t_1 和 t_2 的尺寸及极限偏差数值按国标推荐取值。但是设计中轴槽深度常标注 $d-t_1$ 的尺寸及极限偏差数值，毂槽深度常标注 $D+t_2$ 的尺寸及极限偏差数值，而不直接标注 t_1 和 t_2，所以需要确定 $d-t_1$ 和 $D+t_2$ 的尺寸及极限偏差数值。

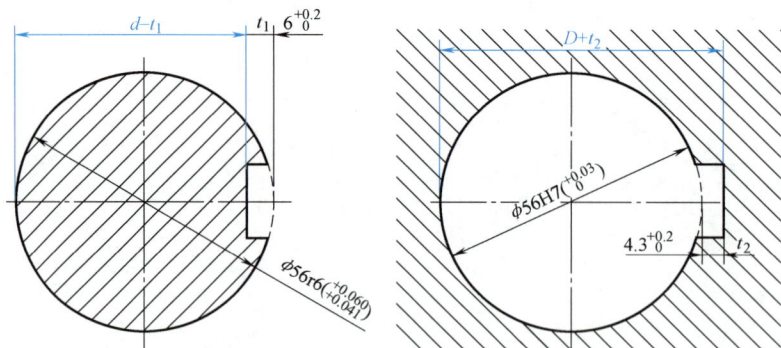

图 3-1　键槽深度标注

【任务分析】

该任务实际上就是一个尺寸链计算的问题，要完成该任务，需要学习掌握有关尺寸链及其计算的知识。

知识准备

一、尺寸链的定义、组成及特征

1. 尺寸链的定义

在一个零件或一台机器的结构中，构成封闭形式、相互联系的尺寸组合称为尺寸链，如图 3-2 所示。

2. 尺寸链的组成

尺寸链由一个封闭环和若干个组成环组成。环为列入尺寸链中的每一个尺寸。

（1）封闭环 A_0　在加工或装配过程中间接获得的派生尺寸（最后自然形成的尺寸），称为封闭环，如图 3-2 中的 A_0。

（2）组成环 A_i　在加工或装配过程中直接获得的尺寸（除 A_0 外对封闭环有影响的其他全部各环），如图 3-2 中的 A_1，A_2。

1）增环。在组成环中，该环自身增大使封闭环随之增大，该环自身减小使封闭环随之减小的组成环，称为增环，如图 3-2 中的 A_1。

2）减环。在组成环中，该环自身增大使封闭环随之减小，该环自身减小使封闭环随之增大的组成环，称为减环，如图 3-2 中的 A_2。

3）增、减环的确定方法。首先给封闭环任意确定一个方向，然后用首尾相接的单向箭头表示所有各环，箭头方向与封闭环方向一致的环为减环，箭头方向与封闭环方向相反的环为增环，如图 3-3 所示。

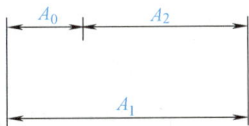

图 3-2　尺寸链

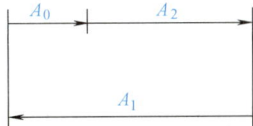

图 3-3　增、减环的确定

3. 尺寸链的特征

从尺寸链的定义和尺寸链的组成可以看出，尺寸链具有以下 4 个特征。

（1）封闭性　各环必须依次连接封闭，不封闭不能成为尺寸链。

（2）关联性　任一组成环的尺寸或公差的变化都必然引起封闭环的尺寸或公差的变化。

（3）唯一性　一个尺寸链只有一个封闭环，既不能没有，也不能出现两个或两个以上的封闭环。

（4）最少的环数　一个尺寸链最少有 3 个环，少于 3 个环的尺寸链不存在。

二、尺寸链的分类

1. 按研究对象分类

（1）零件尺寸链　由零件上的设计尺寸组成的尺寸链，称为零件尺寸链。图 3-4a 所示为齿轮轴零件轴向的设计尺寸之间的关系，构成了一个零件尺寸链，如图 3-4b 所示。

（2）工艺尺寸链　由同一零件上的工艺尺寸形成的尺寸链，称为工艺尺寸链。如图 3-5a

尺寸链组成的讲解

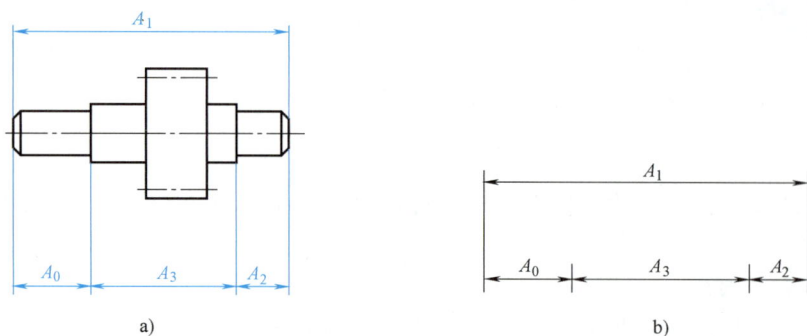

图 3-4　零件尺寸链

所示的阶梯零件，在加工过程中，已加工尺寸 A_2 和本工序加工尺寸 A_1 直接影响设计尺寸 A_0，反映工艺尺寸之间的关系，构成了一个工艺尺寸链，如图 3-5b 所示。

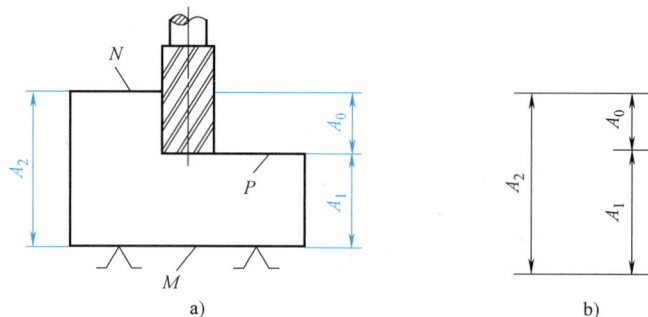

图 3-5　工艺尺寸链

（3）装配尺寸链　由不同零件的设计尺寸所形成的尺寸链，称为装配尺寸链。在图 3-6a 所示的齿轮与轴的装配关系中，A_1、A_2、A_3、A_4、A_5 分别为 5 个不同零件的轴向设计尺寸，A_0 是各个零件装配后，在齿轮右端面与挡圈端面之间形成的间隙，A_0 受其他 5 个零件轴向设计尺寸变化的影响。因而 A_0 和 A_1、A_2、A_3、A_4、A_5 构成一个装配尺寸链，如图 3-6b 所示。

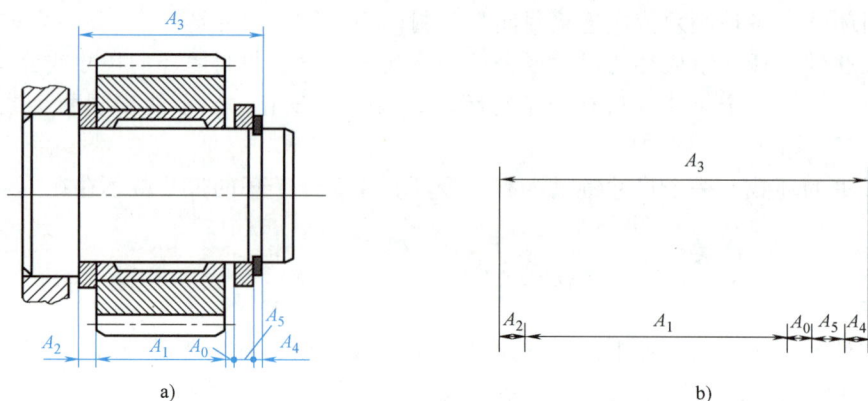

图 3-6　装配尺寸链

2. 按形态分类

（1）直线尺寸链　全部组成环都平行于封闭环的尺寸链，称为直线尺寸链（图 3-4、图 3-6）。

（2）平面尺寸链　全部组成环位于一个或几个平行平面内，但某些组成环不平行于封闭环，这样的尺寸链称为平面尺寸链。

（3）空间尺寸链　组成环位于几个不平行的平面内，这样的尺寸链称为空间尺寸链。尺寸链中常见的是直线尺寸链，平面尺寸链和空间尺寸链可以用坐标投影法转换为直线尺寸链。

3. 按几何特征分类

（1）长度尺寸链　链中各环均为长度尺寸的尺寸链，称为长度尺寸链（图 3-4、图 3-6）。

（2）角度尺寸链　链中各环为角度尺寸的尺寸链，称为角度尺寸链。

4. 按相互关系分类

（1）独立尺寸链　链中的所有组成环和封闭环都只属于一个尺寸链，不参与其他尺寸链的组成。

（2）相关尺寸链　链中的某些环不只属于这一个尺寸链，还参与其他尺寸链的组成。因此在相关尺寸链中还可分为并联、串联和混联尺寸链。

本书重点讨论直线尺寸链。

三、尺寸链的确立与分析

正确地查明尺寸链的组成，是进行尺寸链计算的依据。具体步骤如下。

（1）确定封闭环　建立尺寸链，首先要正确地确定封闭环。

零件尺寸链的封闭环应为公差等级要求最低的环，一般在零件图上不进行标注，以免引起加工中的混乱。例如，图 3-4a 中的尺寸 A_0 是不标注的。

工艺尺寸链的封闭环是在加工中最后自然形成的环，一般为被加工零件要求达到的设计尺寸或工艺过程中需要的余量尺寸。加工顺序不同，封闭环也不同。所以，工艺尺寸链的封闭环必须在加工顺序确定之后才能判断。

装配尺寸链的封闭环是在装配之后形成的，往往是机器上有装配精度要求的尺寸，如保证机器可靠工作的相对位置尺寸或保证零件相对运动的间隙等。在着手建立尺寸链之前，必须查明在机器装配和验收的技术要求中规定的所有几何精度要求项目，这些项目往往就是某些尺寸链的封闭环。

（2）查找组成环　组成环是对封闭环有直接影响的那些尺寸，无关的尺寸要排除在外。一个尺寸链的环数应尽量少。

查找装配尺寸链的组成环时，先从封闭环的任意一端开始，找相邻零件（设为第一个零件）的尺寸，然后再找与第一个零件相邻的第二个零件的尺寸，这样一环接一环，直到封闭环的另一端为止，从而形成封闭的尺寸组。

一个尺寸链中最少要有两个组成环。组成环中，可能只有增环没有减环，但不能只有减环没有增环。

在封闭环有较高技术要求或几何误差（形状、位置误差）较大的情况下建立尺寸链时，还要考虑几何误差对封闭环的影响。

（3）绘制尺寸链图 为了讨论问题方便，更清楚地表达尺寸链的组成，通常不需要画出零件或部件的真实结构，也不必按照严格的比例，只需将链中各尺寸依次画出，形成封闭的图形即可，如图 3-2、图 3-3、图 3-4b、图 3-5b、图 3-6b 所示。

四、尺寸链的计算

1. 尺寸链计算的分类

尺寸链的计算，包括分析确定封闭环与组成环的公称尺寸及其公差或极限偏差之间的关系等。组成环的公称尺寸是设计给定的尺寸，通常都是已知量，通过尺寸链分析计算，主要校核各组成环公称尺寸是否有误。对组成环公称尺寸的公差与极限偏差，通常情况下可直接给出经济可行的数值，但需应用尺寸链的分析计算来审核所给数值能否满足封闭环的技术要求，从而决定达到封闭环技术要求的工艺方法。因此，尺寸链计算可分为下列 3 种类型。

（1）正计算 已知组成环，求解封闭环，这种情况简称正计算，用于验算、校核及某些需要解算封闭环的情况。可以看出，正计算时封闭环的计算结果是唯一确定的。

（2）反计算 已知封闭环，求解各组成环，这种情况简称反计算，用于产品设计、加工和装配工艺计算等方面。在计算中，将封闭环尺寸公差正确合理地分配到各组成环（包括公差大小和公差带分布位置），不是一个单纯计算的问题，而是需要按具体情况选择最佳方案的问题。

（3）中间计算 已知封闭环及部分组成环，求解其余各组成环，这种情况称为中间计算，用于设计、工艺计算及校验等场合。通常正计算又称为校核计算，反计算和中间计算又称为设计计算。

2. 极值法计算尺寸链的公式

根据机械产品的设计要求、结构特征、精度等级、生产批量和互换程度的不同，尺寸链的计算可采用极值法（完全互换法）、概率法（大数法、统计法）、选择法、修配法和调整法等。

本书只介绍极值法计算尺寸链。

极值法是从保证完全互换着眼，由尺寸链各环的极限尺寸（或极限偏差）出发进行尺寸链计算，不考虑各环实际尺寸的分布情况。按照用该方法计算出来的尺寸进行加工，其优点是得到的零件具有完全互换性，安全裕度大；缺点是得到的零件公差值小，制造不经济。

极值法通常用于组成环环数少或封闭环公差大的尺寸链。

极值法是尺寸链计算中最基本的方法，该方法用极值公差公式计算。

（1）公称尺寸的计算公式 设 A_0 表示封闭环的公称尺寸，A_i 表示第 i 个组成环的公称尺寸，m 表示组成环的环数，ξ_i 表示第 i 个组成环的传递系数。根据封闭环与组成环之间的函数关系，得

$$A_0 = \sum_{i=1}^{m} \xi_i A_i \tag{3-1}$$

对于直线尺寸链，增环的传递系数 $\xi=+1$，减环的传递系数 $\xi=-1$。设增环数为 n，则减环数为 $m-n$，若以下角标 z 表示增环序号，j 表示减环序号，则式（3-1）可以写成

$$A_0 = \sum_{z=1}^{n} A_z - \sum_{j=n+1}^{m} A_j \tag{3-2}$$

式（3-2）表明，对于直线尺寸链，封闭环的公称尺寸等于所有增环公称尺寸之和，减去所有减环公称尺寸之和。

（2）极限尺寸的计算公式　封闭环的上极限尺寸 A_{0max} 等于所有增环的上极限尺寸 A_{zmax} 之和，减去所有减环的下极限尺寸 A_{jmin} 之和；封闭环的下极限尺寸 A_{0min} 等于所有增环的下极限尺寸 A_{zmin} 之和，减去所有减环的上极限尺寸 A_{jmax} 之和。即

$$A_{0max} = \sum_{z=1}^{n} A_{zmax} - \sum_{j=n+1}^{m} A_{jmin}$$

$$A_{0min} = \sum_{z=1}^{n} A_{zmin} - \sum_{j=n+1}^{m} A_{jmax} \tag{3-3}$$

（3）极限偏差的计算公式　封闭环的上极限偏差 ES_0 等于所有增环的上极限偏差 ES_z 之和，减去所有减环的下极限偏差 EI_j 之和；封闭环的下极限偏差 EI_0 等于所有增环的下极限偏差 EI_z 之和，减去所有减环的上极限偏差 ES_j 之和。即

$$ES_0 = \sum_{z=1}^{n} ES_z - \sum_{j=n+1}^{m} EI_j$$

$$EI_0 = \sum_{z=1}^{n} EI_z - \sum_{j=n+1}^{m} ES_j \tag{3-4}$$

（4）公差的计算公式　由式（3-3）或由式（3-4）可得各组成环与封闭环公差之间的关系为：封闭环的公差 T_0 等于各组成环的公差 T_i 之和，即

$$T_0 = \sum_{i=1}^{m} T_i \tag{3-5}$$

式（3-5）是直线尺寸链公差的计算公式，又称为极值公差公式。由此可知，尺寸链各环公差中封闭环的公差最大，所以封闭环是尺寸链中精度最低的环。

3. 极值法计算尺寸链举例

【例1】　如图 3-7a 所示套筒，先车外圆至尺寸 $\phi 50^{-0.08}_{-0.16}$ mm，再镗内孔至尺寸 $\phi 40^{+0.06}_{0}$ mm，且内、外圆同轴度公差为 $\phi 0.02$ mm。求套筒壁厚。

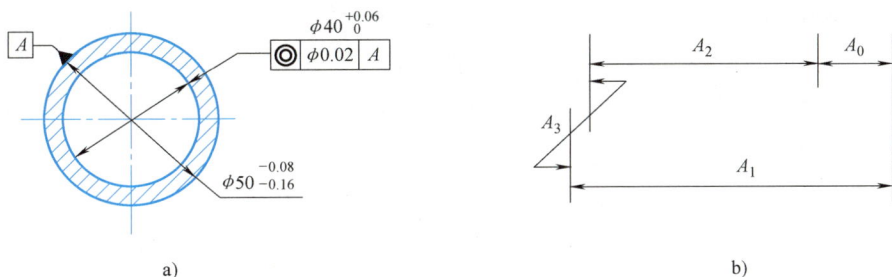

图 3-7　套筒尺寸链

【解】　本题已知组成环，求解封闭环，属于正计算类型。

（1）确定封闭环、组成环，画尺寸链图　由于套筒壁厚是在车外圆和镗内孔之后形成的，因此该壁厚尺寸是封闭环。

取半径组成尺寸链，外圆和内孔的尺寸及其极限偏差均按半值计算，得到 $A_1 = 25_{-0.08}^{-0.04}$ mm，$A_2 = 20_0^{+0.03}$ mm。同轴度公差以 $A_3 = (0\pm0.01)$ mm 加入尺寸链，作为增环或减环均可。此处以增环加入。

绘制尺寸链图，如图 3-7b 所示。A_1 为增环，A_2 为减环。

（2）计算封闭环的公称尺寸 按式（3-2），可得

$$A_0 = A_1 + A_3 - A_2 = 25\text{mm} + 0 - 20\text{mm} = 5\text{mm}$$

（3）计算封闭环的极限偏差 按式（3-4），可得

$$ES_0 = ES_1 + ES_3 - EI_2 = -0.04\text{mm} + 0.01\text{mm} - 0 = -0.03\text{mm}$$

$$EI_0 = EI_1 + EI_3 - ES_2 = -0.08\text{mm} + (-0.01)\text{mm} - (+0.03)\text{mm} = -0.12\text{mm}$$

所以壁厚的尺寸为 $A_0 = 5_{-0.12}^{-0.03}$ mm。

【例 2】 图 3-5a 所示零件设计要求 M 面到 N 面之间的尺寸为 $60_{-0.10}^{0}$ mm，N 面到 P 面之间的尺寸为 $25_0^{+0.25}$ mm，加工中，在以前工序中已加工出平面 M、N，并已保证 M 面到 N 面之间的尺寸为 $60_{-0.10}^{0}$ mm、现欲以平面 M 定位加工平面 P（调整法加工）。试确定本工序的工序尺寸及其极限偏差（即铣刀端面至夹具定位面的尺寸调整为多少时，才能保证零件加工后的设计尺寸 $25_0^{+0.25}$ mm）。

【解】 本题已知封闭环及一组成环，求另一组成环。这是解工艺尺寸链问题，属于中间计算类型。

依据题意画出尺寸链图，如图 3-5b 所示。在该尺寸链中，尺寸 $60_{-0.10}^{0}$ mm（A_2）是本工序未加工之前已经具有的，尺寸 A_1（P 面到 M 面之间的尺寸）是本工序加工时直接保证的，只有尺寸 $25_0^{+0.25}$ mm 是依赖于前两个尺寸而间接形成的，即 $A_0 = 25_0^{+0.25}$ mm 为封闭环。尺寸 $A_2 = 60_{-0.10}^{0}$ mm 为组成环的增环，尺寸 A_1 为组成环的减环。

（1）求未知尺寸 A_1 按式（3-2）计算减环 A_1 的公称尺寸。

因为 $A_0 = A_2 - A_1$

所以 $A_1 = A_2 - A_0 = 60\text{mm} - 25\text{mm} = 35\text{mm}$。

（2）计算尺寸 A_1 的极限偏差 按式（3-4）计算极限偏差。

因为 $ES_0 = ES_2 - EI_1$，$EI_0 = EI_2 - ES_1$

所以 $EI_1 = ES_2 - ES_0 = [0 - (+0.25)]$ mm $= -0.25$mm

$ES_1 = EI_2 - EI_0 = -0.10\text{mm} - 0 = -0.10\text{mm}$。

所以本例欲求的工序尺寸及极限偏差为：$A_1 = 35_{-0.25}^{-0.10}$ mm。

将其按入体原则标注，则为 $A_1 = 34.9_{-0.15}^{0}$ mm。

【例 3】 如图 3-6a 所示装配关系，轴是固定的，齿轮在轴上回转，要求保证齿轮与挡圈之间的轴向间隙为 0.10～0.35mm。已知：$A_1 = 30$mm，$A_2 = 5$mm，$A_3 = 43$mm，$A_4 = 3_{-0.05}^{0}$ mm（标准件轴用卡圈），$A_5 = 5$mm。组成环的分布皆服从正态分布，且分布中心与公差带中心重合，分布范围与公差范围相同。现采用完全互换法装配，试确定各组成环的公差和极限偏差。

【解】 本题已知封闭环及部分组成环，求解其余各组成环，这是公差的合理分配问题（即设计计算问题），属于反计算类型。

（1）绘制装配尺寸链图，校验各环公称尺寸　按题意，轴向间隙为 0.10～0.35mm，则封闭环 $A_0 = 0^{+0.35}_{+0.10}$ mm，封闭环公差 $T_0 = 0.25$ mm。装配尺寸链共有 5 个组成环，其中 A_3 为增环，A_1、A_2、A_4、A_5 都是减环，如图 3-6b 所示。

封闭环公称尺寸为

$$A_0 = A_3 - (A_1 + A_2 + A_4 + A_5) = [43 - (30 + 5 + 3 + 5)] \text{mm} = 0 \text{mm}$$

由计算可知，各组成环公称尺寸已定，数值无误。

（2）确定各组成环公差和极限偏差

① 确定各组成环平均极值公差为

$$T_{\text{av,L}} = \frac{T_0}{m} = \frac{0.25}{5} \text{mm} = 0.05 \text{mm}$$

② 根据各组成环公称尺寸大小与零件加工难易程度，以平均极值公差为基础，确定各组成环的极值公差。

A_5 为垫片，易于加工，且其尺寸可用通用量具测量，故选它为协调环。

A_4 为标准件，其公差和极限偏差为已定值。即 $A_4 = 3^{0}_{-0.05}$ mm，$T_4 = 0.05$ mm。其余取 $T_1 = 0.06$ mm，$T_2 = 0.04$ mm，$T_3 = 0.07$ mm，各组成环公差等级约为 IT9。

③ 确定各组成环的极限偏差。A_1、A_2 为外尺寸，按基准轴（h）确定，即 $A_1 = 30^{0}_{-0.06}$ mm，$A_2 = 5^{0}_{-0.04}$ mm。A_3 为内尺寸，按基准孔（H）确定，即 $A_3 = 43^{+0.07}_{0}$ mm。

（3）计算协调环极值公差和极限偏差　按式（3-5）计算协调环 A_5 的极值公差。

因为 $T_0 = T_1 + T_2 + T_3 + T_4 + T_5$

所以 $T_5 = T_0 - (T_1 + T_2 + T_3 + T_4) = [0.25 - (0.06 + 0.04 + 0.07 + 0.05)] \text{mm} = 0.03 \text{mm}$ 按式（3-4）计算协调环 A_5 的极限偏差。

因为 $ES_0 = ES_3 - EI_1 - EI_2 - EI_4 - EI_5$

所以 $EI_5 = ES_3 - EI_1 - EI_2 - EI_4 - ES_0$

$\qquad = [+0.07 - (-0.06) - (-0.04) - (-0.05) - (+0.35)] \text{mm} = -0.13 \text{mm}$

因为 $EI_0 = EI_3 - ES_1 - ES_2 - ES_4 - ES_5$

所以 $ES_5 = EI_3 - ES_1 - ES_2 - ES_4 - EI_0 = [0 - 0 - 0 - 0 - (+0.10)] \text{mm} = -0.10 \text{mm}$

于是 $A_5 = 5^{-0.10}_{-0.13}$ mm。

则各组成环公称尺寸和极限偏差为

$A_1 = 30^{0}_{-0.06}$ mm，$A_2 = 5^{0}_{-0.04}$ mm，$A_3 = 43^{+0.07}_{0}$ mm，$A_4 = 3^{0}_{-0.05}$ mm，$A_5 = 5^{-0.10}_{-0.13}$ mm

任务实施

（1）确定封闭环、组成环，画尺寸链图　分别以 t_1、t_2 为各自设计尺寸链的封闭环，则轴径尺寸 $d = 56^{+0.060}_{+0.041}$ mm 是增环，毂径尺寸 $D = 56^{+0.03}_{0}$ mm 是减环；尺寸 $d - t_1$ 是减环，尺寸 $D + t_2$ 是增环。

查 GB/T 1095—2003 得轴槽和毂槽尺寸分别为 $t_1 = 6^{+0.2}_{0}$ mm，$t_2 = 4.3^{+0.2}_{0}$ mm。

绘制轴槽和毂槽的尺寸链图，如图 3-8 所示。

（2）计算组成环的公称尺寸　按式（3-2）计算 $d - t_1$ 和 $D + t_2$ 的公称尺寸。

$$d - t_1 = (56 - 6) \text{mm} = 50 \text{mm}$$

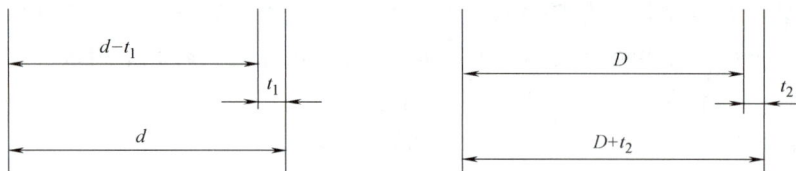

图 3-8　轴槽和毂槽的尺寸链

$$D+t_2 = (56+4.3)\,\mathrm{mm} = 60.3\,\mathrm{mm}$$

（3）计算组成环的极限偏差　按式（3-4）计算 $d-t_1$ 和 $D+t_2$ 的极限偏差。对于轴槽 $d-t_1$，

$$EI = (0.060-0.2)\,\mathrm{mm} = -0.14\,\mathrm{mm}$$
$$ES = (0.041-0)\,\mathrm{mm} = +0.041\,\mathrm{mm}$$

对于毂槽 $D+t_2$，

$$ES = (+0.2+0)\,\mathrm{mm} = +0.2\,\mathrm{mm}$$
$$EI = (0+0.03)\,\mathrm{mm} = +0.03\,\mathrm{mm}$$

轴槽和毂槽尺寸链各环尺寸及其极限偏差如图 3-9 所示。

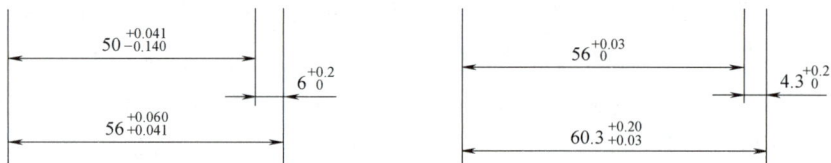

图 3-9　轴槽和毂槽尺寸链各环尺寸及其极限偏差

（4）图样标注　键槽深度的图样标注如图 3-10 所示。

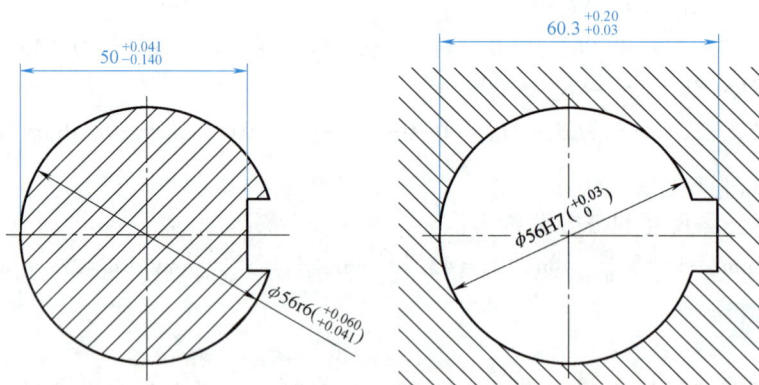

图 3-10　键槽深度的图样标注

思考与练习

一、填空题

1. 尺寸链减环的含义是＿＿＿＿＿＿＿＿＿＿＿＿＿＿＿＿。

2. 零件尺寸链中的封闭环是根据＿＿＿＿＿＿＿＿＿＿确定的。

3. 尺寸链计算中进行公差校核计算主要是验证＿＿＿＿＿＿＿＿。

二、判断题

1. 在装配尺寸链中，每个独立尺寸的偏差都将影响装配精度。（　　　）

2. 零件工艺尺寸链一般选择最重要的环作封闭环。（　　　）

3. 尺寸链中，增环尺寸增大，其他组成环尺寸不变，封闭环尺寸增大。（　　　）

4. 封闭环的公差值一定大于任何一个组成环的公差值。（　　　）

5. 尺寸链封闭环公差值确定后，组成环越多，每一环分配的公差值就越大。（　　　）

6. 一个尺寸链中最少要有两个组成环。组成环中，可能只有增环没有减环，但不能只有减环没有增环。（　　　）

三、选择题

1. 对于尺寸链封闭环的确定，下列论述正确的有（　　　）。

 A. 图样中未注尺寸的那一环   B. 装配过程中最后形成的一环

 C. 精度最高的那一环   D. 零件加工过程中最后形成的一环

2. 在尺寸链计算中，下列论述正确的有（　　　）。

 A. 封闭环是根据尺寸是否重要确定的

 B. 零件中最易加工的那一环即封闭环

 C. 封闭环是零件加工中最后形成的那一环

 D. 增环、减环都是上极限尺寸时，封闭环的尺寸最小

四、简答题

1. 如何确定一个尺寸链的封闭环？如何确定增环和减环？

2. 解尺寸链的方法有几种？分别用在什么场合？

3. 如图 3-6 所示尺寸链中 A_0 为封闭环。试分析各组成环中，哪些是增环？哪些是减环？

五、计算题

某轴磨削加工后表面镀铬，镀铬层深为 0.025 ～ 0.040mm。镀铬后轴的直径尺寸为 $\phi 28_{-0.045}^{0}$mm。试用极值法求该轴镀铬前的直径尺寸。

几何公差及几何误差的检测

【项目描述】

　　某型单级齿轮减速器，其传动轴（从动轴）的几何公差要求如图4-1所示。本项目要求解读各几何公差标注的含义，并选择合适的通用量检具检测相应的几何误差。

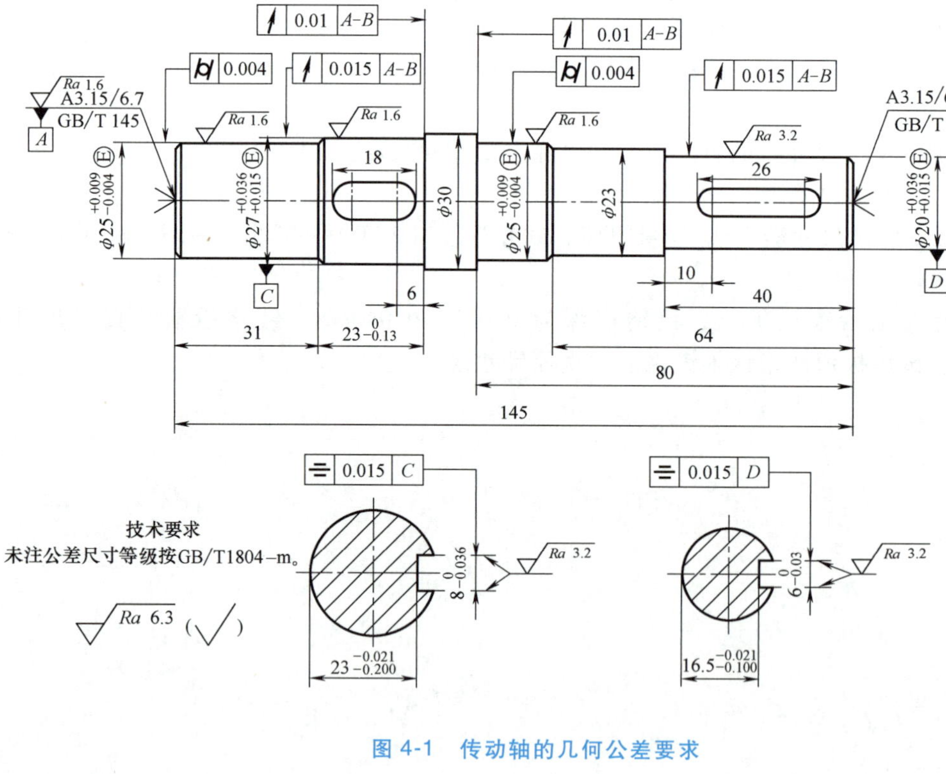

图 4-1　传动轴的几何公差要求

技术要求
未注公差尺寸等级按GB/T1804-m。

$\sqrt{Ra\ 6.3}$（$\sqrt{\ }$）

【项目分析】

　　要完成此项目，学生需掌握几何公差中几何要素的概念、几何公差各项目的含义及标注规范、各几何误差项目的检测原理等知识。该项目分为五个任务。

任务1　几何公差相关概念、术语及标注规范

【学习目标】

1. 能口述与几何公差有关的各种要素的定义及其特点。
2. 能口述几何公差的项目分类、项目名称及对应的符号。
3. 能说明几何公差规范标注的组成及要求。
4. 能解释几何公差各项目的含义及应用。
5. 能根据要求在图样上正确标注几何公差项目。

【任务描述】

如图4-2所示的轴类零件，请按照下面要求进行几何公差项目标注（公差值不填）。

1. ϕd_2 轴线的直线度公差。
2. ϕd_2 轴线相对基准 A 的垂直度公差。
3. ϕd_2 轴线相对基准 B 的同轴度公差。
4. ϕd_1 外圆面相对基准 B 的圆跳动公差。
5. 基准 A 为 ϕd_1 的左端面，基准 B 为 ϕd_1 的轴线。

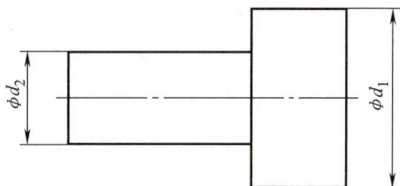

图4-2　轴类零件

【任务分析】

完成此项任务，需学习几何公差相关概念及术语、几何公差项目及符号、几何公差的规范标注等知识。

知识准备

一、几何公差相关概念、术语

1. 几何要素

零件的几何要素（简称为"要素"），就是点、线、面、体或者它们的集合。几何要素可以是理想要素或者非理想要素，可将其视为一个单一要素或者组合要素，如图4-3所示零件的球心、锥顶、圆柱面和圆锥面的素线、轴线、球面、圆柱面和圆锥面、槽的中心平面等。

2. 几何要素的分类

（1）按结构特征分为组成要素和导出要素

1）组成要素：零件轮廓上的点、线、面，即可触及的要素。属于工件的实际表面或表面模型的几何要素。

2）导出要素：由一个或几个组成要素得到的中心点、中心线或中心面。

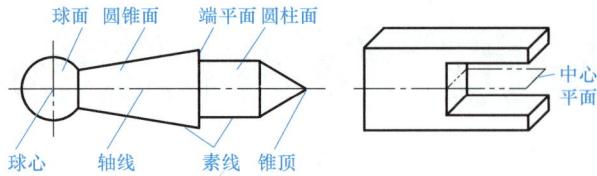

图 4-3　零件的几何要素

（2）按存在的状态分为公称要素和实际要素

1）公称（理想）要素：具有几何学意义的要素。它们不存在任何误差，是由设计者在产品技术文件中定义的理想要素。机械零件图样上表示的要素均为公称要素。

2）实际要素：零件上实际存在的要素。对应于工件实际表面部分的几何要素。通常都以提取要素来代替。

3）提取要素：按规定方法，由实际要素提取有限数目的点所形成的实际要素的近似替代。

4）拟合要素：按规定方法，由提取要素形成的并具有理想形状的要素。

实际要素、提取要素、拟合要素之间的关系见表 4-1。

表 4-1　实际要素、提取要素、拟合要素之间的关系

A—公称组成要素　B—公称导出要素　C—实际要素　D—提取组成要素　E—提取导出要素　F—拟合组成要素　G—拟合导出要素

（3）按所处地位分为基准要素和被测要素

1）基准要素：零件上用来建立基准并实际起基准作用的实际（组成）要素（如一条边、一个表面或一个孔）。基准的作用就是定义公差带的位置和/或方向，或用来定义实体状态的位置和/或方向。

2）被测要素：在图样上给出了几何公差要求的要素，是检测的对象。

（4）按功能关系分为单一要素和关联要素

1）单一要素：仅对要素本身给出形状公差要求的要素。

2）关联要素：对基准要素有功能关系要求而给出方向、位置和跳动公差要求的要素。

二、几何公差项目及其符号

国家标准 GB/T 1958—2017 规定的几何公差共有 19 个项目，各个项目的名称及对应的符号见表 4-2。

表 4-2　几何公差项目及符号

公差类型	公差项目	项目符号	公差类型	公差项目	项目符号
形状公差	直线度	—	位置公差	位置度	⊕
	平面度	▱		同心度	◎
	圆度	○		同轴度	◎
	圆柱度	⌭		对称度	═
	线轮廓度	⌒		线轮廓度	⌒
	面轮廓度	⌓		面轮廓度	⌓
方向公差	平行度	//			
	垂直度	⊥			
	倾斜度	∠	跳动公差	圆跳动	↗
	线轮廓度	⌒		全跳动	⌰
	面轮廓度	⌓			

三、几何公差及公差带

几何公差即允许几何误差的变动范围（变动区域），实际通过几何公差带规范限制几何误差的变化。

几何公差带是限制被测（实际）要素变动的区域，是相对于参照要素构建的。只要被测（实际）要素完全落在给定的公差带内，就表示其几何误差符合设计要求。

几何公差带一般由形状和大小或位置（方向）等几个要素确定。

几何公差带的形状由被测要素的公称（理想）形状和给定的公差特征所决定，其形状有图 4-4 所示的几种。几何公差带的大小由公差值 t 确定，公差值 t 指的是公差带的宽度或直径等。GB/T 1184—1996 的附录 B 列出了各几何公差项目的公差等级及相应的公差数值。公差带位置即公差带的中心缺省位于理论正确要素上，将理论正确要素作为参照要素，公差带相对于参照要素对称。参照要素的拟合默认为无约束的最小区域拟合。

四、几何公差规范标注

在零件图上，几何公差规范的标注有两种方法：一种是按照 GB/T 1182—2018 规定，用公差框格的形式单独注出几何公差要求，即注几何公差；另一种是按 GB/T 1184—1996 的规定，在标题栏附近或在技术要求、技术文件中注出标准号及公差等级代号，即未注几何（形位）公差。有关几何公差等级及数值等规定，本书将不做介绍，请参阅相关标

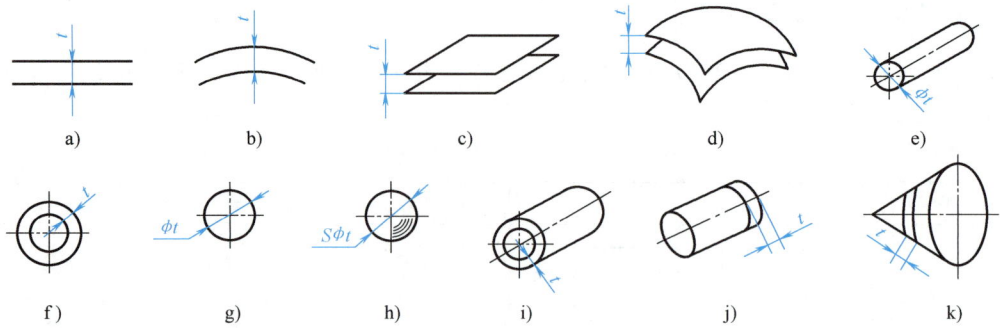

图 4-4　几何公差带的形状

准学习。

对于注几何公差，GB/T 1182—2018 规定，几何公差规范标注的组成包括公差框格、可选的辅助平面和要素标注以及可选的相邻标注，如图 4-5 所示。

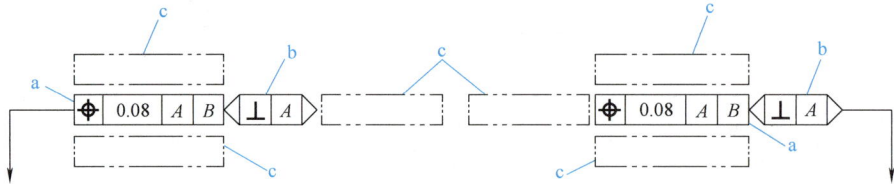

图 4-5　几何公差规范标注的元素

a—公差框格　b—辅助平面和要素框格　c—相邻标注

几何公差规范应使用参照线与指引线相连。如果没有可选的辅助平面或要素标注，参照线应与公差框格的左侧或右侧中点相连。如果有可选的辅助平面和要素标注，参照线应与公差框格的左侧中点或最后一个辅助平面和要素框格的右侧中点相连。用带箭头的指引线将公差框格与被测要素相连来标注被测要素。更多详细规范要求请查阅 GB/T 1182—2018。

1. 公差框格

（1）公差框格的组成　公差要求应标注在划分成两个部分或三个部分的矩形框格内，如图 4-6 所示。左起第一框格为必选的几何公差项目符号；第二框格（部分）为公差带、要素与特征部分；第三个部分可选的基准部分可包含一至三格。各部分为自左向右顺序排列。

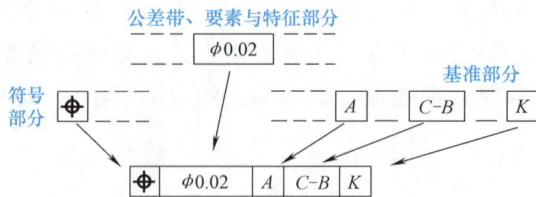

图 4-6　公差框格的三个部分

（2）公差框格的填写要求

1）公差值表示公差带的宽度或直径，是控制误差量的指标，公差值的大小是几何公差精度高低的直接体现。公差值是强制性的规范元素。公差值应以线性尺寸所使用的单位给出。公差值给定的公差带宽度默认垂直于被测要素。

2）公差值标注在公差框格的第二格中，若表示公差带宽度，则只标注公差值 t；如公差值前面有符号"ϕ"，则公差带应为圆柱形或圆形的（表示公差带直径）；如果前面有符号"$S\phi$"，则公差带应为球形的。

3）公差带默认具有恒定的宽度。如果公差带的宽度在两个值之间发生线性变化，此两数值应采用"—"分开标明。应使用在公差框格邻近处的区间符号，标识出每个数值所适用的两个位置，如图4-7所示。

4）如果公差带宽度的变化是非线性的，应通过其他方式标注，详细规定请查阅 GB/T 1182—2018。

5）基准部分为可选项，填写要求如下：

① 由单一要素表示的基准，用一个大写字母表示，如图4-8a所示。

② 由两个要素建立公共基准时，用中间加连字符的两个大写字母表示，如图4-8b所示。

③ 由两个或三个基准建立基准体系时，表示基准的大写字母按基准的优先顺序自左至右填写在各框格内，如图4-8c所示。

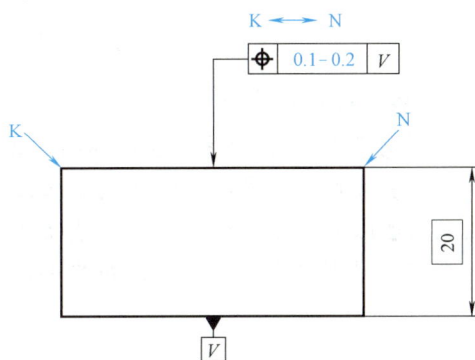

图 4-7 线性变化的公差带规范

图 4-8 基准框格的填写

6）可选的辅助平面和要素标注以及可选的相邻标注的要求，将在后续公差项目任务中介绍，详细要求请参阅 GB/T 1182—2018。

2. 标注方法

（1）被测要素的标注 本课程只介绍被测要素为单一的完整要素的标注，当被测要素不是单一的完整要素时，其标注规定请参阅 GB/T 1182—2018。

1）用带箭头的指引线将公差框格与被测要素相连来标注被测要素。

2）被测要素为组成要素时，箭头应直接指向被测要素或其延长线，并且与相应轮廓的尺寸线明显错开，如图4-9所示。

3）被测要素为导出要素时，箭头应与相应轮廓尺寸线对齐，如图4-10所示。

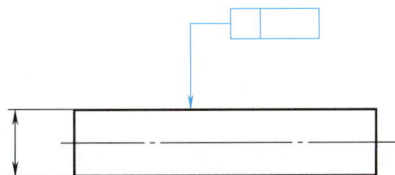

图 4-9 被测要素是组成要素的标注

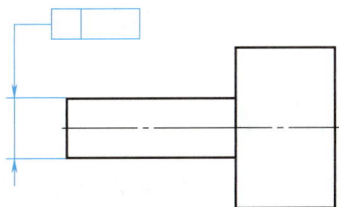

图 4-10 被测要素是导出要素的标注

（2）基准要素的标注

1）基准符号。在图样中，基准用一个大写字母表示，字母标注在基准方格内，与一个涂黑的或空白的三角形相连，如图 4-11 所示。表示基准的字母还应标注在公差框格内。

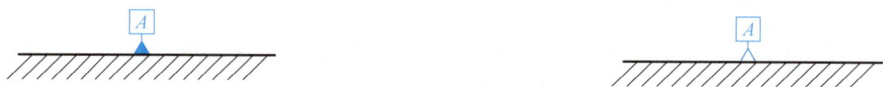

图 4-11　基准符号

2）基准符号的放置。

① 当基准要素是轮廓线或轮廓面等组成要素时，基准符号中的三角形应与基准要素轮廓线或轮廓面贴合，也可与轮廓的延长线贴合，但要与尺寸线明显错开，如图 4-12a 所示。当受到图形限制，基准符号必须标注在某个轮廓面上时，可在该面上用一个小黑点引出参考线，基准符号则置于参考线上，如图 4-12b 所示。

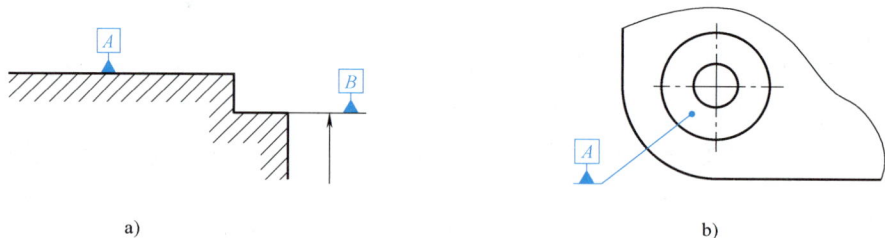

图 4-12　基准要素是组成要素时基准符号的放置

② 当基准是由尺寸要素确定的中心点、轴线、中心平面等导出要素时，基准符号的连线应与该尺寸要素的尺寸线对齐，如图 4-13a、b 所示。基准符号中的短横线也可代替尺寸线的其中一个箭头，如图 4-13b、c 所示。

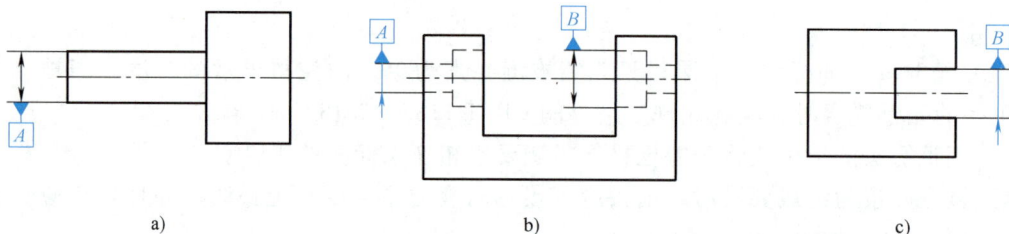

图 4-13　基准要素是导出要素时基准符号的放置

③ 在基准标注中，无论基准符号的方向如何，基准字母都必须水平方向书写，如图 4-14 所示。

任务实施

参照图 4-15，对图 4-2 所示的轴类零件按照要求进行几何公差框格标注（公差值不填）。

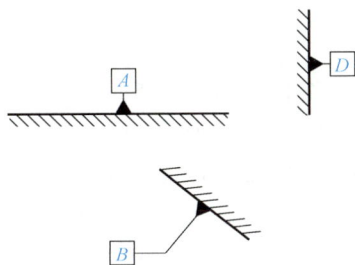

图 4-14 基准字母的书写

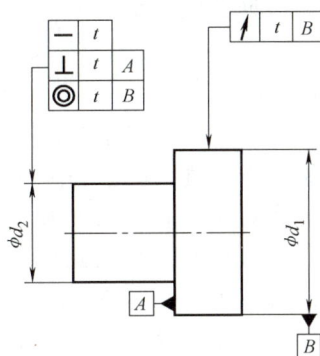

图 4-15 轴类零件几何公差框格标注

几何公差
标注示范

思考与练习

一、名词解释

① 被测要素 ② 基准要素 ③ 组成要素 ④ 导出要素 ⑤ 理想要素 ⑥ 实际要素 ⑦ 提取要素 ⑧ 拟合要素

二、判断题

1. 任何被测提取要素都同时存在有几何误差和尺寸偏差。（　　　）

2. 几何公差的研究对象是零件的几何要素。（　　　）

3. 相对其他要素有功能要求而给出位置公差的要素称为单一要素。（　　　）

4. 基准要素是用来确定提取组成要素的理想方向或（和）位置的要素。（　　　）

5. 被测要素为组成要素时，几何公差框格指引线箭头应直接指向被测要素或其延长线，并且与相应轮廓的尺寸线明显错开。（　　　）

6. 被测要素为导出要素时，几何公差框格指引线箭头应与相应轮廓尺寸线对齐。（　　　）

7. 当基准要素是轮廓线或轮廓面等组成要素时，基准符号中的三角形应与基准要素轮廓线或轮廓面贴合，也可与轮廓的延长线贴合，但要与尺寸线明显错开。（　　　）

8. 当基准是由尺寸要素确定的中心点、轴线、中心平面等导出要素时，基准符号的连线应与该尺寸要素的尺寸线对齐。（　　　）

三、选择题

1. 提取要素可以是（　　　）。

　　A. 理想要素或实际要素　　　　　　　　B. 理想要素或组成要素

　　C. 组成要素或导出要素　　　　　　　　D. 导出要素或理想要素

2. 下列属于形状公差项目的是（　　　）。

　　A. 平行度　　　　　B. 平面度　　　　　C. 对称度　　　　　D. 倾斜度

3. 下列属于位置公差项目的是（　　　）。

　　A. 圆度　　　　　　B. 同轴度　　　　　C. 平面度　　　　　D. 全跳动

4. 下列属于跳动公差项目的是（　　　）。

　　A. 全跳动　　　　　B. 平行度　　　　　C. 对称度　　　　　D. 线轮廓度

5. 下列属于方向公差项目的是（　　　）。

    A. 平行度　　　B. 圆柱度　　　C. 位置度　　　D. 径向圆跳动

四、综合题

1. 将下列各项几何公差要求标注在图 4-16 上。

（1）圆锥锥面素线直线度公差为 0.02mm。

（2）圆锥轴线对 ϕd_1 和 ϕd_2 两圆柱面公共轴线的同轴度公差为 ϕ0.05mm。

（3）端面 I 对 ϕd_1 和 ϕd_2 两圆柱面公共轴线的轴向圆跳动公差为 0.03mm。

（4）ϕd_1 和 ϕd_2 两圆柱面的圆柱度公差分别为 0.008mm 和 0.006mm。

2. 将下列各项几何公差要求标注在图 4-17 上。

（1）ϕd_1 圆柱面的素线直线度公差为 0.05mm。

（2）ϕd_2 圆柱面对其轴线的径向全跳动公差为 0.04mm。

（3）ϕd_2 圆柱面轴线对 ϕd_1 圆柱面轴线的同轴度公差为 ϕ0.03mm。

（4）键槽中心平面对 ϕd_2 轴线的对称度公差为 0.04mm。

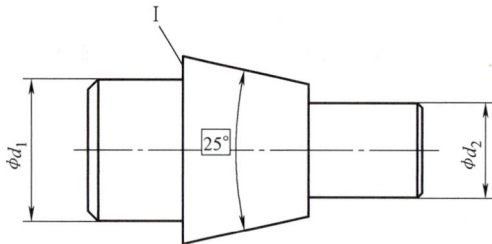

图 4-16　标注示例 1

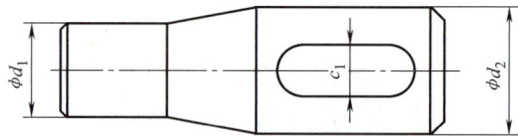

图 4-17　标注示例 2

任务2　形状公差的解读与形状误差检测

【学习目标】

1. 熟记形状公差各项目的符号及名称。

2. 会在图样上按标准要求标注形状公差和解读形状公差的含义。

3. 会说明形状误差的评定方法。

【任务描述】

试解释图 4-18 中各几何公差项目的含义。

【任务分析】

要完成此任务，需要学习形状公差中各

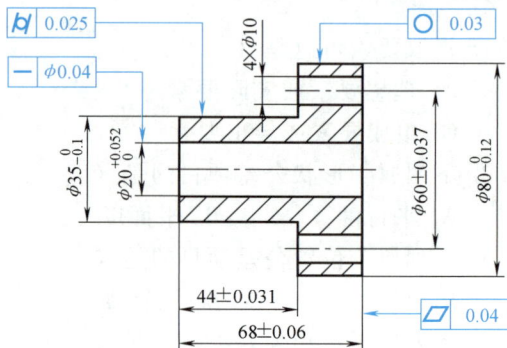

图 4-18　零件图中的几何公差解读

公差项目的含义、功能及标注规范，各形状误差的检测原理等知识。

知识准备

一、形状公差概述

形状公差是允许被测要素形状误差的范围，是被测要素的提取要素（实际要素）对其理想要素（拟合要素）所允许的变动全量，是用公差带表征的限制被测要素的提取要素（实际要素）的区域（该区域是以其理想要素（拟合要素）为参照建立的）。

形状公差的被测要素可以是组成要素或导出要素的线或面等几何要素。

国家标准规定的形状公差项目有直线度、平面度、圆度、圆柱度、线轮廓度、面轮廓度。

参照 GB/T 1182—2018，本书以示例的形式对各种形状公差及其公差带定义进行说明，随定义给出的图例只表示与特定定义相应的形状误差的变化范围。

二、直线度公差

直线度公差用于限制面内直线或空间直线的形状误差。

1. 平面内线要素的直线度

图 4-19 所示为工件顶面内直线在给定平面内的直线度公差标注。

（1）辅助平面之相交平面的标注规定　GB/T 1182—2018 规定：当被测要素是组成要素上的线要素时，应标注相交平面，以免产生误解，除非被测要素是圆柱、圆锥或球的素线的直线度或圆度。相交平面是用以标识线要素要求方向的辅助平面。

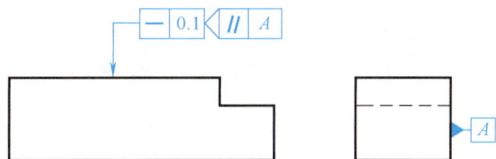

图 4-19　平面内直线在给定
平面内的直线度公差标注

相交平面应使用相交平面框格标注，并且作为公差框格的延伸部分标注在其右侧，如图 4-19 所示。

如图 4-20 所示，相交平面框格的第一格标注相交平面相对于基准的构建方式符号，构建方式有四种，符号分别是 // （平行）、⊥（垂

图 4-20　相交平面框格

直）、∠（保持特定的角）、☰对称（包含）。其中，对称符号用于表示相交平面包含（在周边对称）该基准。标识基准并构建相交平面的字母放置在相交平面框格的第二格。

（2）平面内线要素直线度公差规范的解读（以图 4-19 为例）

直线度公差项目符号：—。

公差值：0.1mm（即公差带宽度为 0.1mm）。

相交平面：与基准 A 平行的平面。

被测要素：是组成要素，为工件顶面与给定相交平面的交线。

公差带定义：在平行于（相交平面框格给定的）基准 A 的给定平面内的给定方向上、间距等于公差值 t 的两平行直线所限定的区域，如图 4-21 所示。

功能解释：该公差带限制被测要素的提取要素必须处处位于其相交平面内的默认方向（参照要素的拟合默认为最小区域，即拟合要素的最小区域方向）上相距为公差值 0.1mm 的两平行直线之间。需要进一步明确的是，此公差带的两平行线是以最小区域法拟合线为对称中心线。

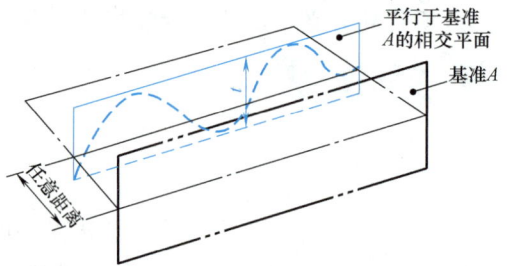

图 4-21　平面内线要素直线度公差带的定义

2. 圆柱面素线的直线度

图 4-22 所示为圆柱面素线在给定平面内的直线度公差标注。

公差值：0.1mm（即公差带宽度为 0.1mm）。

相交平面：默认的过轴线的平面。

被测要素：是组成要素，为圆柱面与默认相交平面（过轴线的平面）的交线，也即圆柱面素线。

公差带定义：在过轴线的平面内的给定方向上、间距等于公差值 t 的两平行直线所限定的区域，如图 4-23 所示。

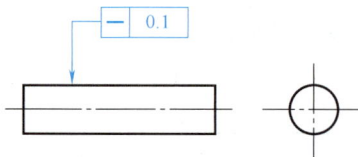

图 4-22　圆柱面素线在给定平面内的直线度公差标注

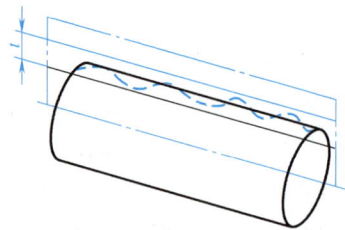

图 4-23　圆柱面素线的直线度公差带定义

功能解释：该公差带限制被测要素的提取要素必须处处位于其相交平面内的默认方向（参照要素的拟合默认为最小区域，即拟合要素的最小区域方向）上相距为公差值 0.1mm 的两平行直线之间。

3. 圆柱面中心线的直线度

图 4-24 所示为圆柱面中心线在任意方向的直线度公差标注。

公差带形状：圆柱面（由符号"ϕ"标识）。

公差值：0.08mm（即公差带圆柱面的直径为 0.08mm）。

被测要素：是导出要素，为圆柱面的中心线。

公差带定义：直径为公差值 t 的圆柱面所限定的区域，如图 4-25 所示。

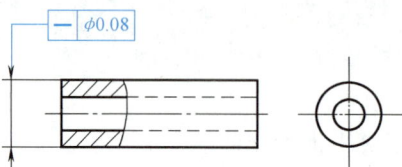

图 4-24　圆柱面中心线在任意方向的直线度公差标注

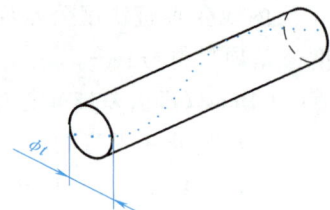

图 4-25　圆柱面中心线的直线度公差带定义

功能解释：该公差带限制被测要素的提取要素必须处处位于直径为公差值 0.08mm 的圆柱面内，该圆柱面的中心线为提取要素按最小区域法拟合的直线。

三、平面度公差

平面度公差用于限制平面要素的形状误差。

图 4-26 所示为工件的顶面平面度公差标注。

平面度公差项目符号：▱。

公差值：0.08mm（即公差带宽度为 0.08mm）。

被测要素：是组成要素，为工件顶面平面。

公差带定义：距离为公差值 t 的两平行平面之间的区域，如图 4-27 所示。

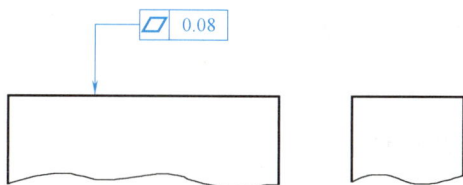

图 4-26　平面度公差标注

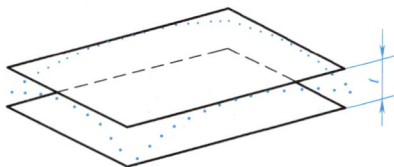

图 4-27　平面度公差带定义

功能解释：该公差带限制被测要素的提取要素必须处处位于距离为公差值 0.08mm 的两平行平面之间，该两平行平面的中心平面为提取要素按最小区域法拟合的平面。

应该注意，平面度公差可以同时限制实际平面的平面度误差和平面内直线的直线度误差。

四、圆度公差

圆度公差用于限制回转表面（如圆柱面、圆锥面、球面）上指定方向圆周线的形状误差。

图 4-28 所示为工件圆柱面、圆锥面在任意横截面内的圆度公差标注。

（1）方向要素标注规定

1）当被测要素是组成要素且公差带宽度方向与面要素不垂直时，应使用方向要素确定公差带宽度的方向。

2）应使用方向要素标注非圆柱体或球体表面圆度公差带的宽度方向，如图 4-28 中圆锥面的圆度公差带标注。

3）仅当指引线的方向以及公差带宽度的方向使用 TED（理论正确尺寸）标注时，指引线的方向才可定义公差带宽度的方向，如图 4-29 所示。

4）方向要素框格标注。在图样标注中，当使用方向要素框格时，应作为公差框格的延伸部分标注在其右侧，如图 4-28 所示。标准规定的方向符号有四种，其方向分别是平行、垂直、倾斜、跳动方向。方向要素框格如图 4-30 所示，

（2）圆度公差规范的解读（以图 4-28 为例）

圆度公差项目符号：○。

公差值：均为 0.03mm（即公差带宽度为 0.03mm）。

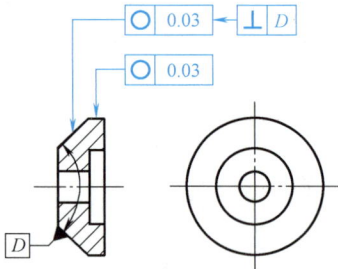

图 4-28　任意横截面内的圆度公差标注

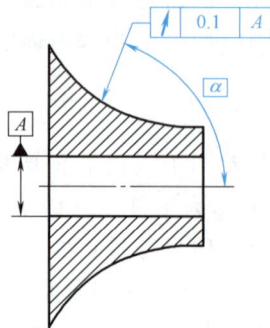

图 4-29　指引线定义公差带宽度方向示意图

图 4-30　方向要素框格

被测要素：为组成要素，分别为圆锥面和圆柱面任意横截面圆。

公差带定义：分别在锥面或柱面的任意横截面上，半径差为公差值 t 的两同心圆之间的区域，如图 4-31 所示。

功能解释：该两公差带分别限制两被测要素的提取要素必须处处位于各自半径差为公差值 0.03mm 的两同心圆之间。两同心圆以最小区域拟合圆为中间圆。

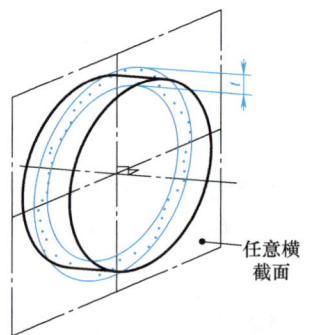

图 4-31　任意横截面内的圆度公差带定义

五、圆柱度公差

圆柱度公差用于限制圆柱面的形状误差。

图 4-32 所示为工件圆柱面的圆柱度公差标注。

圆柱度公差项目符号：⌭。

公差值：0.1mm（即公差带宽度为 0.1mm）。

被测要素：为组成要素，圆柱面。

公差带定义：半径差为公差值 t 的两同轴圆柱面所限定的区域，如图 4-33 所示。

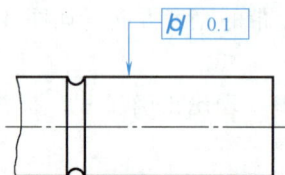

图 4-32　圆柱度公差标注

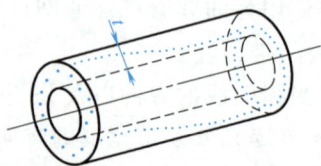

图 4-33　圆柱度公差带定义

功能解释：该公差带限制其被测要素的提取要素必须处处位于半径差为公差值 0.1mm 的两同轴圆柱面之间，两同轴圆柱面以提取要素按最小区域法拟合的圆柱面为中间圆柱面。

应该注意，圆柱度公差可以同时限制实际圆柱表面横截面圆的圆度误差和素线的直线度误差。

六、线轮廓度公差

线轮廓度公差用于限制平面曲线或曲面的截面轮廓的形状误差。

图 4-34 所示为线轮廓度公差标注。

线轮廓度公差项目符号：⌒。

公差值：0.04mm（即公差带宽度为 0.04mm）。

被测要素：实际表面上与基准面 A 平行的轮廓线。

公差带定义：直径等于公差值 t、圆心位于由基准面 A 与基准面 B 确定的被测要素理论正确几何形状上的一系列圆的两包络线所限定的区域，如图 4-35 所示。

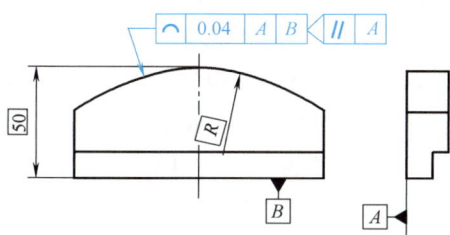

图 4-34　线轮廓度公差标注

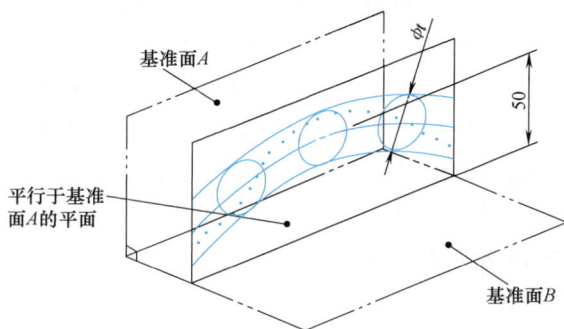

图 4-35　线轮廓度公差带定义

功能解释：在平行于基准面 A 的任一截面内，实际轮廓线必须位于包络一系列直径为公差值 0.04mm，且圆心在理论轮廓线上的圆的两包络线之间。

七、面轮廓度公差

面轮廓度公差用于限制一般曲面的形状误差。

图 4-36 所示为面轮廓度公差标注。

面廓度公差项目符号：⌒。

公差值：0.02mm（即公差带宽度为 0.02mm）。

被测要素：提取（实际）轮廓面。

公差带定义：如图 4-37 所示，公差带为直径等于公差值 t，球心位于被测要素理论正确几何形状表面上的一系列圆球的两等距包络面所限定的区域。

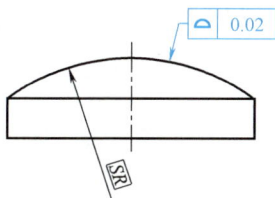

图 4-36　面轮廓度公差标注

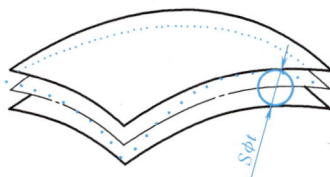

图 4-37　面轮廓度公差带定义

功能解释：提取（实际）轮廓面应限定在直径等于 0.02mm，球心位于被测要素理论正确几何形状表面上的一系列圆球的两等距包络面所限定的区域。

应该注意，面轮廓度公差可以同时限制被测曲面的面轮廓度误差和曲面上任意一截面的线轮廓度误差。

八、形状误差的检测

1. 形状误差的概念

形状误差是被测要素的提取要素对其理想要素的变动量。

理想要素的形状由理论正确尺寸或/和参数化方程定义，理想要素的位置由对被测要素的提取要素进行拟合得到。拟合的方法有最小区域法 C（切比雪夫法）、最小二乘法 G、最小外接法 N 和最大内切法 X 等，以工程图样或技术文件中的相关符号（详细查阅 GB/T 1958—2017 附录 A）规定为准。如果工程图样上无相应的符号专门规定，则获得理想要素位置的拟合方法一般缺省为最小区域法（本书只介绍最小区域法）。

最小区域法是指采用切比雪夫法对被测要素的提取要素进行拟合得到理想要素位置的方法，即被测要素的提取要素相对于理想要素的最大距离为最小。采用该理想要素包容被测要素的提取要素时，具有最小宽度 f 或直径 d 的包容区域称为最小包容区域（简称最小区域）。

图 4-38 所示为不同约束情况下的最小区域法及最小区域的宽度 f，最小区域的宽度 f 等于被测要素上最高的峰点到理想要素的距离值与被测要素上最低的谷点到理想要素的距离值之和。

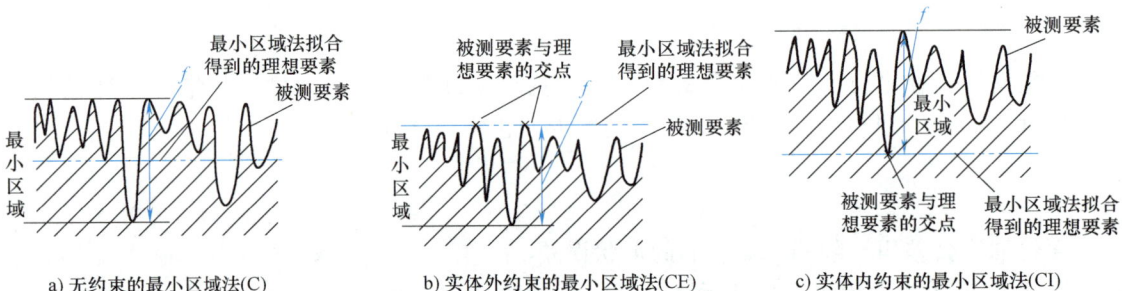

a) 无约束的最小区域法(C)   b) 实体外约束的最小区域法(CE)   c) 实体内约束的最小区域法(CI)

图 4-38 不同约束情况下的最小区域法及最小区域的宽度

图 4-39 所示为最小区域的直径，最小区域的直径 d 等于被测要素上的点到理想要素的最大距离值的 2 倍。

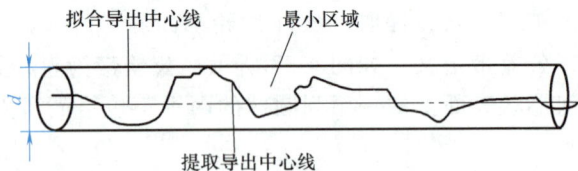

图 4-39 最小区域的直径

2. 形状误差的评定

形状误差值为包容被测提取要素的最小包容区域的宽度或直径。最小包容区域的形状分别与各自的公差带形状一致，宽度（或直径）由被测提取要素本身决定。形状误差值小于或等于规定的形状公差值（不考虑测量不确定度影响），则形状合格。

形状误差值评定时可用的参数有：峰谷参数（T）、峰高参数（P）、谷深参数（V）、和均方根参数（Q），以工程图样或技术文件中的相关符号（详细查阅 GB/T 1958—2017 附录 A）规定为准；如果工程图样上无相应的符号专门规定，则缺省的评定参数为峰谷参数（T）。（注：图 4-38a 中的 f 即为峰谷参数 T。）

如图 4-40 所示，以圆度公差要求为例说明形状误差的评定原理。

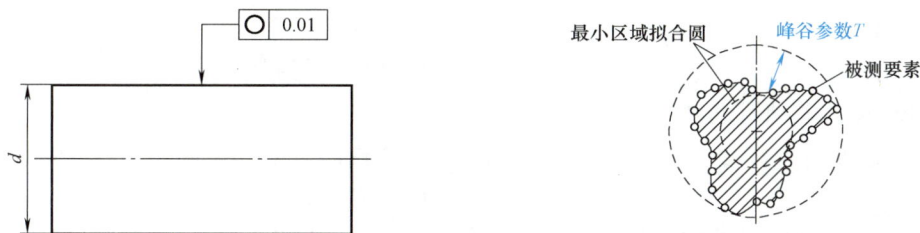

图 4-40　圆度公差及误差评定

图中圆度公差标注中，对理想要素拟合方法和圆度误差评定参数都采用了缺省的规定，即最小区域法和峰谷参数 T。图 4-40 所示工件的圆度误差值若小于或等于给定的圆度公差值 0.01mm，则此公差项目合格，否则不合格。

对于各项形状误差的检测与验证方案，此处不再详述，可查阅 GB/T 1958—2017 学习。

任务实施

将图 4-18 所示的几何公差项目的含义填入表 4-3。

表 4-3　几何公差项目的含义

公差项目符号及名称	公差值	被测要素（必须注明是组成要素还是导出要素）	对被测提取要素误差的控制规范（即公差带的定义，要求明确表述公差带的形状、方向、位置等必要的要素）

思考与练习

一、选择题

1. 直线度公差项目的被测要素一定是（　　　）。

    A. 平面　　　　　　　　　　　　B. 面要素

    C.（直）线要素　　　　　　　　　D. 任意几何要素

2. 孔和轴的轴线在任意方向的直线度公差带形状一般是（　　　）。

    A. 两平行直线　　　　　　　　　　B. 圆柱面

    C. 一组平行平面　　　　　　　　　D. 两组平行平面

3. 在图样上标注几何公差要求，当几何公差值前面加注"ϕ"时，则提取组成要素的公差带形状应为（　　　）。

    A. 两同心圆　　　　　　　　　　　B. 圆形或圆柱形

C. 两同轴线圆柱面   D. 圆形、圆柱形或球形

4. 平面度公差项目的被测要素一定是（   ）。

     A. 平面   B. 面要素

     C. 线要素   D. 任意几何要素

5. 圆柱度公差项目的被测要素一定是（   ）。

     A. 平面   B. 圆柱面

     C. 线要素   D. 任意几何要素

6. 圆柱度公差带可以控制被测圆柱面上的（   ）误差。

     A. 素线的直线度误差   B. 横截面的圆度误差

     C. 圆柱度误差   D. 平面度误差

7. 当被测要素是组成要素且公差带宽度方向与面要素不垂直时，应以（   ）确定公差带宽度的方向。

     A. 方向要素   B. 定向平面

     C. 相交平面   D. 横截面

8. 当被测要素是组成要素上的线要素时，应标注（   ），以免产生误解，除非被测项目是圆柱、圆锥或球的素线的直线度或圆度。

     A. 方向要素   B. 定向平面

     C. 相交平面   D. 横截面

9. 形状公差是被测要素的实际要素对其（   ）所允许的变动全量。

     A. 基准要素   B. 导出要素

     C. 组成要素   D. 理想要素

10. 面轮廓度的公差带为直径等于公差值 t，球心位于被测要素理论正确几何形状表面上的一系列圆球的两等距（   ）所限定的区域。

     A. 平面   B. 圆柱面

     C. 球面   D. 包络面

二、名词解释

①形状公差   ②形状误差   ③最小区域法

三、综合题

1. 解释图 4-41 中各项形状公差标注的含义。

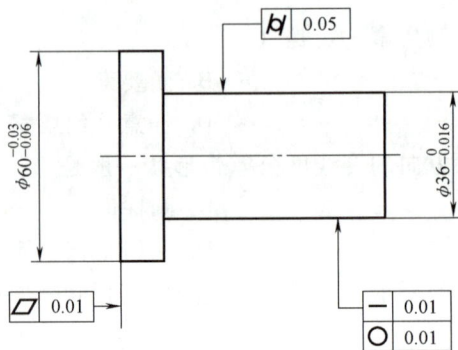

图 4-41   综合题 1

2. 将下列形状公差要求标注在图 4-42 上。

1) 圆锥横截面圆的圆度公差为 0.01mm。

2) ϕd_1 圆柱面的圆柱度公差为 0.008mm。

3) ϕd_2 轴线任意方向的直线度公差为 $\phi 0.006$mm。

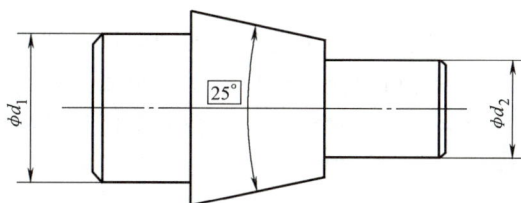

图 4-42　综合题 2

任务 3　方向公差的解读与方向误差检测

【学习目标】

1. 记住方向公差项目的符号及名称。

2. 会在图样上按标准要求标注方向公差。

3. 会说明方向误差的评定方法。

【任务描述】

解释图 4-43 中各项方向公差标注的含义。

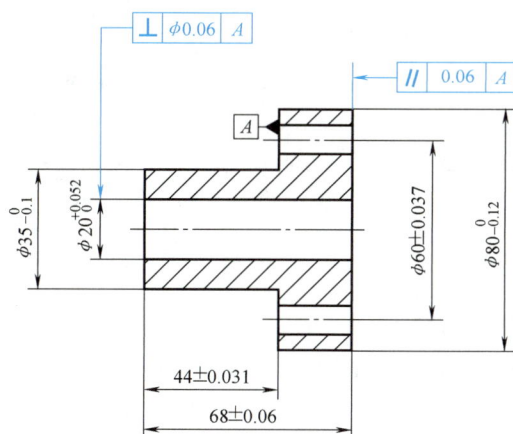

图 4-43　方向公差标注示例

【任务分析】

要完成此任务，需学习方向公差中各公差项目的含义、功能及标注规范，方向误差的检测原理等知识。

知识准备

一、方向公差概述

方向公差是被测要素相对基准在方向上允许的变动全量，被测要素可以是组成要素或是导出要素，其公称被测要素的属性可以是线性要素、一组线性要素或面要素。每个公称被测要素的形状由直线或平面明确给定。若被测要素是公称平面且被测要素是该平面上的一组直线时，应标注相交平面框格。

GB/T 1182—2018 规定的方向公差项目有平行度、垂直度、倾斜度、线轮廓度、面轮廓度。参照 GB/T 1182—2018，本书以示例的形式对平行度、垂直度、倾斜度公差及其公差带定义进行说明，随定义给出的图例只表示与特定定义相应的方向误差的变化范围。

二、平行度公差

平行度公差用来控制零件上被测要素（平面或直线）相对于基准要素（平面或直线）的方向偏离 0° 的程度。

1. 相对于基准面的平面平行度

图 4-44 所示为工件上表面平面相对下表面的平面平行度公差标注。

平行度公差项目符号：$\parallel$。

公差值：0.01mm（即公差带宽度为 0.01mm）。

被测要素：工件上表面平面。

基准要素：工件下表面平面 D。

公差带定义：如图 4-45 所示，公差带为间距等于公差值 t、平行于基准面 D 的两平行平面所限定的区域。

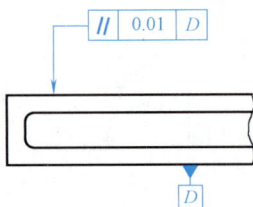

图 4-44　相对于基准面的平面平行度公差标注

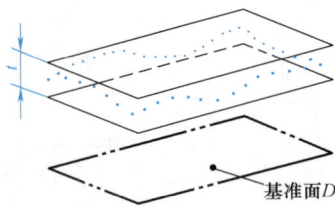

图 4-45　相对于基准面的平面平行度公差带定义

功能解释：工件上表面平面提取（实际）面应限定在距离为公差值 0.01mm，且平行于基准面 D 的两平行平面之间的区域。

2. 相对于基准直线的平面平行度

图 4-46 所示为工件上表面平面相对于轴线 C 的平面平行度公差标注。

公差值：0.1mm（即公差带宽度为 0.1mm）。

被测要素：工件上表面平面。

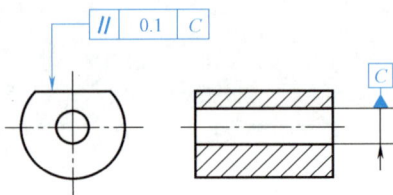

图 4-46　相对于基准直线的平面平行度公差标注

基准要素：孔的轴线 C。

公差带定义：如图 4-47 所示，公差带为间距等于公差值 t、平行于基准线 C 的两平行平面所限定的区域。

功能解释：工件上表面平面提取（实际）面应限定在距离为公差值 0.1mm，且平行于基准线 C 的两平行平面之间的区域。

3. 相对于基准平面的中心线平行度

图 4-48 所示为工件孔轴线相对于平面 B 的中心线平行度公差标注。

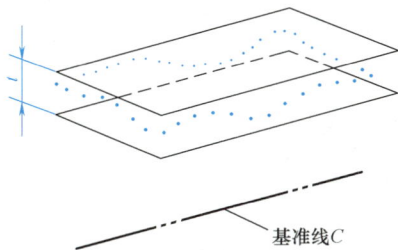

图 4-47　相对于基准直线的平面
平行度公差带定义

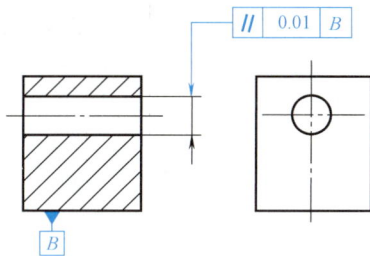

图 4-48　相对于基准平面的中心线
平行度公差标注

公差值：0.01mm（即公差带宽度为 0.01mm）。

被测要素：工件孔的轴线。

基准要素：下底面 B。

公差带定义：如图 4-49 所示，公差带为间距等于公差值 t、平行于基准面 B 的两平行平面所限定的区域。

功能解释：提取（实际）中心线应限定在距离为公差值 0.01mm，且平行于基准面 B 的两平行平面之间的区域。

4. 相对于基准直线的中心线平行度

图 4-50 所示为工件上位孔轴线相对于轴线 A（下位孔轴线）的中心线平行度公差标注。

公差值：ϕ0.03mm（即公差带直径为 0.03mm）。

被测要素：上位孔的轴线。

基准要素：下位孔的轴线 A。

图 4-49　相对于基准平面的中心
线平行度公差带定义

公差带定义：如图 4-51 所示，公差带为直径是公差值 t、轴线平行于基准线 A 的圆柱面所限定的区域。

功能解释：被测要素提取（实际）中心线应限定在直径为公差值 0.03mm，轴线平行于基准线 A 的圆柱面之间的区域。

5. 相对于基准体系的中心线平行度

图 4-52 所示为相对于基准体系的中心线平行度公差标注示例。

（1）辅助平面之定向平面的推荐标注规定　定向平面既可用于控制公差带构成平面的方向（直接使用框格中的基准与符号），又可用于控制公差带宽度的方向（间接地与这些平

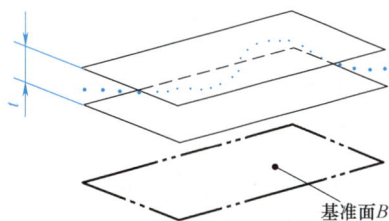

面垂直），或可控制圆柱形公差带的轴线方向。

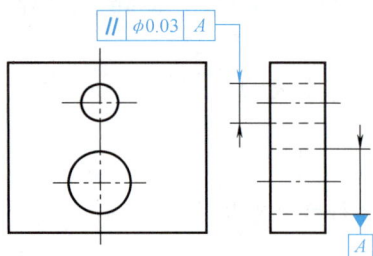

图 4-50　相对于基准直线的
中心线平行度公差的标注

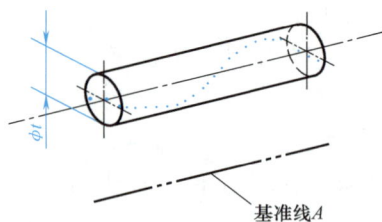

图 4-51　相对于基准直线的
中心线平行度公差带定义

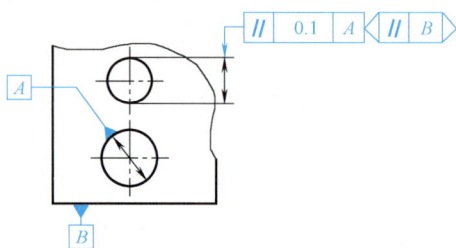

推荐标注　　　　　　不再推荐但还在使用的标注

a）示例一

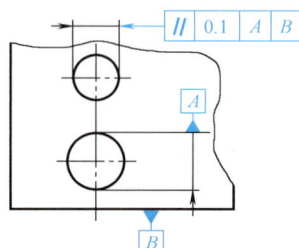

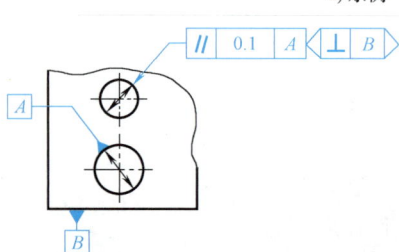

b）示例二

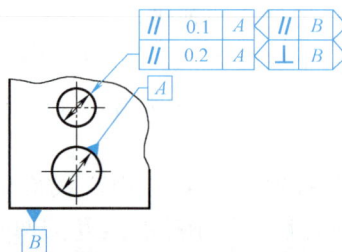

c）示例三

图 4-52　相对于基准体系的中心线平行度公差标注示例

定向平面应使用定向平面框格规定，如图 4-53 所示，并且标注在公差框格的右侧。

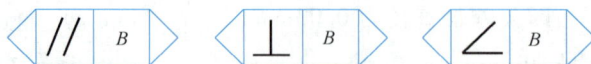

图 4-53　定向平面框格

指引线可根据需要与定向平面相连，而不与公差框格相连。平行度、垂直度或倾斜度定向符号应放置在定向平面框格的第一格。标识基准并构建定向平面的字母应放置在定向平面框格的第二格。

（2）相对于基准体系的中心线平行度公差标注示例的解读（以图 4-52 标注为例）

被测要素：均为上位孔的轴线。

基准要素：轴线 A 和由定向平面框格规定的平面 B。

公差带定义：公差带为间距等于公差值 t、平行于基准线 A，且与定向基准面 B 具有确定方向关系的平行平面所限定的区域，如图 4-54 所示。其中图 4-54c 所示的平行度公差带为由两对平行平面所限定的公共区域（棱柱状区域）。同学们在学习时要特别注意定向平面的作用。

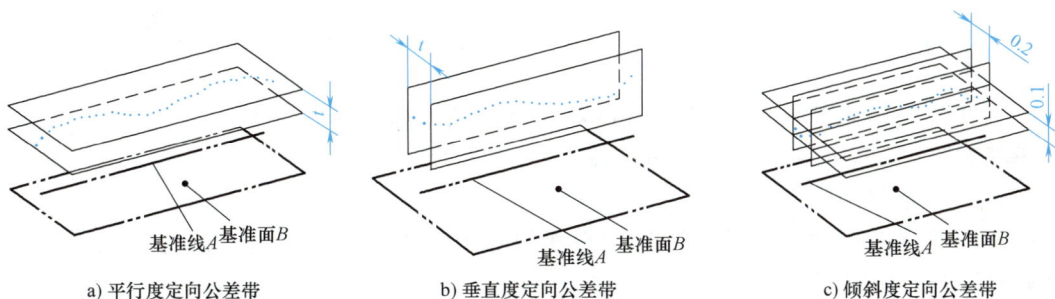

a) 平行度定向公差带　　　　b) 垂直度定向公差带　　　　c) 倾斜度定向公差带

图 4-54　相对于基准体系的中心线平行度公差带定义

功能解释如下。

1）图 4-54a 所示平行度要求是：提取（实际）中心线应限定在间距等于公差值 0.1mm、平行于基准线 A 的两平行平面之间。限定公差带的平面均平行于由定向平面框格规定的基准面 B。基准 B 为基准 A 的辅助基准。

2）图 4-54b 所示平行度要求是：提取（实际）中心线应限定在间距等于公差值 0.1mm、平行于基准线 A 的两平行平面之间。限定公差带的平面均垂直于由定向平面框格规定的基准面 B。

3）图 4-54c 所示平行度要求是：提取（实际）中心线应限定在两对间距分别等于公差值 0.1mm 和 0.2mm 且平行于基准线 A 的平行平面之间。限定公差带的两对平面中，一对均平行于由定向平面框格规定的基准面 B，另一对均垂直于由定向平面框格规定的基准面 B。

6. 相对于基准面的一组在表面上的线的平行度

图 4-55 所示为相对于基准面的一组在表面上的线的平行度公差标注。

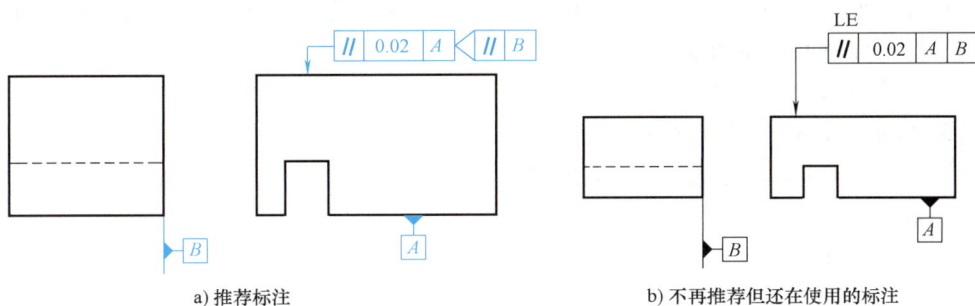

a) 推荐标注　　　　　　　　　　　b) 不再推荐但还在使用的标注

图 4-55　相对于基准面的一组在表面上的线的平行度公差标注

被测要素：上表面平面上与相交平面 B 平行的任意直线（注意不是上表面的平面）。

基准要素：基准面 A 和由相交平面框格规定的基准面 B。

公差带定义：如图 4-56 所示，公差带为间距等于公差值 t 的两平行直线所限定的区域，该两平行直线平行于基准面 A，且处于平行于相交平面 B 的平面内。

功能解释：上表面平面上平行于相交平面 B 的任意直线的提取（实际）线应限定在间距等于公差值 0.02mm、平行于基准平面 A 的两平行直线之间。

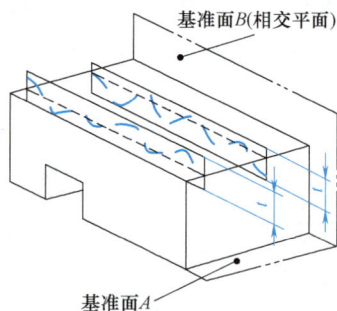

图 4-56　相对于基准面的一组在表面上的线平行度公差带定义

三、垂直度公差

垂直度公差用来控制工件上被测要素（平面或直线）相对于基准要素（平面或直线）的方向偏离 90°的程度。

1. 相对于基准直线的平面垂直度

图 4-57 所示为工件提取（实际）右端面相对于轴线的平面垂直度公差标注。

垂直度公差项目符号：⊥。

公差值：0.08mm（即公差带宽度为 0.08mm）。

被测要素：右端面。

基准要素：轴线 A。

公差带定义：如图 4-58 所示，公差带是距离为公差值 t 且垂直于基准轴线的两平行平面之间的区域。

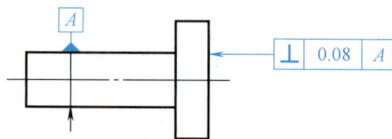

图 4-57　相对于基准直线的平面垂直度公差标注

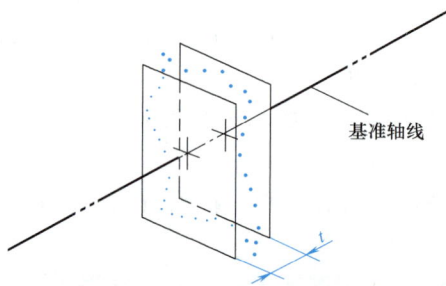

图 4-58　相对于基准直线的平面垂直度公差带定义

功能解释：要求被测（实际）平面的提取要素处于公差值为 0.08mm 的两平行平面之间，该两平行平面垂直于基准轴线 A。

2. 相对于基准面的平面垂直度

图 4-59 所示为相对于基准面的平面垂直度公差标注。

公差值：0.08mm（即公差带宽度为 0.08mm）。

被测要素：右端面。

基准要素：底面 A。

公差带定义：如图 4-60 所示，公差带是距离为公差值 t 且垂直于基准面 A 的两平行平面之间的区域。

功能解释：要求被测（实际）平面的提取要素处于公差值为 0.08mm 的两平行平面之间，该两平行平面垂直于基准面 A。

3. 相对于基准面的中心线垂直度

图 4-61 所示为相对于基准面的中心线垂直度公差标注。

公差值：$\phi 0.01$mm（即公差带直径为 0.01mm）。

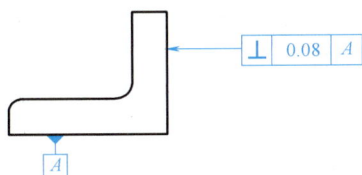

图 4-59 相对于基准面的平面垂直度公差标注

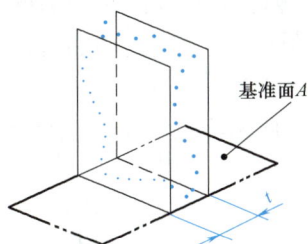

图 4-60 相对于基准面的平面垂直度公差带定义

被测要素：小端圆柱的轴线。

基准要素：底面 A。

公差带定义：如图 4-62 所示，公差带是直径为公差值 t、轴线垂直于基准面 A 的圆柱面之间的区域。

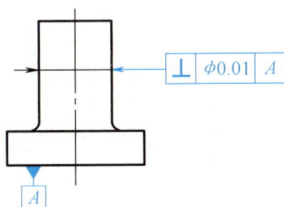

图 4-61 相对于基准面的中心线垂直度公差标注

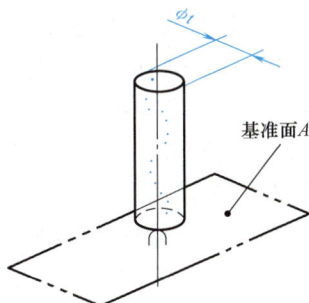

图 4-62 相对于基准面的中心线垂直度公差带定义

功能解释：要求被测圆柱面的提取（实际）中心线限定在直径为公差值 0.01mm、轴线垂直于基准面 A 的圆柱面区域内。

4. 相对于基准直线的中心线垂直度

图 4-63 所示为相对于基准直线的中心线垂直度公差标注。

公差值：0.06mm（即公差带宽度为 0.06mm）。

被测要素：倾斜孔的轴线。

基准要素：水平孔的轴线 A。

公差带定义：如图 4-64 所示，公差带是距离为公差值 t、垂直于基准轴线 A 的两平行平面之间的区域。

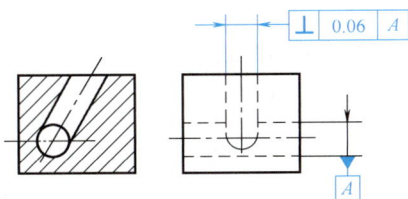

图 4-63 相对于基准直线的中心线
垂直度公差标注

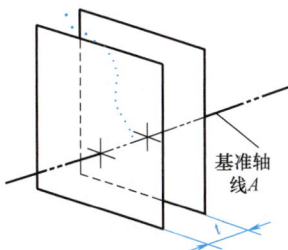

图 4-64 相对于基准直线的中心线
垂直度公差带定义

功能解释：要求被测孔的提取（实际）中心线限定在距离为公差值 0.06mm、垂直于基准轴线 A 的两平行平面之间的区域内。

5. 相对于基准体系的中心线垂直度

图 4-65 所示为相对于基准体系的中心线垂直度公差标注。

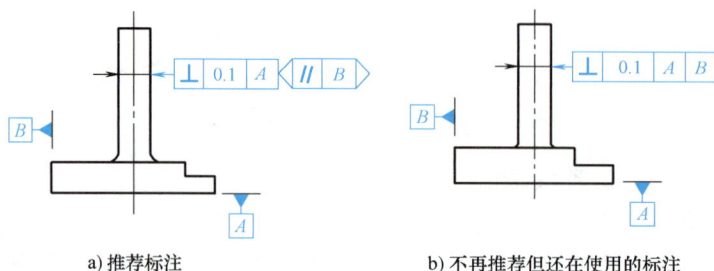

a) 推荐标注   b) 不再推荐但还在使用的标注

图 4-65   相对于基准体系的中心线垂直度公差标注

被测要素：圆柱面的中心线。

基准要素：下表面平面 A、定向平面 B。

公差带定义：如图 4-66 所示，公差带为间距等于公差值 t 的两平行平面所限定的区域。该两平行平面垂直于基准面 A 且平行于基准面 B。

功能解释：圆柱面的提取（实际）中心线应限定在间距等于 0.1mm 的两平行平面之间，该两平行平面垂直于基准平面 A 且平行于定向平面 B。基准 B 为基准 A 的辅助基准。

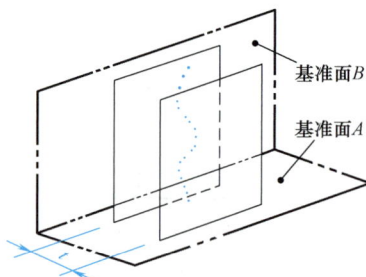

图 4-66   相对于基准体系的中心线垂直度公差带定义

四、倾斜度公差

倾斜度公差是用来控制工件上被测要素（平面或直线）相对于基准要素（平面或直线）在方向上偏离某一给定角度（0°~90°）的程度。

1. 相对于基准面的平面倾斜度

图 4-67 所示为相对于基准面的平面倾斜度公差标注。

倾斜度公差项目符号：∠。

公差值：0.08mm（即公差带宽度为 0.08mm）。

被测要素：公差框格指引线箭头所指的倾斜平面。

基准要素：平面 A。

公差带定义：公差带为相距为公差值 t 的两平行平面之间的区域，该两平行平面按规定角度（理论正确角度为 40°）倾斜于基准面 A，如图 4-68 所示。

功能解释：提取（实际）表面应限定在相距为公差值 0.08mm 的两平行平面之间的区域，该两平行平面按规定角度（理论正确角度为 40°）倾斜于基准面 A。

2. 相对于基准直线的平面倾斜度

图 4-69 所示为相对于基准直线的平面倾斜度公差标注。

公差值：0.1mm（即公差带宽度为 0.1mm）。

被测要素：公差框格指引线箭头所指的倾斜平面。

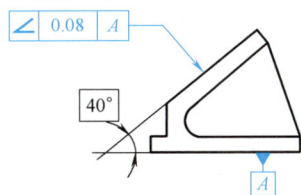

图 4-67　相对于基准面的平面倾斜度公差标注

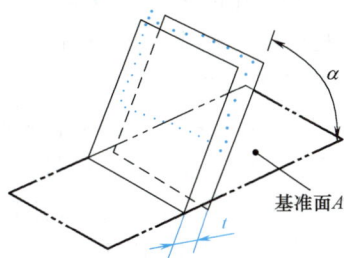

图 4-68　相对于基准面的平面倾斜度公差带定义

基准要素：基准轴线 A。

公差带定义：公差带为相距为公差值 t 的两平行平面之间的区域，该两平行平面按规定角度（理论正确角度为 75°）倾斜于基准轴线 A，如图 4-70 所示。

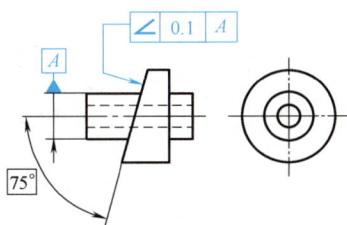

图 4-69　相对于基准直线的平面倾斜度公差标注

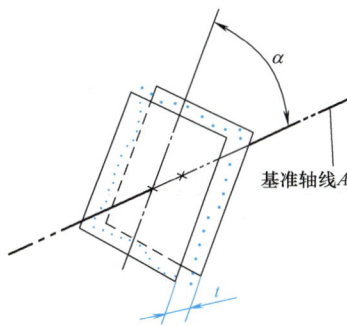

图 4-70　相对于基准直线的平面倾斜度公差带定义

功能解释：提取（实际）表面应限定在相距为公差值 0.1mm 的两平行平面之间的区域。该两平行平面按规定角度（理论正确角度 75°）倾斜于基准轴线 A。

3. 相对于基准直线的中心线倾斜度

图 4-71 所示为相对于基准直线的中心线倾斜度公差标注。

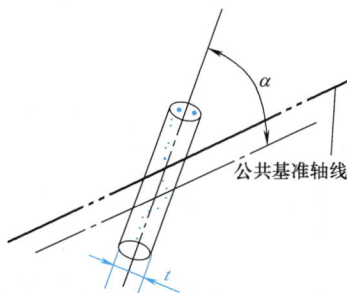

公差值：$\phi 0.08$mm（即公差带直径为 0.08mm）。

被测要素：公差框格指引线箭头所指的倾斜孔的轴线。

基准要素：基准轴线 A 和 B 的公共轴线。

公差带定义：公差带是直径为公差值 t 的圆柱面之间的区域。该圆柱面按规定角度（理论正确角度为 60°）倾斜于公共基准轴线 A-B，如图 4-72 所示。

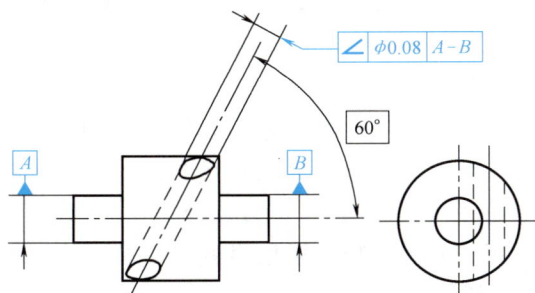

图 4-71　相对于基准直线的中心线倾斜度公差标注

图 4-72　相对于基准直线的中心线倾斜度公差带定义

功能解释：孔的提取（实际）中心线应限定在直径为公差值 0.08mm 的圆柱面之间的区域。该圆柱面的轴线按规定角度（理论正确角度 60°）倾斜于公共基准轴线 A-B。

4. 相对于基准体系的中心线倾斜度

图 4-73 所示为相对于基准体系的中心线倾斜度公差标注。

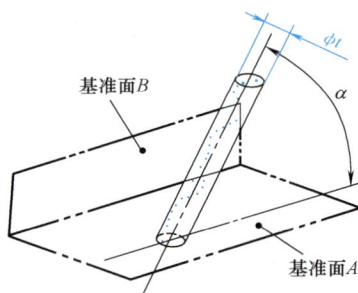

公差值：$\phi0.1$mm（即公差带直径为 0.1mm）。

被测要素：公差框格指引线箭头所指的孔中心线。

基准要素：平面 A 和定向平面 B。

公差带定义：公差带为直径等于公差值 ϕt 的圆柱面所限定的区域。该圆柱面的轴线按规定角度（理论正确角度 60°）倾斜于基准面 A 且平行于基准面 B，如图 4-74 所示。

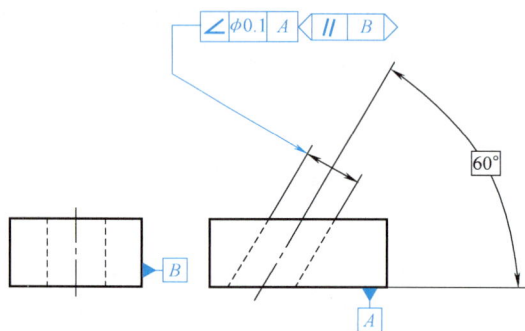

图 4-73 相对于基准体系的
中心线倾斜度公差标注

图 4-74 相对于基准体系的
中心线倾斜度公差带定义

功能解释：提取（实际）中心线应限定在直径等于 $\phi0.1$mm 的圆柱面内。该圆柱面的中心线按理论正确角度 60° 倾斜于基准面 A 且平行于基准面 B。

方向公差带的特点：一是公差带的方向固定（与基准平行或垂直，或成一理论正确角度），而其位置却可以随被测实际要素变化，即位置浮动；二是方向公差可以同时限制同一被测要素的方向误差和形状误差。

当对某一被测要素给出方向公差后，通常不再对该要素给出形状公差，只有对该要素的形状有进一步的要求时，才给出形状公差，而且形状公差值要小于方向公差值。

五、方向误差的检测

1. 方向误差的概念

方向误差是被测要素的提取要素相对于具有确定方向的理想要素的变动量，理想要素的方向由基准（和理论正确尺寸）确定。

2. 方向误差的评定

方向误差值用定向最小包容区域（简称定向最小区域）的宽度或直径表示。定向最小区域形状分别与各自的公差带形状一致，但宽度（或直径）由被测提取要素本身决定。方向误差值小于或等于规定的方向公差值（不考虑测量不确定度影响），则方向公差项目合格。

定向最小区域是指用由基准和理论正确尺寸确定方向的理想要素包容被测要素的提取要素时，具有最小宽度 f 或直径 d 的包容区域，如图 4-75 所示。

当方向公差值后面带有最大内切（$\otimes$）、最小外接（$\mathbb{N}$）、最小二乘（$\mathbb{G}$）、最小区域

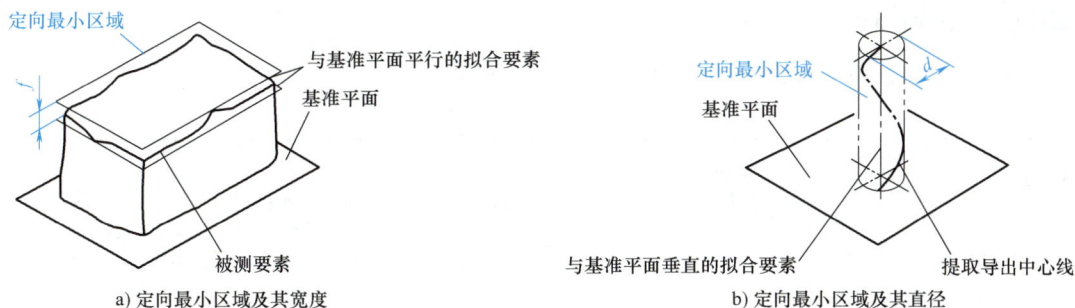

图 4-75　定向最小区域

（◎）、贴切（Ⓣ）等符号时，表示的是对被测要素的拟合要素的方向公差要求，否则，是指对被测要素本身的方向公差要求。

如图 4-76a 所示的方向公差标注，表示的就是对被测要素的拟合要素的方向公差要求，是指在上表面被测长度范围内，采用贴切法对被测要素的提取要素（或滤波要素）进行拟合得到被测要素的拟合要素（即贴切要素），对该贴切要素相对于基准要素 A 的平行度公差值为 0.1mm。图 4-76b 显示该贴切要素（贴切平面）的定向最小区域的宽度小于公差值 0.1mm，而被测要素的提取要素的定向最小区域的宽度明显大于公差值 0.1mm，因此评定时务必以标注的被测要素规范的规定为准。

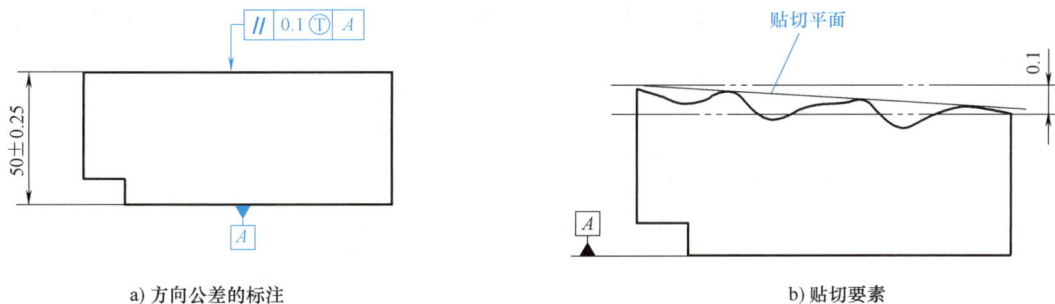

图 4-76　方向公差规范

3. 基准的建立和体现

（1）基准的建立　由基准要素建立基准时，基准由在实体外对基准要素或其提取组成要素进行拟合得到的拟合组成要素的方位要素建立，拟合方法有最小外接法、最大内切法、实体外约束的最小区域法和实体外约束的最小二乘法。

（2）基准的体现　基准可采用拟合法和模拟法体现。

拟合法，是指按一定的拟合方法对分离、提取（或滤波）得到的基准要素进行拟合及其他相关要素操作所获得的拟合组成要素或拟合导出要素来体现基准的方法。采用该方法得到的基准要素具有理想的尺寸、形状、方向和位置。

模拟法，是指采用具有足够精确形状的实际表面（模拟基准要素）来体现基准平面、基准轴线、基准点等。

对于各项方向误差的检测与验证方案，此处不再详述，可查阅 GB/T 1958—2017 学习。

将图 4-43 所示各项方向公差项目的含义填入表 4-4。

表 4-4　几何公差项目的含义

公差项目符号及名称	公差值	被测要素（必须注明是组成要素还是导出要素）	基准要素（必须注明是组成要素还是导出要素）	对被测提取要素误差的控制规范（即公差带的定义，要求明确表述公差带的形状、大小、方向等必要的要素）

思考与练习

一、选择题

1. 方向公差是被测要素相对于基准在方向上允许的变动全量。（　　）

2. 相对于基准面的平面平行度公差带只能限制被测平面相对基准面的平行度误差，不能限制被测平面的平面度误差和平面内直线的直线度误差。（　　）

3. 方向公差控制被测要素对基准的方向误差，同时也能控制被测要素自身的形状误差。（　　）

4. 方向公差带相对于基准的方向是确定的，而形状公差带的方向是不确定的，是随被测要素而变动的。（　　）

5. 倾斜度公差带相对于基准的方向由理论正确角度确定。（　　）

二、解答题

解释图 4-77 中方向公差项目的含义。

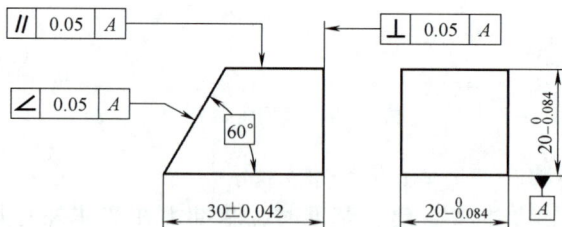

图 4-77　方向公差项目的解读

任务4　位置公差的解读与位置误差检测

【学习目标】

1. 记住位置公差项目的符号及名称。

2. 会在图样上按标准要求标注位置公差，会解释公差带的含义。

3. 会说明位置误差的评定方法。

【任务描述】

解释图 4-78 中位置公差标注的含义。

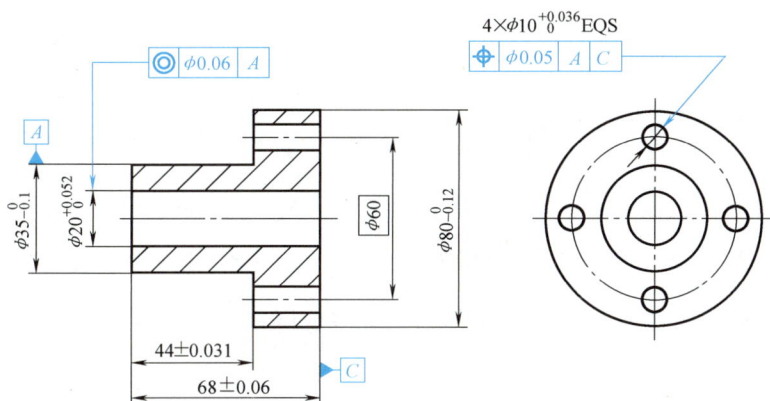

图 4-78 位置公差标注

【任务分析】

要完成此任务，需要学习位置公差中各公差项目的含义、功能及标注规范，位置误差的检测原理等知识。

知识准备

一、位置公差概述

位置公差是关联提取要素相对于基准在位置上所允许的变动全量，用于限制被测要素对基准的位置的变动量。

被测要素可以是组成要素或导出要素，公称被测要素的属性为一个组成要素或导出的点、直线或平面。

GB/T 1182—2018 规定的位置公差项目有同轴度（对中心点称为同心度）、对称度和位置度、线轮廓度、面轮廓度。

参照 GB/T 1182—2018，本书以示例的形式对同轴度、对称度和位置度公差及其公差带定义进行说明，随定义给出的图例只表示与特定定义相应的位置误差的变化范围。

二、同轴度公差

同轴度是指被测轴线应与基准轴线重合的精度要求。

1. 轴与轴的轴线的同轴度

图 4-79 所示为轴与轴的轴线的同轴度公差标注。

同轴度公差项目符号：◎。

公差值：$\phi0.08$mm（即公差带直径为 0.08mm）。

被测要素：公差框格指引线箭头所指圆柱面的中心线。

基准要素：两端轴径的轴线 A 和 B 的公共轴线。

公差带定义：公差带是以 A 和 B 的公共轴线为轴线、直径为公差值 t 的圆柱面内的区域，如图 4-80 所示。

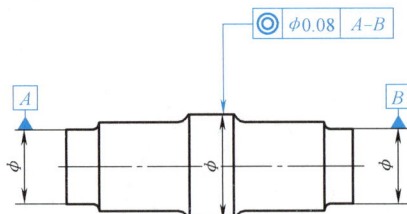

图 4-79　轴与轴的轴线的同轴度公差标注

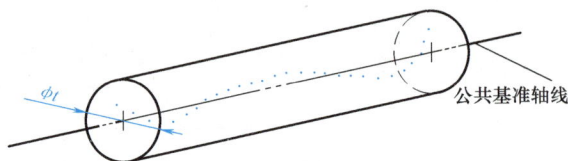

图 4-80　同轴度公差带定义

功能解释：被测圆柱面的提取（实际）中心线应限定在直径等于 0.08mm、以公共基准轴线 A-B 为轴线的圆柱面内。

2. 轴与孔的轴线的同轴度

图 4-81 所示为轴与孔的轴线的同轴度公差标注。

公差值：$\phi0.1$mm（即公差带直径为 0.1mm）。

被测要素：外圆柱面的中心线。

基准要素：基准平面 A 和基准轴线 B。

公差带定义：公差带是以基准轴线 B 为轴线、直径为公差值 t 的圆柱面区域，且该区域垂直于基准平面 A 如图 4-82 所示。

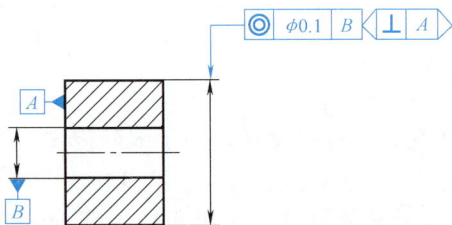

图 4-81　轴与孔的轴线的同轴度公差标注

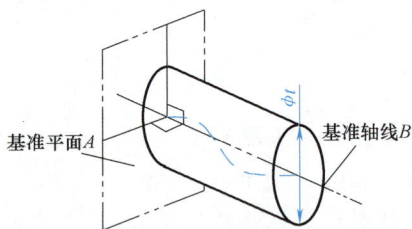

图 4-82　轴与孔的轴线的同轴度公差带定义

功能解释：被测圆柱面的提取（实际）中心线应限定在直径等于 0.1mm、以基准轴线 B 为轴线且垂直于定向平面 A 的圆柱面内。

三、对称度公差

对称度是指被测导出要素应与基准（导出要素）重合的精度要求。

图 4-83 所示为被测要素对称度公差标注。

对称度公差项目符号：＝。

公差值：0.08mm（即公差带宽度为 0.08mm）。

被测要素：槽的中心平面。

基准要素：基准中心平面（上、下表面的对称中心平面）A。

公差带定义：公差带为间距等于公差值 t 且对称于基准中心平面的两平行平面所限定的区域，如图 4-84 所示。

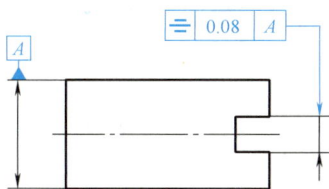

图 4-83　对称度公差标注

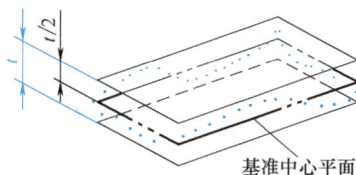

图 4-84　对称度公差带定义

功能解释：被测要素提取（实际）中心平面应限定在间距等于 0.08mm、对称于基准中心平面 A 的两平行平面之间。

四、位置度公差

位置度是被测要素应位于由基准和理论正确尺寸确定的理想位置上的精度要求。

1. 导出点的位置度

图 4-85 所示为导出点的位置度公差标注。

位置度公差项目符号：⊕。

公差值：$S\phi0.3$mm（即公差带球面直径为 0.3mm）。

被测要素：球心。

基准要素：基准面 A、B 和基准中心平面 C。

公差带定义：如图 4-86 所示，公差带为直径等于公差值 $S\phi t$ 的圆球面所限定的区域，该球面中心的理论正确位置由基准面 A、B、C 和理论正确尺寸确定。

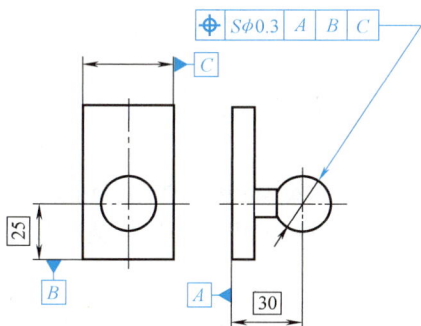

图 4-85　导出点的位置度公差标注

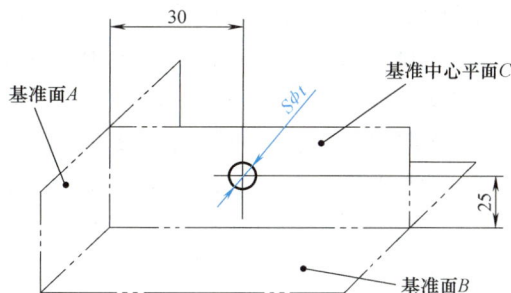

图 4-86　导出点的位置度公差带定义

功能解释：提取（实际）球心应限定在直径等于 $S\phi0.3$mm 的球面内。该球面的中心在左右两侧面的对称中心平面上，且距离基准面 A 为理论正确尺寸 30mm、距离基准面 B 为理论正确尺寸 25mm。

2. 中心线的位置度

图 4-87 所示为中心线的位置度公差标注。

公差值：$\phi 0.08\text{mm}$（即公差带柱面直径为 0.08mm）。

被测要素：孔的轴线。

基准要素：基准面 A、B、C。

公差带定义：公差带为直径等于公差值 ϕt 的圆柱面所限定的区域，该圆柱面中心线的理论正确位置由基准面 A、B、C 及理论正确尺寸和方向确定，如图 4-88 所示，$d_1 = 68\text{mm}$，$d_2 = 100\text{mm}$。

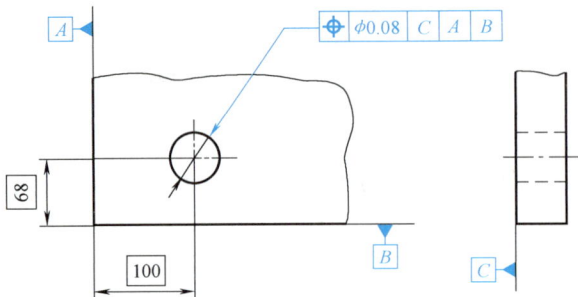

图 4-87　中心线的位置度公差标注　　　　图 4-88　中心线的位置度公差带定义

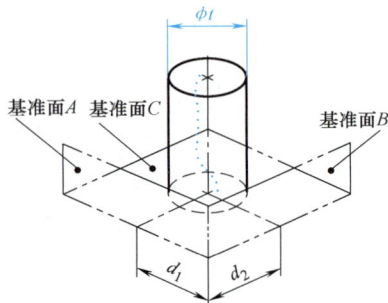

功能解释：被测孔的提取（实际）轴线应限定在直径等于 0.08mm 的圆柱面内。该圆柱面的中心线与基准面 C 成理论正确方向（即垂直），且距离基准面 A 为理论正确尺寸 100mm、距离基准面 B 为理论正确尺寸 68mm。

3. 平面的位置度

图 4-89 所示为平面的位置度公差标注。

公差值：0.05mm（即公差带宽度为 0.05mm）。

被测要素：左端倾斜的平面。

基准要素：基准面 A 和基准轴线 B。

公差带定义：公差带是相距为公差值 t 的两平行平面所限定的区域，该两平行平面以与基准 A、B 为理论正确尺寸和方向确定的平面为对称中心平面，如图 4-90 所示（图中 $\alpha = 105°$）。

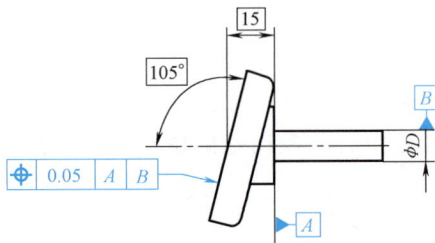

图 4-89　平面的位置度公差标注

功能解释：被测面的提取（实际）面应限定在距离等于公差值 0.05mm 的两平行平面之间。该两平行平面的中心平面与基准轴线 B 成理论正确角度 $105°$，且其与基准轴线 B 的交点距离基准平面 A 为理论正确尺寸 15mm。

位置公差的特点：一是公差带的位置固定；二是位置公差可以同时限制被测要素的形状误差、方向误差和位置误差。对某一被测要素给出位置公差后，仅在对其方向精度或（和）形状精度有进一步要求时，才另行给出方向公差或（和）形状公差，而公差值应满足方向公差值必须小于位置公差值，形状公差值必须小于方向公差值，即 $t_{形状} < t_{方向} < t_{位置}$，如图 4-91 所示。

五、位置误差的检测

1. 位置误差

位置误差是被测要素的提取要素相对于具有确定位置的理想要素的变动量，理想要素的位置由基准和理论正确尺寸确定。

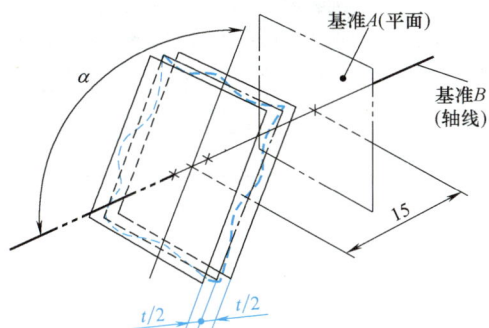

图 4-90　平面的位置度公差带定义

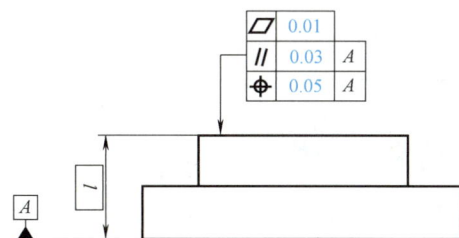

图 4-91　形状、方向、位置公差值大小的合理关系

2. 位置误差的评定

位置误差值用定位最小包容区域（简称定位最小区域）的宽度 f 或直径 d 表示。定位最小区域形状分别与各自的公差带形状一致，但宽度（或直径）由被测提取要素本身决定。定位最小区域是指用由基准和理论正确尺寸确定位置的理想要素包容被测要素的提取要素时，具有最小宽度 f 或直径 d 的包容区域，如图 4-92 所示。

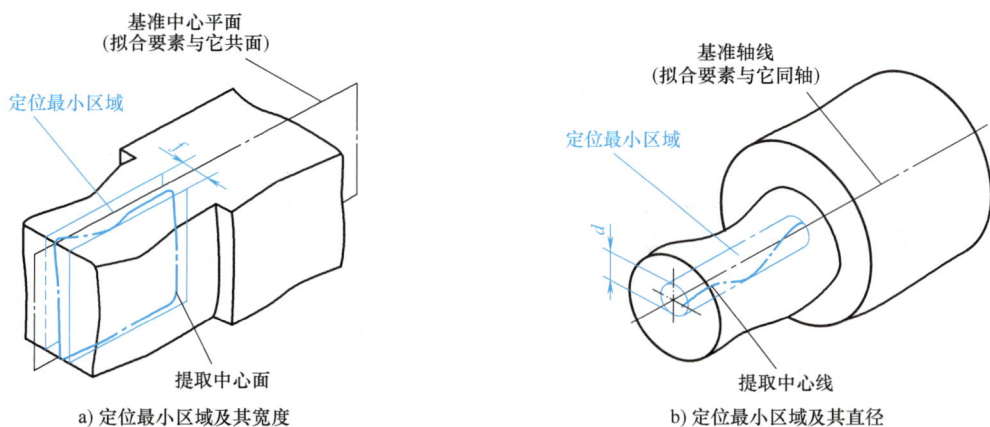

a) 定位最小区域及其宽度

b) 定位最小区域及其直径

图 4-92　定位最小区域

当位置公差值后面带有最大内切（Ⓧ）、最小外接（Ⓝ）、最小二乘（Ⓖ）、最小区域（Ⓒ）、贴切（Ⓣ）等符号时，表示的是对被测要素的拟合要素的位置公差要求，否则，是指对被测要素本身的位置公差要求。

对于各项位置误差的检测与验证方案，此处不再详述，可查阅 GB/T 1958—2017 学习。

任务实施

解释图 4-78 中位置公差项目的含义，并填写表 4-5。

表 4-5　几何公差项目的含义

公差项目符号及名称	公差值	被测要素（必须注明是组成要素还是导出要素）	基准要素（必须注明是组成要素还是导出要素）	对被测提取要素误差的控制规范（即公差带的定义，要求明确表述公差带的形状、方向、位置等必要的要素）

思考与练习

一、判断题

1. 位置公差的被测要素都是导出要素。（　　　）

2. 位置公差可以同时限制被测要素的形状误差、方向误差和位置误差。（　　　）

3. 被测轴线的同轴度公差带与任意方向的直线度公差带是完全相同的。（　　　）

4. 位置公差带的位置是固定的，是由基准确定的。（　　　）

5. 方向公差带的位置也是固定的，也是由基准确定的。（　　　）

6. 对称度公差是控制被测组成要素要相对于其导出要素（中心要素）对称。（　　　）

7. 位置度公差是控制被测要素要位于由基准和理论正确尺寸确定的理想位置上。（　　　）

二、综合题

1. 说出图 4-93 中所标注的位置公差代号的含义。

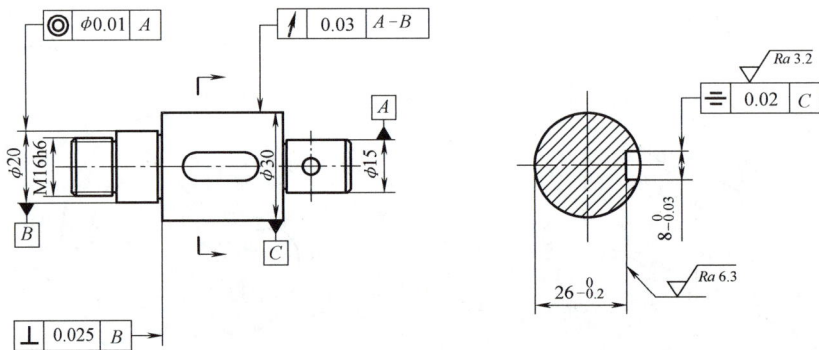

图 4-93　综合题 1

2. 在图 4-94 中标注如下位置公差要求。

① 尺寸为 10mm 的槽的中心面相对于 $\phi25$mm 轴的轴线的对称度公差值为 0.05mm。

② $\phi20$mm 轴的轴线相对于 $\phi25$mm 轴的轴线的同轴度公差值为 $\phi0.06$mm。

③ $\phi8$mm 孔的轴线相对于其理想位置的位置度公差值为 $\phi0.06$mm，理想位置距 $\phi20$mm 台阶面为理论正确尺寸 10mm 且与 $\phi15$mm 轴的轴线垂直相交。

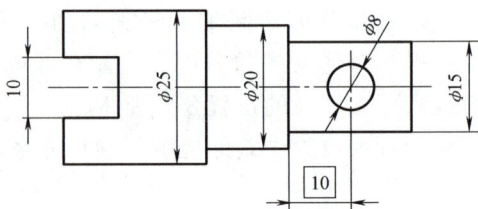

图 4-94　综合题 2

任务5　跳动公差的解读

【学习目标】

1. 记住跳动公差项目的符号及其名称。
2. 会在图样上按标准要求标注跳动公差和解读跳动公差的含义。
3. 会说明跳动误差的评定方法。

【任务描述】

解释图 4-95 中跳动公差项目的含义。

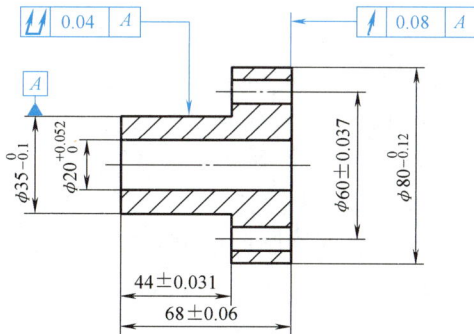

图 4-95　跳动公差标注示例

【任务分析】

要完成此任务，需掌握跳动公差各项目的含义、功能及标注规范，各跳动公差项目的检测原理等知识。

知识准备

一、跳动公差概述

跳动公差是以特定的检测方式为依据设定的公差项目，是关联提取要素绕基准轴线回转一周或连续回转时所允许的最大跳动量，被测要素是组成要素，其公称被测要素的形状与属性由圆环线或一组圆环线明确给定，属线性要素和平面或回转体表面。公差带保持被测要素的公称形状，但对于回转体表面不约束径向尺寸。

GB/T 1182—2018 规定的跳动公差项目有圆跳动和全跳动。

圆跳动是指实际被测组成要素在无轴向移动的条件下绕基准轴线旋转一周的过程中，由位置固定的指示表在给定的测量方向上对该实际被测要素测得的最大与最小示值之差。

全跳动是指实际被测组成要素在无轴向移动的条件下绕基准轴线连续旋转的过程中，指示表与实际被测要素做相对直线运动，指示表在给定的测量方向上对该实际被测要素测得的最大与最小示值之差。

测量跳动时的测量方向就是指示表测杆轴线相对于基准轴线的方向。根据测量方向，跳动公差又分为径向跳动（测杆轴线与基准轴线垂直且相交）、轴向跳动（测杆轴线与基准轴线平行）和斜向跳动（测杆轴线与基准轴线倾斜某一给定角度且相交）。

参照 GB/T 1182—2018，本书以示例的形式对各种跳动公差及其公差带定义进行说明，随定义给出的图例只表示与特定定义相应的形状误差的变化范围。

二、圆跳动公差

圆跳动公差是指被测要素（面要素）上指定位置处的线要素相对于基准轴线的跳动量所允许的最大值。

1. 径向圆跳动

图 4-96 所示为工件径向圆跳动公差标注，指引线箭头指向（即测量方向）与基准轴线垂直且相交。

径向圆跳动公差项目符号：$\nearrow$。

公差值：0.1mm（即公差带宽度为 0.1mm）。

被测要素：任一垂直于基准轴线 A 的横截面内的提取（实际）圆周线。

基准要素：轴线 A。

公差带定义：如图 4-97 所示，公差带为在任一垂直于基准轴线 A 的横截面内，半径差等于公差值 t、圆心在基准轴线上的两同心圆所限定的区域。

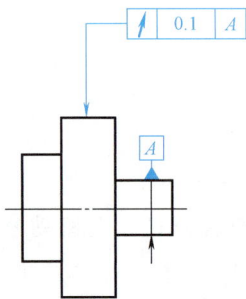

图 4-96　径向圆跳动公差标注

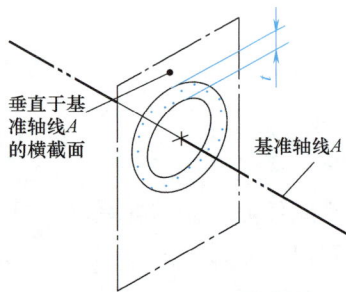

图 4-97　径向圆跳动公差带定义

功能解释：在任一垂直于基准轴线 A 的横截面内，提取（实际）圆周线应限定在半径差等于 0.1mm、圆心在基准轴线 A 上的两共面同心圆之间。

2. 轴向圆跳动

图 4-98 所示为工件轴向圆跳动公差标注，指引线箭头指向（即测量方向）与基准轴线平行。

轴向圆跳动公差项目符号：$\nearrow$。

公差值：0.1mm（即公差带宽度为 0.1mm）。

被测要素：在与基准轴线 D 同轴的任一圆柱形截面上的提取（实际）圆周线。

基准要素：轴线 D。

公差带定义：如图 4-99 所示，公差带为与基准轴线同轴的任一半径的圆柱截面上，间

距等于公差值 t 的两圆所限定的圆柱面区域。

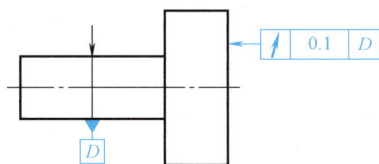

图 4-98 轴向圆跳动公差标注

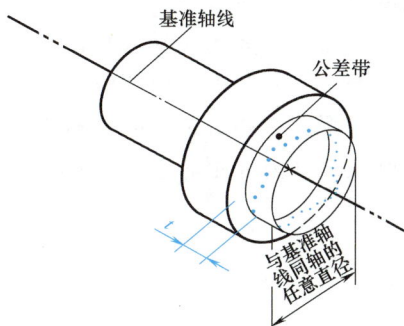

图 4-99 轴向圆跳动公差带定义

功能解释：在与基准轴线 D 同轴的任一圆柱形截面上，提取（实际）圆周线应限定在轴向距离等于 0.1mm 的两个等圆之间。

3. 斜向圆跳动

图 4-100 所示为工件斜向圆跳动公差标注，指引线箭头指向（即测量方向）被测点表面的法线方向。

斜向圆跳动公差项目符号：↗。

公差值：0.1mm（即公差带宽度为 0.1mm）。

被测要素：与基准轴线同轴的任一圆锥截面上的提取（实际）圆周线。

基准要素：轴线 C。

公差带定义：如图 4-101 所示，公差带为与基准

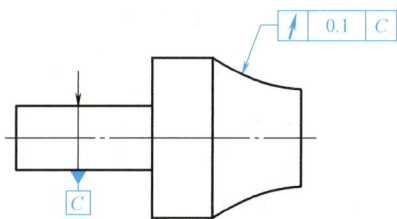

图 4-100 斜向圆跳动公差标注

轴线同轴的任一圆锥截面上、间距等于公差值 t 的两圆所限定的圆锥面区域。

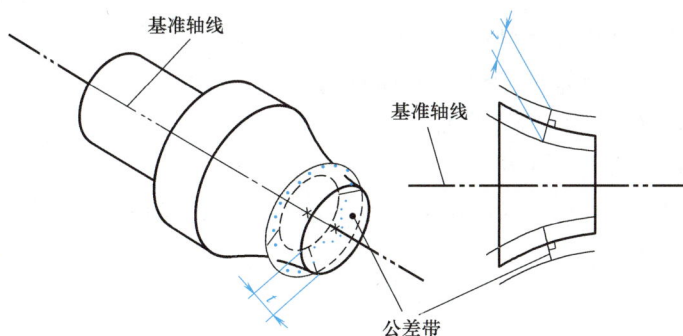

图 4-101 斜向圆跳动公差带定义

当被测要素的素线不是直线时，圆锥截面的锥角要随所测圆的实际位置而改变，以保持与被测要素垂直。除非另有规定，公差带的宽度应沿规定几何要素的法向。

4. 给定方向的圆跳动公差

图 4-102 所示为工件给定方向的圆跳动公差标注。

公差值：0.1mm（即公差带宽度为 0.1mm）。

被测要素：相对于方向要素（给定角度 α）的任一圆锥截面上的提取（实际）圆周线。

基准要素：轴线 C。

公差带定义：如图 4-103 所示，公差带为在轴线与基准轴线同轴的、具有给定锥角的任一圆锥截面上，间距等于公差值 t 的两不等圆所限定的区域。

功能解释：在相对于方向要素（给定角度 α）的任一圆锥截面上，提取（实际）线应限定在圆锥截面内间距等于 0.1mm 的两圆之间。

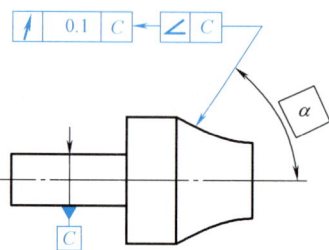

图 4-102　给定方向的
圆跳动公差标注

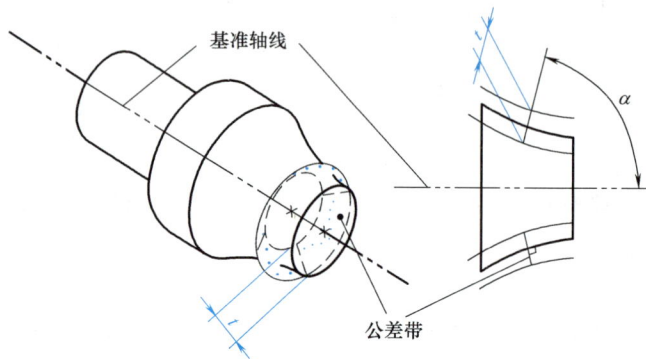

图 4-103　给定方向的圆跳动公差带定义

三、全跳动公差

全跳动公差是指整个被测提取要素相对于基准轴线的跳动量所允许的最大值。

1. 径向全跳动公差

图 4-104 所示为工件径向全跳动公差标注，指引线箭头指向（即测量方向）与基准轴线垂直且相交。

径向全跳动公差项目符号：**↗↗**。

公差值：0.1mm（即公差带宽度为 0.1mm）。

被测要素：提取（实际）圆柱表面。

基准要素：公共基准轴线 $A\text{-}B$。

公差带定义：如图 4-105 所示，公差带为半径差等于公差值 t、与公共基准轴线同轴的两圆柱面所限定的区域。

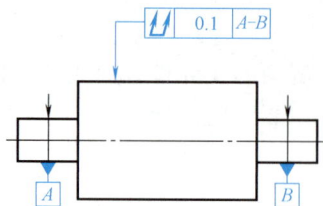

图 4-104　径向全跳动公差标注

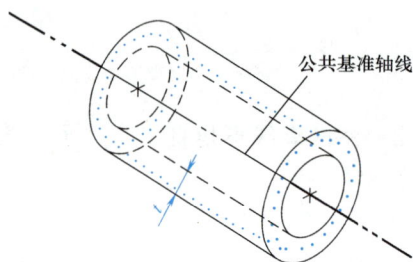

图 4-105　径向全跳动公差带定义

功能解释：提取（实际）表面应限定在半径差等于 0.1mm、与公共基准轴线 *A-B* 同轴的两圆柱面之间。

2. 轴向全跳动公差

图 4-106 所示为工件轴向全跳动公差标注，指引线箭头指向（即测量方向）与基准轴线平行。

轴向全跳动公差项目符号：↗。

公差值：0.1mm（即公差带宽度为 0.1mm）。

被测要素：提取（实际）端面表面。

基准要素：基准轴线 *D*。

公差带定义：如图 4-107 所示，公差带为间距等于公差值 *t*、垂直于基准轴线的两平行平面所限定的区域。

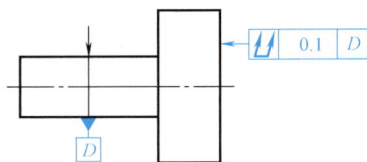

图 4-106　轴向全跳动公差标注

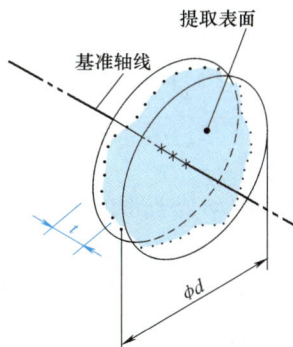

图 4-107　轴向全跳动公差带定义

功能解释：提取（实际）表面应限定在间距等于 0.1mm、垂直于基准轴线 *D* 的两平行平面之间。

跳动公差的特点：跳动公差属于按特定检测方法定义的公差项目，简单实用。采用模拟基准要素体现基准，被测要素的测量与评估无须拟合，可直接由指示计的最大、最小示值之差得到相应的跳动值。

跳动公差带能综合控制同一被测要素的形状、方向和位置误差。

任务实施

1. 解释图 4-95 中跳动公差项目的含义，并填写表 4-6。

表 4-6　跳动公差项目的含义

公差项目符号及名称	公差值	被测要素（必须注明是组成要素还是导出要素）	基准要素（必须注明是组成要素还是导出要素）	对被测提取要素误差的控制规范（即公差带的定义，要求明确表述公差带的形状、方向、位置等必要的要素）

2. 解读图 4-1 所示传动轴零件图中几何公差项目的含义，填入表 4-7。

表 4-7　传动轴几何公差项目的含义

公差项目符号及名称	公差值	被测要素（必须注明是组成要素还是导出要素）	基准要素（必须注明是组成要素还是导出要素）	对被测提取要素误差的控制规范（即公差带的定义，要求明确表述公差带的形状、方向、位置等必要的要素）

思考与练习

一、名词解释

①圆跳动　②径向圆跳动　③轴向圆跳动　④斜向圆跳动　⑤全跳动　⑥径向全跳动　⑦轴向全跳动

二、选择题

1. 径向全跳动公差带的形状和（　　）公差带的形状相同。
   A. 同轴度　　　　　　　　　　B. 圆度
   C. 圆柱度　　　　　　　　　　D. 位置度

2. 端面全跳动的公差带与平面对轴线的（　　）公差带相似。
   A. 对称度　　　　　　　　　　B. 垂直度
   C. 平行度　　　　　　　　　　D. 倾斜度

3. 下列四组几何公差特征项目的公差带形状相同的一组为（　　）。
   A. 圆度、径向圆跳动　　　　　B. 平面度、同轴度
   C. 同轴度、径向全跳动　　　　D. 圆度、同轴度

4. 下列属于跳动公差项目的是（　　）。
   A. 全跳动　　　　　　　　　　B. 平行度
   C. 对称度　　　　　　　　　　D. 线轮廓度

5. 圆跳动与全跳动的区别是（　　）。
   A. 测量方向不同　　　　　　　B. 回转轴线不同
   C. 测量位置的范围不同　　　　D. 回转周数不同

三、判断题

1. 径向圆跳动公差带与圆度公差带的区别是两者在形状上不同。（　　）
2. 端面全跳动公差带与端面对轴线的垂直度公差带相同。（　　）
3. 径向全跳动公差可以综合控制圆柱度和同轴度误差。（　　）
4. 在被测件回转一周过程中，位置固定的指示器读数的最大差值即为圆跳动。（　　）
5. 跳动公差带能综合控制同一被测要素的形状、方向和位置误差。（　　）

四、综合题

1. 如图 4-108 所示零件，标注公差不同，它们所要控制的误差有何区别？

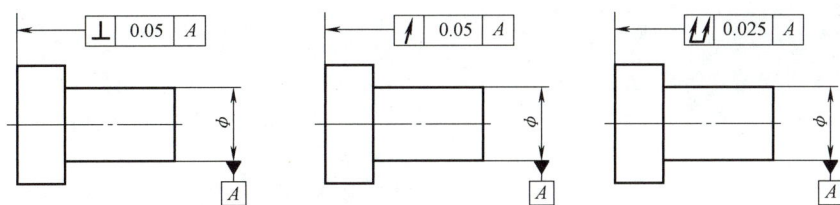

图 4-108　综合题 1

2. 解释图 4-109 中各几何公差项目的含义。

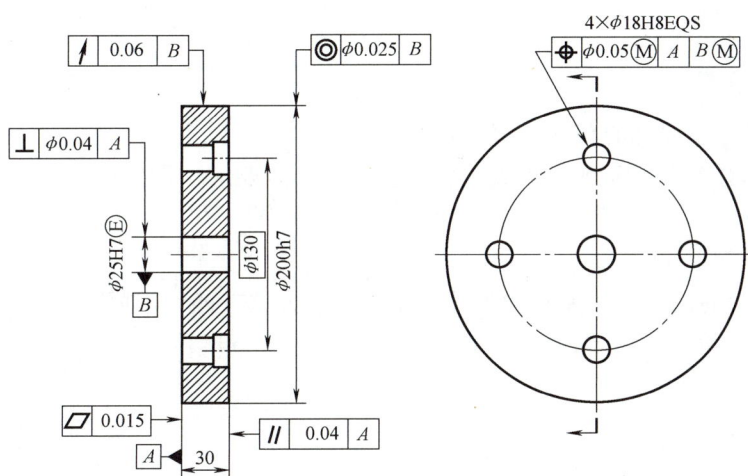

图 4-109　综合题 2

公差原则及其应用

1. 能解释公差原则的相关术语及定义。
2. 能解释有关公差原则的含义、应用要素、功能要求、控制边界。

【任务描述】

图 5-1 所示的同一尺寸要素的尺寸公差和几何公差有四种不同的规范要求,它们之间有何区别?如何解释?

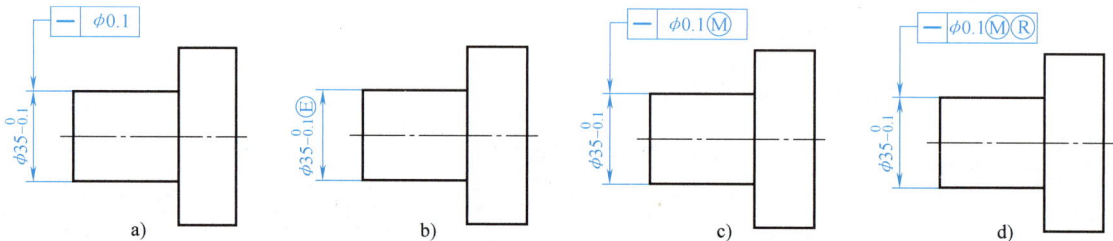

图 5-1 同一尺寸要素的尺寸公差与几何公差要求

【任务分析】

要区分同一尺寸要素的尺寸公差和几何公差之间的不同要求,需要学习有关公差原则的术语及定义,以及独立原则、包容要求、最大实体要求和最小实体要求、可逆要求等知识。

知识准备

一、独立原则

1. 定义及要求

GB/T 4249—2018 规定,独立原则是指在缺省情况下,要求被测要素的尺寸公差与几何公差相互独立,应分别满足,除非产品的实际规范中规定有其他标准或特殊标注。

独立原则是尺寸公差和几何公差相互关系遵循的基本原则,图样标注时不需加注任何符号。应用独立原则时，尺寸偏差和几何偏差的数值一般用通用量具检验。

独立原则的应用最广，有配合要求，或虽无配合要求但有功能要求的几何要素都可采用。独立原则适用于尺寸精度与几何精度要求相差较大，需分别满足要求；或两者无联系，保证运动精度、密封性、未注公差等场合。

2. 应用举例

图 5-2 所示工件被测要素的尺寸公差和几何公差默认遵守独立原则。

其要求的解释：

① 被测组成要素（$\phi 20$mm 轴表面）各处的局部尺寸都不得超过极限尺寸的限制，即 $\phi 19.97$mm $\leqslant d_\mathrm{s} \leqslant \phi 20$mm。

图 5-2　独立原则的应用示例

② 被测导出要素（$\phi 20$mm 轴的轴线）的提取要素处处位于 $\phi 0.02$mm 的圆柱面区域之内，即直线度误差不超过直线度公差带的限制。

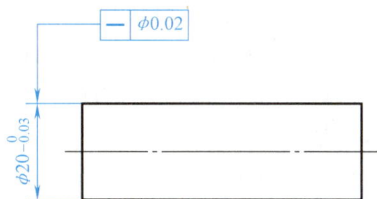

二、包容要求

1. 定义及术语

（1）包容要求的定义　GB/T 38762.1—2020 规定，包容要求（曾被称为"泰勒原则"）是指对线性尺寸要素上下极限应用不同规范操作集的要求，即最小实体尺寸控制两点尺寸，同时最大实体尺寸控制最小外接尺寸或最大内切尺寸。

对于包容要求的尺寸要素的检验，常使用专用量具，即光滑极限量规。光滑极限量规由通规和止规组成一套，通规模拟体现被测孔或轴的最大实体边界，用来检验孔或轴的实际表面是否超出其最大实体边界，即检验孔的最大内切尺寸或轴的最小外接尺寸是否超出其最大实体尺寸；止规模拟体现被测孔或轴的最小实体尺寸的两点尺寸，用来检验被测孔或轴的局部实际尺寸是否超出其最小实体尺寸。检验合格的标准是：通规能通过被测要素，而止规不能通过。

（2）相关术语

1）最大实体状态（MMC）、最大实体边界（MMB）、最大实体尺寸（MMS）。

① 最大实体状态（MMC）。当尺寸要素的提取组成要素的局部尺寸处处位于极限尺寸且使其具有材料最多（实体最大）时的状态。孔的最大实体状态就是具有下极限尺寸（最小极限尺寸）的理想状态，轴的最大实体状态就是具有上极限尺寸（最大极限尺寸）的理想状态。

② 最大实体边界（MMB）。最大实体状态时的理想包容面即为最大实体边界。孔的最大实体边界就是具有下极限尺寸（最小极限尺寸）的理想圆柱面，轴的最大实体边界就是具有上极限尺寸（最大极限尺寸）的理想圆柱面。

③ 最大实体尺寸（MMS）。确定要素最大实体状态的尺寸即为最大实体尺寸。对内尺寸要素用 D_M 表示，对外尺寸要素用 d_M 表示，则有 $D_\mathrm{M}=D_{\min}$，$d_\mathrm{M}=d_{\max}$。

2）最小实体状态（LMC）、最小实体边界（LMB）、最小实体尺寸（LMS）。

① 最小实体状态（LMC）。当尺寸要素的提取组成要素的局部尺寸处处位于极限尺寸且使其具有材料最少（实体最小）时的状态。孔的最小实体状态就是具有上极限尺寸（最大

包容要求的讲解

极限尺寸）的理想状态，轴的最小实体状态就是具有下极限尺寸（最小极限尺寸）的理想状态。

② 最小实体边界（LMB）。最小实体状态时的理想包容面即为最小实体边界。孔的最小实体边界就是具有上极限尺寸（最大极限尺寸）的理想圆柱面，轴的最小实体边界就是具有下极限尺寸（最小极限尺寸）的理想圆柱面。

③ 最小实体尺寸（LMS）。确定要素最小实体状态的尺寸即为最小实体尺寸。对内尺寸要素用 D_L 表示，对外尺寸要素用 d_L 表示，则有 $D_L = D_{max}$，$d_L = d_{min}$。

3）拟合尺寸。

① 最大内切拟合尺寸（简称最大内切尺寸）。采用最大内切准则从提取组成要素中获得的拟合组成要素的直接全局尺寸（也指按照最大化参照要素尺寸的同时维持其完全处于被测要素内部的最大内切拟合法（GX）得到的拟合尺寸），如图 5-3 所示。本书中孔的最大内切拟合尺寸用 D_X 表示。

② 最小外接拟合尺寸（简称最小外接尺寸）。采用最小外接准则从提取组成要素中获得的拟合组成要素的直接全局尺寸（也指按照最小化参照要素尺寸的同时维持其完全处于被测要素外部的最小外接拟合法（GN）得到的拟合尺寸），如图 5-4 所示。本书中轴的最小外接拟合尺寸用 d_N 表示。

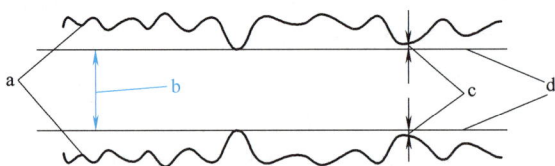

图 5-3　最大内切拟合示意图

a—被测尺寸要素　b—最大内切拟合尺寸　c—不稳定
拟合条件下的等距　d—最大内切拟合尺寸要素

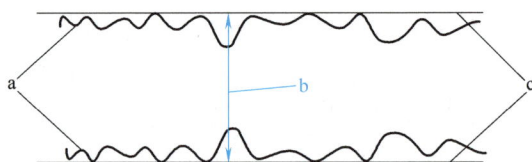

图 5-4　最小外接拟合示意图

a—被测尺寸要素　b—最小外接拟合尺寸
c—最小外接拟合尺寸要素

2. 标注规范

（1）零件图的标注　国家标准规定：当上、下极限尺寸应用不同规范操作集时，用修饰符描述每个规范操作集，即使其中一个规范操作集是缺省的。

图 5-5a 所示为外尺寸遵守包容要求采用规范操作集的修饰符标注。其中上极限的修饰符"GN"代表规范操作集是最小外接拟合准则；下极限的修饰符"LP"代表规范操作集是两点尺寸。图 5-5b 所示为线性尺寸包容要求的简化标注，直接在极限偏差或公差带代号后标注修饰符"Ⓔ"。图 5-5b 与图 5-5a 的功能相同，本书一律采用简化标注。

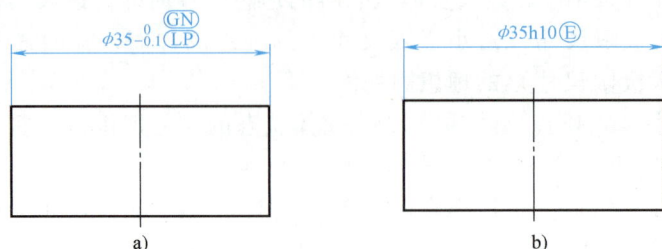

图 5-5　零件图中包容要求的标注

若是内尺寸要素遵守包容要求，则上极限的修饰符是"LP"，下极限的修饰符是"GX"。简化标注与外尺寸要素的简化标注相同。

（2）装配图的标注 装配图中的标注如图5-6所示，可任选其一。

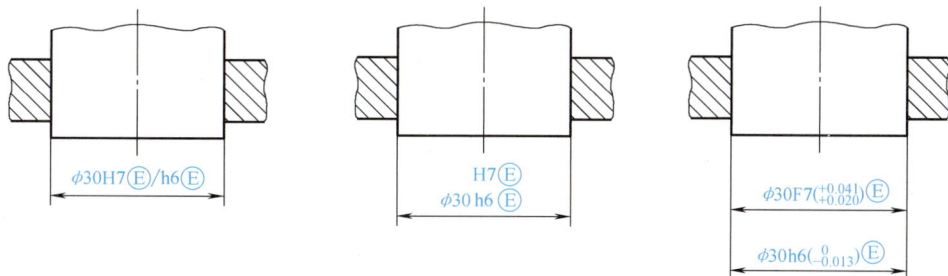

$\phi 30H7ⓔ/h6ⓔ$

$\phi 30 \begin{array}{c} H7ⓔ \\ h6 \end{array} ⓔ$

$\phi 30F7(^{+0.041}_{+0.020})ⓔ$
$\phi 30h6(^{0}_{-0.013})ⓔ$

图 5-6 装配图中包容要求的标注

3. 应用举例

（1）包容要求用于外尺寸要素 当包容要求用于外尺寸要素时，最小实体尺寸 d_L（即下极限尺寸 d_{min}）控制两点尺寸 d_s，即 $d_s \geq d_L = d_{min}$；同时最大实体尺寸 d_M（即上极限尺寸 d_{max}）控制最小外接尺寸 d_N，也即 $d_N \leq d_M = d_{max}$。

图 5-7 所示的外尺寸要素遵守包容要求的解释：

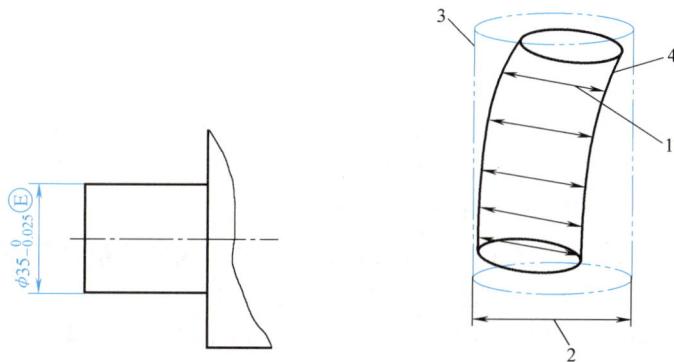

图 5-7 包容要求用于外尺寸要素的举例及说明
1—局部尺寸（两点尺寸） 2—包容圆柱面的直径（最大实体尺寸）
3—代表包容提取组成要素 4 的最大实体边界 4—提取组成要素

① 被测（$\phi 35mm$ 轴表面）提取要素的局部尺寸 d_s 不得小于其最小实体尺寸 d_L，即 $d_s \geq d_L = d_{min} = \phi 34.975mm$。

② 被测（$\phi 35mm$ 轴表面）提取要素的最小外接拟合尺寸 d_N 不得大于其最大实体尺寸 d_M，即 $d_N \leq d_M = d_{max} = \phi 35.00mm$。

（2）包容要求用于内尺寸要素 当包容要求用于内尺寸要素时，最小实体尺寸 D_L（即上极限尺寸 D_{max}）控制两点尺寸 D_s，即 $D_s \leq D_L = D_{max}$；同时最大实体尺寸 D_M（即下极限尺寸 D_{min}）控制最大内切尺寸 D_X，也即 $D_X \geq D_M = D_{min}$。

图 5-8 所示的内尺寸要素遵守包容要求的解释：

① 被测（$\phi35$mm 孔表面）提取要素的局部尺寸 D_s 不得大于其最小实体尺寸 D_L，即 $D_s \leqslant D_L = D_{max} = \phi35.039$mm。

② 被测（$\phi35$mm 孔表面）提取要素的最大内切拟合尺寸 D_X 不得小于其最大实体尺寸 D_M，即 $D_X \geqslant D_M = D_{min} = \phi35$mm。

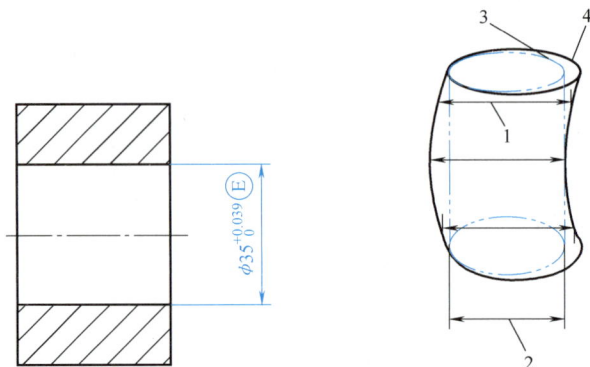

图 5-8　包容要求用于内尺寸要素的举例及说明

1—局部尺寸（两点尺寸）　2—包容圆柱面的直径（最大实体尺寸）

3—包容提取组成要素 4 的最大实体边界　4—提取组成要素

三、最大实体要求（MMR）

1. 定义及术语

（1）定义　最大实体要求是指尺寸要素的非理想要素不得违反其最大实体实效状态（MMVC）的一种尺寸要素要求，即尺寸要素的非理想要素不得超越其最大实体实效边界（MMVB）的一种尺寸要素要求。（对于外尺寸要素，就是要求尺寸要素的非理想要素处处位于最大实体实效边界之内；对于内尺寸要素，就是要求尺寸要素的非理想要素处处位于最大实体实效边界之外。）最大实体要求主要用来控制工件的可装配性。

对于最大实体要求的尺寸要素的检验，常使用专用量具，即功能量规。功能量规只有通规，是模拟体现被测要素和基准要素规定的最大实体实效边界，用来检验被测实际要素和基准要素（表面）是否超出其规定的边界。局部实际尺寸用通用量具检验。

（2）相关术语

1）最大实体实效尺寸（MMVS）、最大实体实效状态（MMVC）、最大实体实效边界（MMVB）。

① 最大实体实效尺寸（MMVS）。指尺寸要素的最大实体尺寸（MMS）与其导出要素的几何公差（t）共同作用产生的尺寸。对于内尺寸要素，用 D_{MV} 表示，对于外尺寸要素，用 d_{MV} 表示。如图 5-9 所示，$D_{MV} = D_M - t = D_{min} - t$，$d_{MV} = d_M + t = d_{max} + t$。

② 最大实体实效状态（MMVC）。拟合要素的尺寸为其最大实体实效尺寸时的状态。

③ 最大实体实效边界（MMVB）。最大实体实效状态时的边界，如图 5-9 所示。

2）体外作用尺寸。指在被测要素的给定长度上，与实际内表面（孔）体外相接的最大理想面或与实际外表面（轴）体外相接的最小理想面的直径或宽度，也即被测组成要素的

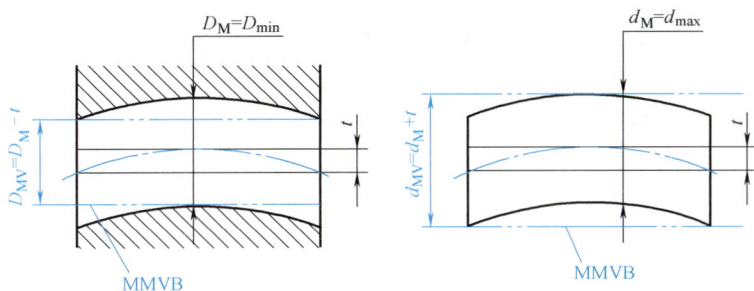

图 5-9　最大实体实效尺寸及边界

实际尺寸和几何误差共同形成的体外起作用的理想面的尺寸。孔用 D_{fe} 表示，轴用 d_{fe} 表示。如图 5-10 所示，图中的 D_{a1}、D_{a2} 和 d_{a1}、d_{a2} 分别代表孔的任意局部实际尺寸 D_s 和轴的任意局部尺寸 d_s。为了帮助理解，假定被测要素的局部实际尺寸在给定长度上都是相等的，几何误差值用 δ 表示，则体外作用尺寸可表达为：对于孔，$D_{fe} = D_s - \delta$，对于轴，$d_{fe} = d_s + \delta$。

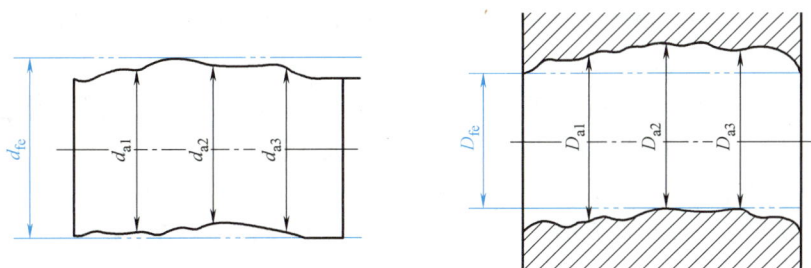

图 5-10　体外作用尺寸示意图

2. 最大实体要求应用于被测要素

当最大实体要求应用于被测要素时，应在图样上的公差框格里用符号Ⓜ标注在尺寸要素（被测要素）的导出要素的几何公差值之后。原来仅对被测尺寸要素的导出要素给定的几何公差要求，在附加了最大实体要求后，转变成了对被测尺寸要素的表面的综合要求。

（1）最大实体要求应用于被测要素的要求

① 提取组成要素的局部尺寸不得超过尺寸公差的要求，即不得超过最小实体尺寸和最大实体尺寸，也即尺寸误差只受控于尺寸公差，与几何公差无关。

② 提取组成要素处处不得超越最大实体实效边界。对于外尺寸要素，要求 $d_{fe} \leq d_{MV}$，对于内尺寸要素，要求 $D_{MV} \leq D_{fe}$，也即由最大实体实效边界控制被测要素几何误差和尺寸误差的综合结果。通俗的理解就是：被测要素应用最大实体要求时，标注的几何公差值是在被测要素处于最大实体状态时给定的，若被测要素局部尺寸偏离最大实体尺寸，则几何公差获得等值补偿（即几何误差可以有条件地超过标注几何公差值的限制）。

（2）最大实体要求应用于被测要素举例

1）最大实体要求应用于有尺寸要求和形状要求的被测外尺寸要素。

图 5-11 所示被测外尺寸要素公差要求的解释：

① 轴的提取要素（$\phi35\text{mm}$ 轴的表面）各处的局部直径应处于最小实体尺寸（$d_L =$

34.9mm）和最大实体尺寸（$d_M = 35.0$mm）之间，即 $d_L \leq d_s \leq d_M$。

② 轴的提取要素（$\phi35$mm 轴的表面）处处不得超越最大实体实效边界（MMVB），边界直径为 $d_{MV} = 35.1$mm，即 $d_{fe} \leq d_{MV} = d_M + 0.1$mm $= 35.1$mm。

当局部直径为最大实体尺寸（$d_M = 35.0$mm）时，直线度误差最大值可达到标注的公差值 $\phi0.1$mm，当局部直径为最小实体尺寸（$d_L = 34.9$mm）时，直线度误差最大值可达到 $\phi0.2$mm，即直线度公差获得最大补偿值 $\phi0.1$mm。

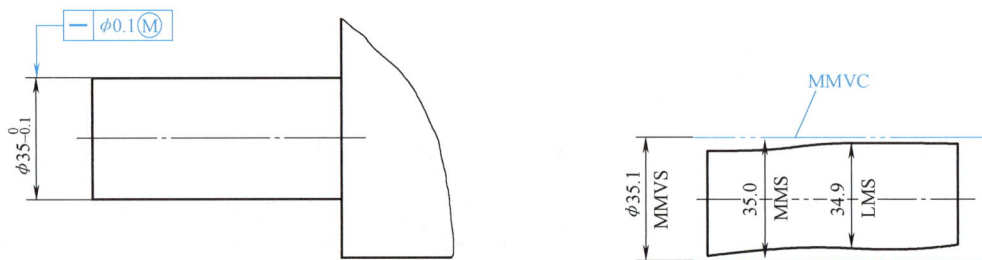

图 5-11　最大实体要求应用于有形状要求的被测外尺寸要素的标注及公差带示意图

外尺寸要素的最大实体要求讲解

2）最大实体要求应用于有尺寸要求和形状要求的被测内尺寸要素。

图 5-12 所示被测要素公差要求的解释：

① 孔的提取要素（$\phi35.2$mm 孔的表面）各处的局部直径应处于最小实体尺寸（$D_L = 35.3$mm）和最大实体尺寸（$D_M = 35.2$mm）之间，即 $D_M \leq D_s \leq D_L$。

② 孔的提取要素（$\phi35.2$mm 孔的表面）处处不得超越最大实体实效边界（MMVB），边界直径为 $D_{MV} = 35.1$mm，即 $D_{MV} = D_M - 0.1$mm $= 35.1$mm $\leq D_{fe}$。

当局部直径为最大实体尺寸（$D_M = 35.2$mm）时，直线度误差最大值可达到标注的公差值 $\phi0.1$mm，当局部直径为最小实体尺寸（$D_L = 35.3$mm）时，直线度误差最大值可达到 $\phi0.2$mm，即直线度公差获得最大补偿值 $\phi0.1$mm。

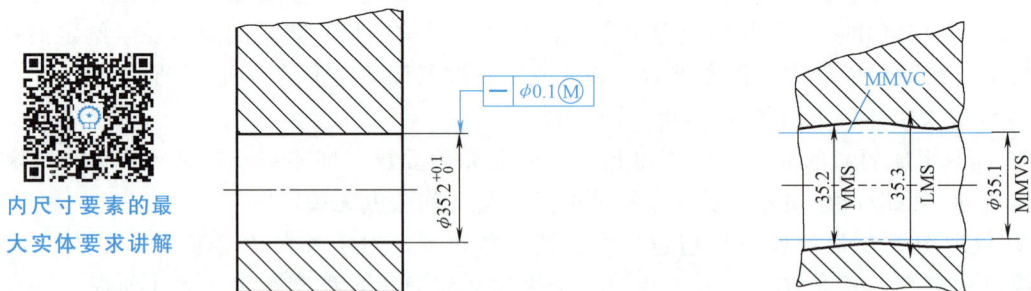

内尺寸要素的最大实体要求讲解

图 5-12　最大实体要求应用于有形状要求的被测内尺寸要素的标注及公差带示意图

图 5-11 所示的轴与图 5-12 所示的孔的最大实体要求，保证了其在实际装配中的可装配性（最小装配间隙为零）。

3）最大实体要求应用于有尺寸要求和方向要求的被测外尺寸要素

图 5-13 所示被测要素公差要求的解释：

① 轴的提取要素（$\phi35$mm 轴的表面）各处的局部直径应处于最小实体尺寸（$d_L = 34.9$mm）和最大实体尺寸（$d_M = 35.0$mm）之间，即 $d_L \leq d_s \leq d_M$。

② 轴的提取要素（ϕ35mm 轴的表面）处处不得超越最大实体实效边界（MMVB），边界直径为 $d_{MV} = 35.1$mm，边界垂直于基准面 A，即 $d_{fe} \leqslant d_{MV} = d_M + 0.1$mm $= 35.1$mm。

当局部直径为最大实体尺寸（$d_M = 35.0$mm）时，垂直度误差最大值可达到标注的公差值 ϕ0.1mm，当局部直径为最小实体尺寸（$d_L = 34.9$mm）时，垂直度误差最大值可达到 ϕ0.2mm，即垂直度公差获得最大补偿值 ϕ0.1mm。

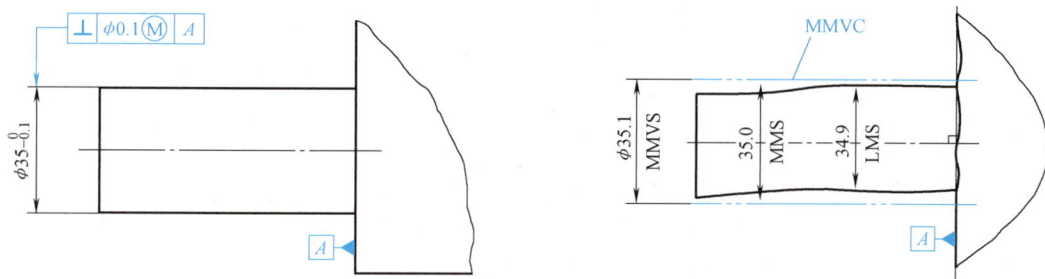

图 5-13 最大实体要求应用于有方向要求的被测外尺寸要素的标注及公差带示意图

4）最大实体要求应用于有尺寸要求和方向要求的被测内尺寸要素。

图 5-14 所示被测要素公差要求的解释：

① 孔的提取要素（ϕ35.2mm 孔的表面）各处的局部直径应处于最小实体尺寸（$D_L = 35.3$mm）和最大实体尺寸（$D_M = 35.2$mm）之间，即 $D_M \leqslant D_s \leqslant D_L$。

② 孔的提取要素（ϕ35.2mm 孔的表面）处处不得超越最大实体实效边界（MMVB），边界直径为 $D_{MV} = 35.1$mm，边界垂直于基准面 A，即 $D_{MV} = D_M - 0.1$mm $= 35.1$mm $\leqslant D_{fe}$。

当局部直径为最大实体尺寸（$D_M = 35.2$mm）时，垂直度误差最大值可达到标注的公差值 ϕ0.1mm，当局部直径为最小实体尺寸（$D_L = 35.3$mm）时，垂直度误差最大值可达到 ϕ0.2mm，即垂直度公差获得最大补偿值 ϕ0.1mm。

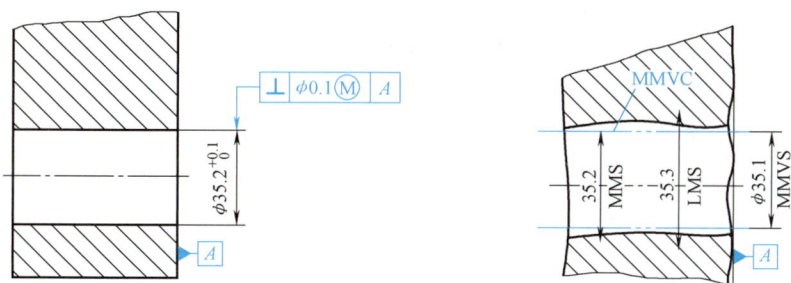

图 5-14 最大实体要求应用于有方向要求的被测内尺寸要素的标注及公差带示意图

5）被测要素 0 几何公差最大实体要求。

图 5-15 所示为被测要素 0 几何公差最大实体要求的应用，其公差要求的解释：

① 轴的提取要素（ϕ35mm 轴的表面）各处的局部直径应处于最小实体尺寸（$d_L = 34.9$mm）和最大实体尺寸（$d_M = 35.1$mm）之间，即 $d_L \leqslant d_s \leqslant d_M$。

② 轴的提取要素（ϕ35mm 轴的表面）处处不得超越最大实体实效边界（MMVB），边界直径为 $d_{MV} = d_M = 35.1$mm，即 $d_{fe} \leqslant d_{MV} = d_M + 0 = d_M$。

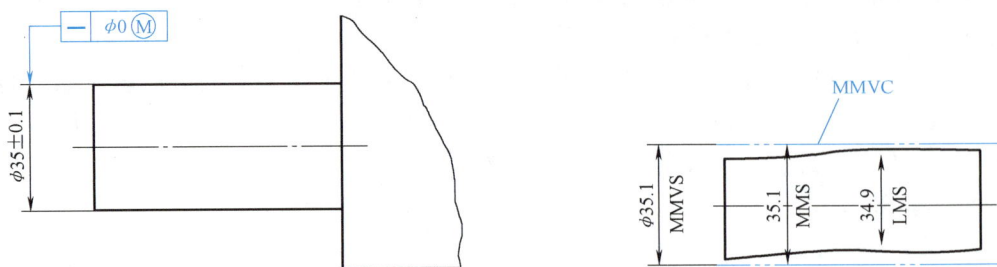

图 5-15　被测要素 0 几何公差最大实体要求的标注及公差带示意图

当局部直径为最大实体尺寸（$d_M = 35.1$mm）时，直线度误差的限制为标注的公差值 $\phi0$，即此时不容许出现直线度误差；当局部直径为最小实体尺寸（$d_L = 34.9$mm）时，直线度误差最大值可达到 $\phi0.2$mm，即直线度公差获得最大补偿值 $\phi0.2$mm。

③ 该 0 几何公差的最大实体要求与图 5-16 所示的包容要求的规范等效。

3. 最大实体要求应用于关联基准要素

最大实体要求应用于基准要素时，在图样上用符号Ⓜ标注在公差框格中的基准字母之后。

（1）最大实体要求应用于关联基准要素的要求

① 基准要素的提取组成要素处处不得超越关联基准要素的最大实体实效边界。

② 当关联基准要素没有标注几何规范，或者注有几何规范但其后没有符号Ⓜ时，关联基准要素的最大实体实效边界尺寸为最大实体尺寸（MMS）。

③ 当关联基准要素标注几何规范，且几何规范后标注符号Ⓜ时，关联基准要素的最大实体实效边界尺寸为最大实体实效尺寸（MMVS）。

（2）最大实体要求应用关联基准要素举例

1）关联基准要素没有标注几何规范的应用。

图 5-17 所示公差要求的解释：

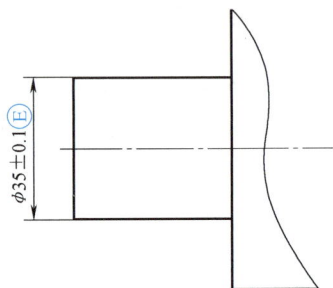

图 5-16　包容要求

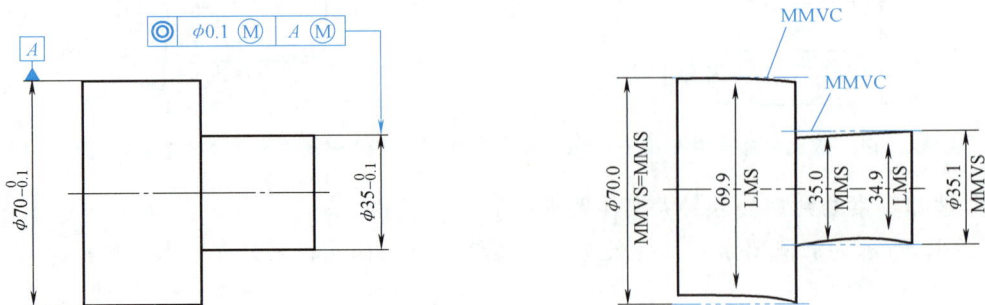

图 5-17　关联基准要素没有标注几何规范的最大实体要求及其公差带示意图

① 被测轴的提取要素（$\phi35$mm 轴的表面）各处的局部直径应处于最小实体尺寸（$d_L =$

34.9mm）和最大实体尺寸（$d_M = 35.0$mm）之间，即 $d_L \leqslant d_s \leqslant d_M$。

② 被测轴的提取要素（$\phi 35$mm 轴的表面）处处不得超越最大实体实效边界（MMVB），边界直径为 $d_{MV} = 35.1$mm，边界位置是与基准要素 A 的最大实体实效边界的轴线同轴，即 $d_{fe} \leqslant d_{MV} = d_M + 0.1\text{mm} = 35.1\text{mm}$。

当局部直径为最大实体尺寸（$d_M = 35.0$mm）时，同轴度误差最大值可达到标注的公差值 $\phi 0.1$mm，当局部直径为最小实体尺寸（$d_L = 34.9$mm）时，同轴度误差最大值可达到 $\phi 0.2$mm，即同轴度公差获得最大补偿值 $\phi 0.1$mm。

③ 基准要素的提取要素（$\phi 70$mm 轴的表面）处处不得超越最大实体实效边界（MMVB），边界直径为 $d_{MV} = d_M = 70$mm，即 $d_{fe} \leqslant d_{MV} = d_M + 0 = d_M$。

④ 基准要素的提取要素（$\phi 70$mm 轴的表面）各处的局部直径应大于最小实体尺寸（$d_L = 69.9$mm），即 $d_L \leqslant d_s$。

2）关联基准要素标注了几何规范，且几何规范后标注符号Ⓜ的应用。

图 5-18 所示公差要求的解释：

① 被测孔的提取要素（$\phi 35.2$mm 孔的表面）各处的局部直径应处于最小实体尺寸（$D_L = 35.3$mm）和最大实体尺寸（$D_M = 35.2$mm）之间，即 $D_M \leqslant D_s \leqslant D_L$。

② 被测孔的提取要素（$\phi 35.2$mm 孔的表面）处处不得超越最大实体实效边界（MMVB），边界直径为 $D_{MV} = 35.1$mm，边界位置是与基准要素 A 的最大实体实效边界的轴线同轴，即 $D_{MV} = D_M - 0.1\text{mm} = 35.1\text{mm} \leqslant D_{fe}$。

当局部直径为最大实体尺寸（$D_M = 35.2$mm）时，同轴度误差最大值可达到标注的公差值 $\phi 0.1$mm，当局部直径为最小实体尺寸（$D_L = 35.3$mm）时，同轴度误差最大值可达到 $\phi 0.2$mm，即同轴度公差获得最大补偿值 $\phi 0.1$mm。

③ 基准要素的提取要素（$\phi 70$mm 孔的表面）处处不得超越最大实体实效边界（MMVB），边界直径为 $D_{MV} = 69.8$mm，即 $D_{MV} = D_M - 0.2\text{mm} = 69.8\text{mm} \leqslant D_{fe}$。

④ 基准要素的提取要素（$\phi 70$mm 孔的表面）各处的局部直径应小于最小实体尺寸（$D_L = 70.1$mm），即 $D_s \leqslant D_L$。

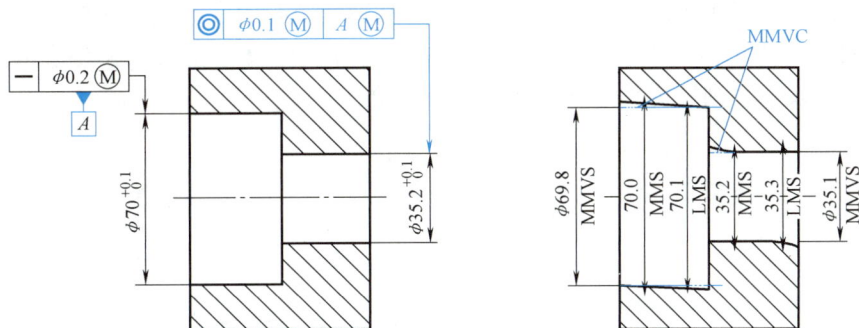

图 5-18 关联基准要素标注了几何规范的最大实体要求及其公差带示意图

四、最小实体要求（LMR）

1. 定义及术语

（1）定义　最小实体要求是指尺寸要素的理想要素不得违反其最小实体实效状态的一

种尺寸要素要求，即尺寸要素的非理想要素不得超越其最小实体实效边界的一种尺寸要素要求。（对于外尺寸要素，就是要求尺寸要素的非理想要素处处位于最小实体实效边界之外；对于内尺寸要素，就是要求尺寸要素的非理想要素处处位于最小实体实效边界之内。）成对使用的最小实体要求，可用于控制其最小壁厚。

尺寸要素的最小实体要求的检验，通常分尺寸偏差和几何误差，分别采用通用量具检验。

（2）相关术语

1）最小实体实效尺寸（LMVS）、最小实体实效状态（LMVC）、最小实体实效边界（LMVB）。

① 最小实体实效尺寸。指尺寸要素的最小实体尺寸（LMS）与其导出要素的几何公差（t）共同作用产生的尺寸。对于内尺寸要素，用 D_{LV} 表示；对于外尺寸要素，用 d_{LV} 表示。如图 5-19 所示，$D_{LV} = D_L + t = D_{max} + t$，$d_{LV} = d_L - t = d_{min} - t$。

② 最小实体实效状态。即拟合要素的尺寸为其最小实体实效尺寸时的状态。

③ 最小实体实效边界。即最小实体实效状态时的边界，如图 5-19 所示。

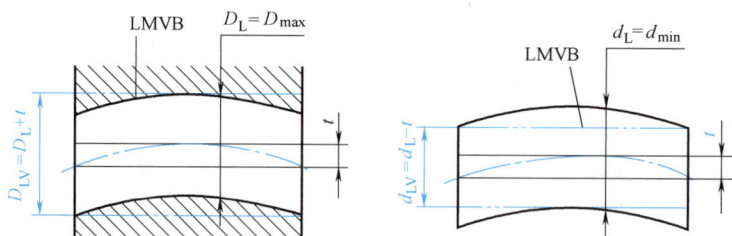

图 5-19　最小实体实效尺寸及边界

2）体内作用尺寸。指在被测要素的给定长度上，与实际内表面（孔）体内相接的最小理想面，或与实际外表面（轴）体内相接的最大理想面的直径或宽度，也即被测组成要素的实际尺寸和几何误差共同形成的体内起作用的理想面的尺寸。孔用 D_{fi} 表示，轴用 d_{fi} 表示。如图 5-20 所示，图中的 D_{a1}、D_{a2} 和 d_{a1}、d_{a2} 分别代表孔的任意局部实际尺寸 D_s 和轴的任意局部尺寸 d_s。为了帮助理解，假定被测要素的局部实际尺寸在给定长度上都是相等的，几何误差值用 δ 表示，则体内作用尺寸可表达为：孔 $D_{fi} = D_s + \delta$，轴 $d_{fi} = d_s - \delta$。

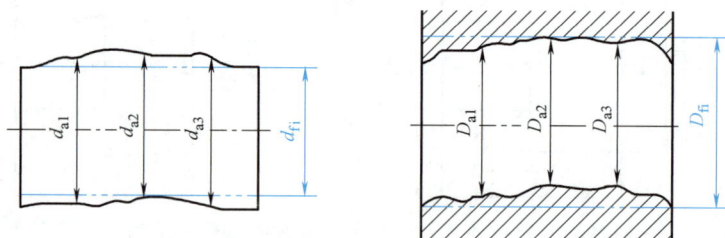

图 5-20　体内作用尺寸

2. 最小实体要求应用于被测要素

当最小实体要求应用于被测要素时，应在图样上的公差框格里用符号Ⓛ标注在尺寸要素（被测要素）的导出要素的几何公差值之后。原来仅对被测尺寸要素的导出要素给定的几何公差要求，在附加了最小实体要求后，变成了对被测尺寸要素的表面的综合要求。

最小实体要求应用于被测要素的要求：

① 提取组成要素的局部尺寸不得超过尺寸公差的要求，即不得超过最小实体尺寸和最大实体尺寸，也即尺寸误差只受控于尺寸公差，与几何公差无关。

② 提取组成要素处处不得超越最小实体实效边界，即外尺寸要素要求 $d_{LV} \leqslant d_{fi}$，内尺寸要素要求 $D_{fi} \leqslant D_{LV}$。也即由最小实体实效边界控制被测要素几何误差和尺寸误差的综合结果。通俗的理解就是：被测要素应用最小实体要求时，标注的几何公差值是在被测要素处于最小实体状态时给定的，若被测要素局部尺寸偏离最小实体尺寸，则几何公差获得等值补偿（即几何误差可以有条件地超过标注几何公差值的限制）。

3. 最小实体要求应用于关联基准要素

最小实体要求应用于基准要素时，在图样上用符号Ⓛ标注在公差框格中的基准字母之后。

最小实体要求应用于关联基准要素的要求：

① 基准要素的提取组成要素处处不得超越关联基准要素的最小实体实效边界。

② 当关联基准要素没有标注几何规范，或者注有几何规范但其后没有符号Ⓛ时，关联基准要素的最小实体实效边界尺寸为最小实体尺寸（LMS）。

③ 当关联基准要素标注几何规范，且几何规范后标注符号Ⓛ时，关联基准要素的最小实体实效边界尺寸为最小实体实效尺寸（LMVS）。

4. 最小实体要求应用举例

（1）最小实体要求应用于被测内尺寸要素 图 5-21 所示公差要求的解释：

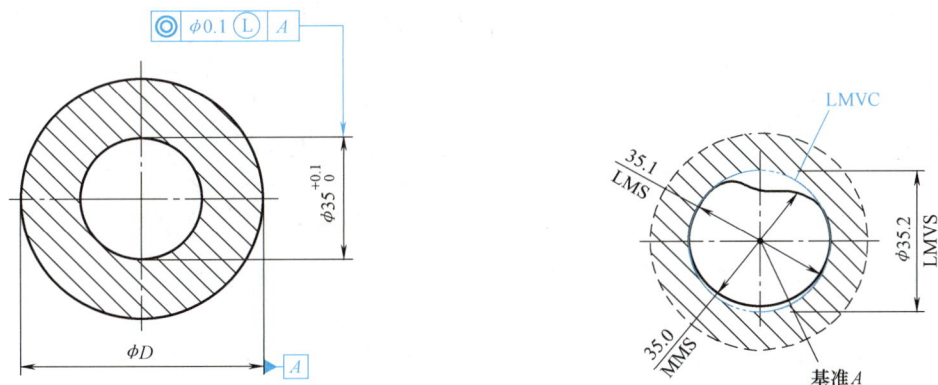

图 5-21 最小实体要求应用于被测内尺寸要素的标注及公差带示意图

① 被测内尺寸要素（$\phi35$mm 孔表面）的提取要素各处的局部直径应处于最大实体尺寸（$D_M = 35.0$mm）和最小实体尺寸（$D_L = 35.1$mm）之间。

② 被测内尺寸要素（$\phi35$mm 孔表面）的提取要素处处不得超越最小实体实效边界（LMVB），最小实体实效边界尺寸 $D_{LV} = D_L + 0.1$mm $= 35.2$mm，边界的轴线与基准轴线 A 同轴，即 $D_{fi} \leqslant D_{LV} = D_L + 0.1$mm $= 35.2$mm。

当局部直径为最小实体尺寸（$D_L = 35.1$mm）时，同轴度误差最大值可达到标注的公差值 $\phi0.1$mm；当局部直径为最大实体尺寸（$D_M = 35.0$mm）时，同轴度误差最大值可达到 $\phi0.2$mm，即同轴度公差获得最大补偿值 $\phi0.1$mm。

（2）最小实体要求应用于被测外尺寸要素及关联基准要素 图 5-22 所示公差要求的解释：

① 被测外尺寸要素（$\phi70\text{mm}$ 轴表面）的提取要素各处的局部直径应处于最大实体尺寸（$d_M=70.0\text{mm}$）和最小实体尺寸（$d_L=69.9\text{mm}$）之间。

② 被测外尺寸要素（$\phi70\text{mm}$ 轴表面）的提取要素处处不得超越最小实体实效边界（LMVB），最小实体实效边界尺寸 $d_{LV}=d_L-0.1\text{mm}=69.8\text{mm}$，边界的轴线是与关联基准要素 A 的最小实体实效边界的轴线同轴，即 $d_{LV}=D_L-0.1\text{mm}=69.8\text{mm}\leqslant d_{fi}$。

当局部直径为最小实体尺寸（$d_L=69.9\text{mm}$）时，同轴度误差最大值可达到标注的公差值 $\phi0.1\text{mm}$；当局部直径为最大实体尺寸（$d_M=70.0\text{mm}$）时，同轴度误差最大值可达到 $\phi0.2\text{mm}$，即同轴度公差获得最大补偿值 $\phi0.1\text{mm}$。

③ 基准要素的提取要素（$\phi35\text{mm}$ 孔的表面）处处不得超越其最小实体实效边界（LMVB），边界直径为 $D_{LV}=D_L+0=35.1\text{mm}$，即 $D_{fi}\leqslant D_{LV}=D_L+0=35.1\text{mm}$。

④ 基准要素的提取要素（$\phi35\text{mm}$ 孔的表面）各处的局部直径应大于最大实体尺寸（$D_M=35\text{mm}$），即 $D_M\leqslant D_s$。

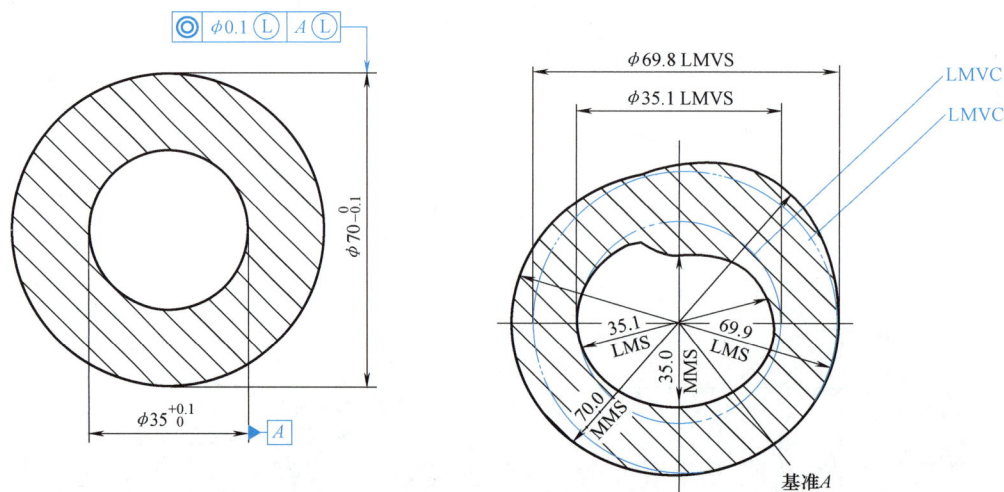

图 5-22 最小实体要求应用于被测外尺寸要素及关联基准要素的标注及公差带示意图

五、可逆要求（RPR）

1. 定义

可逆要求是被测要素应用最大实体要求（MMR）或最小实体要求（LMR）时的可选附加要求，不可单独使用，使用时在图样上用符号 ⑱ 标注在符号 Ⓜ 或 Ⓛ 之后，表示尺寸公差可以在实际几何误差小于几何公差时获得相应的补偿。

被测要素应用最大实体要求（MMR）或最小实体要求（LMR）附加可逆要求（RPR）后，实际就允许被测要素的尺寸公差和几何公差之间可以相互补偿。

2. 最大实体要求（MMR）附加可逆要求（RPR）

（1）最大实体要求附加可逆要求的要求

① 提取组成要素的局部尺寸不得超过最小实体尺寸。对于外尺寸要素，要求 $d_s\geqslant d_L$，

内尺寸要素要求 $D_s \leqslant D_L$。

② 提取组成要素处处不得超越最大实体实效边界，即外尺寸要素要求 $d_{fe} \leqslant d_{MV}$，内尺寸要素要求 $D_{MV} \leqslant D_{fe}$，也即由最大实体实效边界控制被测要素几何误差和尺寸误差的综合结果。通俗的理解就是：标注的几何公差值是在被测要素处于最大实体状态时给定的，若被测要素的局部尺寸偏离最大实体尺寸，则几何公差获得等值补偿（即几何误差可以有条件地超过标注几何公差值的限制）；若被测要素的几何误差小于几何公差，则尺寸公差获得等值补偿（即允许最大实体尺寸等值地超过尺寸公差给定的极限值）。

（2）最大实体要求附加可逆要求的举例 图 5-23 所示公差要求的解释：

① 提取组成要素（$\phi 35mm$ 轴表面）的局部尺寸不得超过最小实体尺寸（$d_L = 34.9mm$），即 $d_s \geqslant d_L = 34.9mm$。

② 轴的提取组成要素（$\phi 35mm$ 轴的表面）处处不得超越最大实体实效边界（MMVB），边界直径为 $d_{MV} = 35.1mm$，即 $d_{fe} \leqslant d_{MV} = d_M + 0.1mm = 35.1mm$。

当局部直径为最大实体尺寸（$d_M = 35.0mm$）时，直线度误差最大值可达到标注的公差值 $\phi 0.1mm$，当局部直径为最小实体尺寸（$d_L = 34.9mm$）时，直线度误差最大值可达到 $\phi 0.2mm$，即直线度公差获得最大补偿值 $\phi 0.1mm$；当几何误差小于几何公差时，则尺寸公差获得等值补偿（即当几何误差减小为 0 时，此时最大实体尺寸获得等值补偿而达到 35.1mm，也即此时被测提取要素的局部尺寸允许的最大值为 35.1mm）。

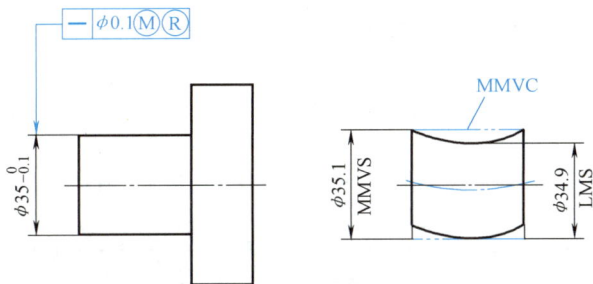

图 5-23 最大实体要求附加可逆要求的标注及公差带示意图

3. 最小实体要求（LMR）附加可逆要求（RPR）

（1）最小实体要求附加可逆要求的要求

① 提取组成要素的局部尺寸不得超过最大实体尺寸。对于外尺寸要素，要求 $d_s \leqslant d_M$，内尺寸要素要求 $D_s \geqslant D_M$。

② 提取组成要素处处不得超越最小实体实效边界，即外尺寸要素要求 $d_{LV} \leqslant d_{fi}$，内尺寸要素要求 $D_{fi} \leqslant D_{LV}$，也即由最小实体实效边界控制被测要素几何误差和尺寸误差的综合结果。通俗的理解就是：标注的几何公差值是在被测要素处于最小实体状态时给定的。若被测要素局部尺寸偏离最小实体尺寸，则几何公差获得等值补偿（即几何误差可以有条件地超过标注几何公差值的限制）；若被测要素的几何误差小于几何公差，则尺寸公差获得等值补偿（即允许最小实体尺寸等值地超过尺寸公差给定的极限值）。

（2）最小实体要求附加可逆要求的举例 图 5-24 所示公差要求的解释：

① 被测外尺寸要素（$\phi 70mm$ 轴表面）的提取要素各处的局部直径不得超过最大实体尺寸（$d_M = 70.0mm$），即 $d_s \leqslant d_M = 70.0mm$。

② 被测外尺寸要素（$\phi70\text{mm}$ 轴表面）的提取要素处处不得超越最小实体实效边界（LMVB），最小实体实效边界尺寸 $d_{LV}=d_L-0.1\text{mm}=69.8\text{mm}$，边界的轴线与关联基准轴线 A 同轴，即 $d_{LV}=d_L-0.1\text{mm}=69.8\text{mm}\leqslant d_{fi}$。

当局部直径为最小实体尺寸（$d_L=69.9\text{mm}$）时，同轴度误差最大值可达到标注的公差值 $\phi0.1\text{mm}$，当局部直径为最大实体尺寸（$d_M=70.0\text{mm}$）时，同轴度误差最大值可达到 $\phi0.2\text{mm}$，即同轴度公差获得最大补偿值 $\phi0.1\text{mm}$。当同轴度误差小于 $\phi0.1\text{mm}$ 时，则尺寸公差获得等值补偿（即当同轴度误差减小为 0 时，此时最小实体尺寸获得等值补偿而达到 69.8mm，也即此时被测提取要素的局部尺寸允许的最小值为 69.8mm）。

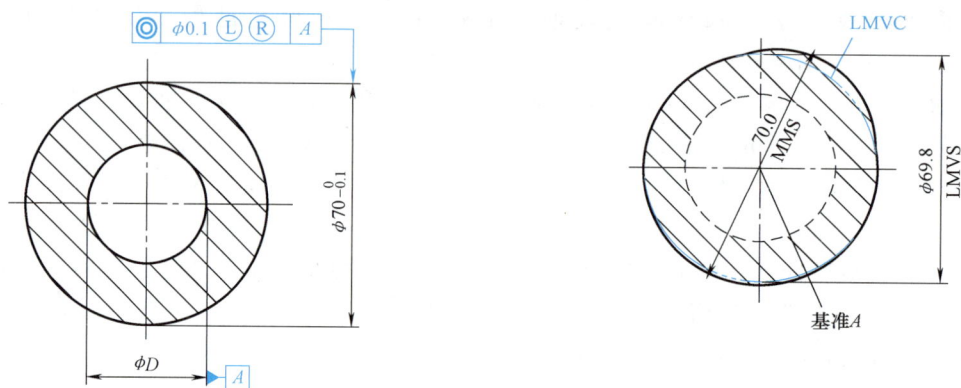

图 5-24　最小实体要求附加可逆要求的标注及公差带示意图

六、被测要素不同公差要求的区别

对于同一尺寸要素，其尺寸公差和几何公差之间关系的不同要求的区别见表 5-1。

表 5-1　被测要素尺寸公差与几何公差之间关系的不同要求的区别

被测要素尺寸公差与几何公差要求之间的关系	符号标注	对尺寸要素尺寸偏差的限制	对尺寸要素几何误差的限制	对尺寸要素表面的限制（尺寸偏差和几何误差的综合限制）
独立原则	无特殊符号	受尺寸公差（最小实体尺寸、最大实体尺寸）的限制	几何公差带	无
包容要求	在尺寸公差值后加注符号Ⓔ	受最小实体尺寸的限制	无单独要求	受最大实体边界的限制
最大实体要求	在几何公差值后加注符号Ⓜ	受尺寸公差（最小实体尺寸、最大实体尺寸）的限制	无单独要求	受最大实体实效边界的限制
最大实体要求附加可逆要求	在几何公差值后加注符号ⓂⓇ	受最小实体尺寸的限制	无单独要求	受最大实体实效边界的限制
最小实体要求	在几何公差值后加注符号Ⓛ	受尺寸公差（最小实体尺寸、最大实体尺寸）的限制	无单独要求	受最小实体实效边界的限制
最小实体要求附加可逆要求	在几何公差值后加注符号ⓁⓇ	受最大实体尺寸的限制	无单独要求	受最小实体实效边界的限制

任务实施

对于图 5-1 所示的同一尺寸要素的尺寸公差和几何公差之间关系的不同要求的解释，可按表 5-2 的要求填写完成。

表 5-2　公差要求的解读

解释的项目	图 5-1a	图 5-1b	图 5-1c	图 5-1d
被测尺寸要素的尺寸公差和几何公差之间的关系				
$\phi 35mm$ 圆柱面局部实际尺寸 d_s 合格的条件				
$\phi 35mm$ 圆柱面中心线直线度合格的条件				
$\phi 35mm$ 圆柱面提取要素合格的条件				

思考与练习

一、名词解释

①独立原则　②最大实体尺寸　③最小实体尺寸　④最大实体实效尺寸　⑤最小实体实效尺寸　⑥最大内切尺寸　⑦最小外接尺寸　⑧体外作用尺寸　⑨体内作用尺寸　⑩包容要求　⑪最大实体要求　⑫最小实体要求　⑬可逆要求

二、判断题

1. 被测尺寸要素的尺寸公差和几何公差之间默认独立原则时，则工件合格的条件是：尺寸误差在尺寸公差控制范围内，且几何误差在几何公差控制区域内。（　　）

2. 被测尺寸要素尺寸公差附加包容要求时，不允许被测要素有几何误差。（　　）

3. 孔的最大实体尺寸就是其上极限尺寸。（　　）

4. 轴的最大实体实效尺寸一定是大于或等于其最大实体尺寸。（　　）

5. 被测尺寸要素几何公差附加最大实体要求时，对尺寸公差不产生影响，即被测尺寸要素局部实际尺寸要求仍然必须在尺寸公差控制范围内。（　　）

6. 被测尺寸要素几何公差附加最大实体要求时，几何公差值是在被测尺寸要素处于最大实体状态时给定的，当实际尺寸偏离（向公差带内偏离）最大实体尺寸时，几何公差就会得到相应补偿而相应增大。（　　）

7. 被测尺寸要素几何公差附加最小实体要求时，对尺寸公差不产生影响，即被测尺寸

要素局部实际尺寸要求仍然必须在尺寸公差控制范围内。（　　）

8. 被测尺寸要素几何公差附加最小实体要求时，几何公差值是在被测尺寸要素处于最小实体状态时给定的，当实际尺寸偏离（向公差带内偏离）最小实体尺寸时，几何公差就会得到相应补偿而相应增大。（　　）

9. 被测尺寸要素几何公差附加最大实体要求+可逆要求时，对尺寸公差不产生影响，即被测尺寸要素局部实际尺寸要求仍然必须在尺寸公差控制范围内。（　　）

10. 被测尺寸要素几何公差附加最大实体要求+可逆要求时，几何公差值是在被测尺寸要素处于最大实体状态时给定的。当实际尺寸偏离（向公差带内偏离）最大实体尺寸时，几何公差就会得到相应补偿而相应增大；当实际几何误差小于给定的几何公差值时，最大实体尺寸就得到相应的补偿而向公差带外偏离相应数值。（　　）

11. 被测尺寸要素几何公差附加最小实体要求+可逆要求时，对尺寸公差不产生影响，即被测尺寸要素局部实际尺寸要求仍然必须在尺寸公差控制范围内。（　　）

12. 被测尺寸要素几何公差附加最小实体要求+可逆要求时，几何公差值是在被测尺寸要素处于最小实体状态时给定的。当实际尺寸偏离（向公差带内偏离）最小实体尺寸时，几何公差就会得到相应补偿而相应增大；当实际几何误差小于给定的几何公差值时，最小实体尺寸就得到相应的补偿而向公差带外偏离相应数值。（　　）

三、综合题

请解释图 5-25 所示各公差要求的含义（按要求填写表 5-3）。

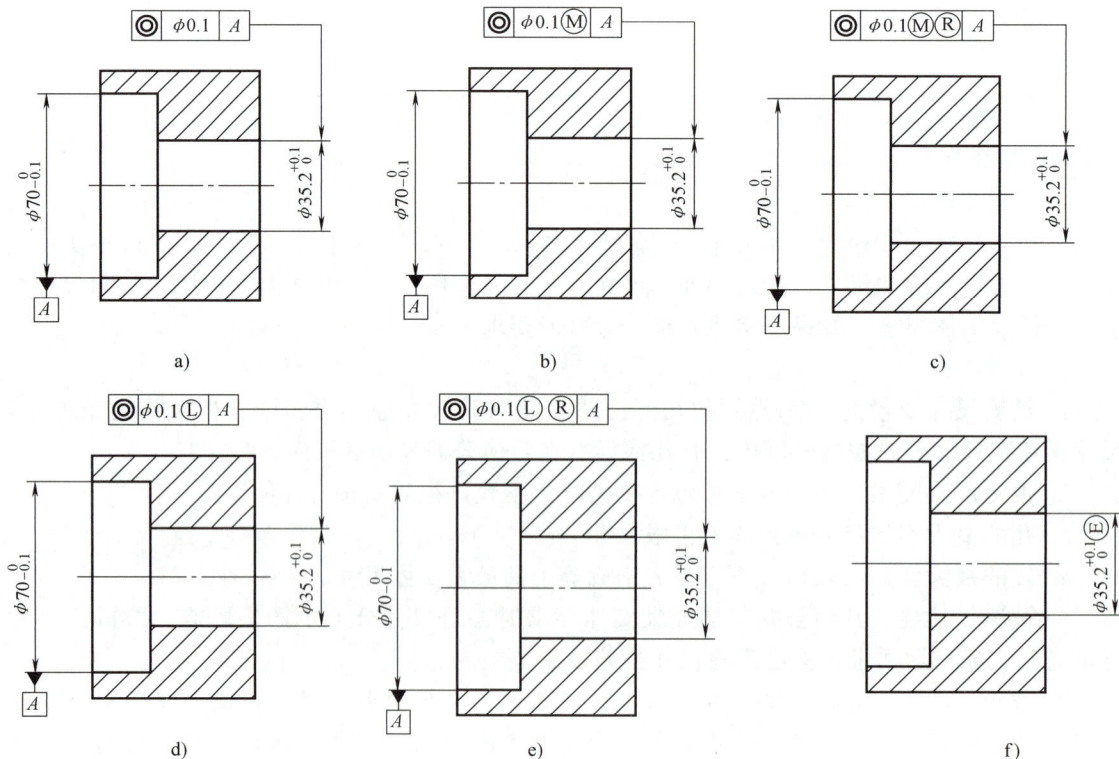

图 5-25　综合题

表 5-3　公差要求的含义

解释的项目	图 5-25a	图 5-25b	图 5-25c	图 5-25d	图 5-25e	图 5-25f
被测尺寸要素的尺寸公差和几何公差之间的关系						
局部实际尺寸合格的条件						
被测要素几何公差要求合格的条件						
被测尺寸要素表面的提取要素合格的条件						

圆锥的公差及检测

1. 通过了解圆锥配合的特点，学习圆锥配合的锥度与锥角系列以及圆锥公差项目及圆锥公差的给定方法。

2. 掌握圆锥配合的种类及选用、圆锥尺寸及公差的标注。

3. 掌握圆锥的检测并会选择圆锥的公差带与配合。

【任务描述】

在数控铣削加工过程中，我们经常用到锥柄铣刀，如图 6-1 所示。铣刀的锥柄与主轴的中心孔通过圆锥配合连接实现装夹。圆锥配合有哪些特点？在圆锥配合的过程中需要注意哪些事项？

【任务分析】

要掌握圆锥配合的尺寸公差及其检测，我们首先要了解圆锥配合的基本知识，掌握圆锥配合公差涉及的各种参数及其含义。

图 6-1　锥柄铣刀

知识准备

一、圆锥配合基础知识

1. 圆锥配合的特点

圆锥配合具有同轴度高、间隙或过盈可以调整、密封性好、刚度较高等优点，但其加工和检测较困难。

（1）同轴度高　相配合的内、外圆锥在轴向力作用下，能够自动对准中心，使配合件的轴线重合，保证内、外圆锥具有较高的同轴度。

（2）间隙或过盈可以调整　间隙或过盈的大小可通过改变内、外圆锥在轴向上的相对位置来调整。间隙或过盈的可调性可补偿配合表面的磨损，延长圆锥的使用寿命。

（3）密封性好　只要内、外圆锥沿轴向适当地移动，就可得到较紧密的配合，其密封性较好。此外，为了保证配合具有良好的密封性，还可将内、外圆锥配对研磨。

（4）加工和检测较困难　由于圆锥配合在结构上较为复杂，且影响互换性的参数也较多，因此，其加工和检测较困难。

2. 圆锥及圆锥配合的主要参数

圆锥配合的主要参数包括圆锥角、圆锥直径、圆锥长度、锥度、圆锥配合长度、基面距等。

（1）圆锥角 α　圆锥角 α 是指在通过圆锥轴线的截面内，两条素线间的夹角，如图 6-2 所示。

（2）圆锥直径　圆锥直径是指垂直于圆锥轴线的截面直径，如图 6-2 所示。常用的圆锥直径有最大圆锥直径 D、最小圆锥直径 d、给定截面上的圆锥直径 d_x 三种。

（3）圆锥长度 L　圆锥长度 L 是指最大圆锥直径截面与最小圆锥直径截面之间的轴向距离，如图 6-2 所示。

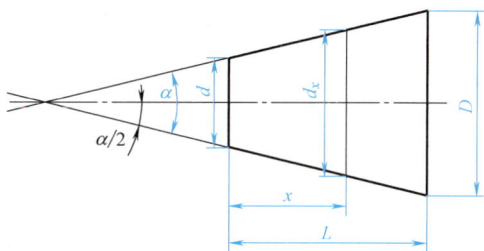

图 6-2　圆锥角、圆锥直径、圆锥长度和锥度

（4）锥度 C　锥度 C 是指最大圆锥直径 D 和最小圆锥直径 d 之差与圆锥长度 L 的比值，其计算公式为

$$C = \frac{D-d}{L} \tag{6-1}$$

锥度与圆锥角的关系为

$$C = 2\tan\frac{\alpha}{2} = 1 : \frac{1}{2}\cot\frac{\alpha}{2} \tag{6-2}$$

锥度一般用比例或分式的形式表示。

（5）圆锥配合长度 H　圆锥配合长度 H 是指内、外圆锥配合面的轴向距离。

（6）基面距 a　基面距 a 是指相配合的内、外圆锥基面之间的距离。外圆锥的基面通常是轴肩和端面，内圆锥的基面通常是端面。

3. 圆锥的锥度与锥角系列

GB/T 157—2001 中对一般用途圆锥的锥度与锥角系列规定了 21 个基本值，见表 6-1。对特殊用途圆锥的锥度与锥角系列规定了 24 个基本值，见表 6-2。

表 6-1　一般用途圆锥的锥度与锥角系列（摘自 GB/T 157—2001）

基本值		推算值			
		圆锥角 α			锥度 C
系列 1	系列 2	(°)(′)(″)	(°)	rad	
120°		—	—	2.09439510	1 : 0.2886751
90°		—	—	1.57079633	1 : 0.5000000
	75°	—	—	1.30899694	1 : 0.6516127

（续）

基本值		推算值			
		圆锥角 α			锥度 C
系列 1	系列 2	(°)(′)(″)	(°)	rad	
60°		—	—	1.04719755	1：0.8660254
45°		—	—	0.78539816	1：1.2071068
30°		—	—	0.52359878	1：1.8660254
1：3		18°55′28.7199″	18.92464442°	0.33029735	—
	1：4	14°15′0.1177″	14.25003270°	0.24870999	
1：5		11°25′16.2706″	11.42118627°	0.19933730	
	1：6	9°31′38.2202″	9.52728338°	0.16628246	
	1：7	8°10′16.4408″	8.17123356°	0.14261493	
	1：8	7°9′9.6075″	7.15266875°	0.12483762	
1：10		5°43′29.3176″	5.72481045°	0.09991679	
	1：12	4°46′18.7970″	4.77188806°	0.08328516	
	1：15	3°49′5.8975″	3.81830487°	0.06664199	
1：20		2°51′51.0925″	2.86419237°	0.04998959	
1：30		1°54′34.8570″	1.90968251°	0.03333025	
1：50		1°8′45.1586″	1.14587740°	0.01999933	
1：100		34′22.6309″	0.57295302°	0.00999992	
1：200		17′11.3219″	0.28647830°	0.00499999	
1：500		6′52.5295″	0.11459152°	0.00200000	

注：1. 系列 1 中 120°~1：3 的数值近似按 R10/2 优先数系列，1：5~1：500 按 R10/3 优先数系列。

2. 选用时，应优先选用系列 1，系列 1 不能满足要求时，才选用系列 2。

表 6-2　特殊用途圆锥的锥度与锥角系列（摘自 GB/T 157—2001）

基本值	推算值			
	圆锥角 α			锥度 C
	(°)(′)(″)	(°)	rad	
11°54′	—	—	0.20769418	1：4.7974511
8°40′	—	—	0.15126187	1：6.5984415
7°	—	—	0.12217305	1：8.1749277
1：38	1°30′27.7080″	1.50769667°	0.02631427	—
1：64	0°53′42.8220″	0.89522834°	0.01562468	—
7：24	16°35′39.4443″	16.59429008°	0.28962500	1：3.4285714
1：12.262	4°40′12.1514″	4.67004205°	0.08150761	—
1：12.972	4°24′52.9039″	4.41469552°	0.07705097	—
1：15.748	3°38′13.4429″	3.63706747°	0.06347880	—
6：100	3°26′12.1776″	3.43671600°	0.05998201	1：16.6666667

（续）

基本值	推算值			
	圆锥角 α			锥度 C
	(°)(′)(″)	(°)	rad	
1：18.779	3°3′1.2070″	3.05033527°	0.05323839	—
1：19.002	3°0′52.3956″	3.01455434°	0.05261390	—
1：19.180	2°59′11.7258″	2.98659050°	0.05212584	—
1：19.212	2°58′53.8255″	2.98161820°	0.05203905	—
1：19.254	2°58′30.4217″	2.97511713°	0.05192559	—
1：19.264	2°58′24.8644″	2.97357343°	0.05189865	—
1：19.922	2°52′31.4463″	2.87540176°	0.05018523	—
1：20.020	2°51′40.7960″	2.86133223°	0.04993967	—
1：20.047	2°51′26.9283″	2.85748008°	0.04987244	—
1：20.288	2°49′24.7802″	2.82355006°	0.04928025	—
1：23.904	2°23′47.6244″	2.39656232°	0.04182790	—
1：28	2°2′45.8174″	2.04606038°	0.03571049	—
1：36	1°35′29.2096″	1.59144711°	0.02777599	—
1：40	1°25′56.3516″	1.43231989°	0.02499870	—

二、圆锥公差

1. 圆锥公差的基本术语

圆锥公差的基本术语包括公称圆锥、实际圆锥、极限圆锥、圆锥直径公差、圆锥角公差等。

（1）公称圆锥　公称圆锥是指由设计给定的理想形状的圆锥，它可用以下两种形式确定：

① 一个公称圆锥直径（D、d，或 d_x）、公称圆锥长度 L、公称圆锥角 α 或公称锥度 C。

② 两个公称圆锥直径（D 和 d）和公称圆锥长度 L。

（2）实际圆锥　实际圆锥是指实际存在并与周围介质分离的圆锥。

实际圆锥上的任一直径称为实际圆锥直径 d_a，实际圆锥的任一轴向截面内，包容其素线且距离为最小的两对平行直线之间的夹角称为实际圆锥角，如图 6-3 所示。

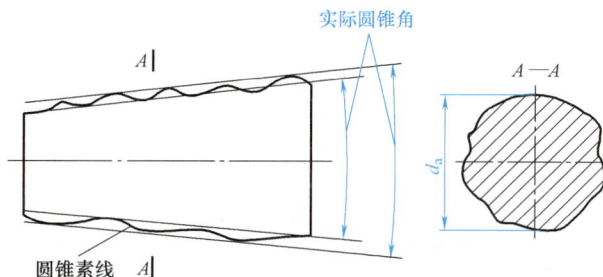

图 6-3　实际圆锥直径和实际圆锥角

（3）极限圆锥 极限圆锥是指与公称圆锥共轴且圆锥角相等，直径分别为上极限直径和下极限直径的两个圆锥。在垂直于圆锥轴线的任一截面上，这两个圆锥的直径差都相等，如图 6-4 所示。极限圆锥上的任一直径称为极限圆锥直径，如图 6-4 所示的 D_{max}、D_{min}、d_{max}、d_{min}。

（4）圆锥直径公差 T_D 圆锥直径公差 T_D 是指圆锥直径的允许变动量。两个极限圆锥所限定的区域称为圆锥直径公差区，如图 6-4 所示。

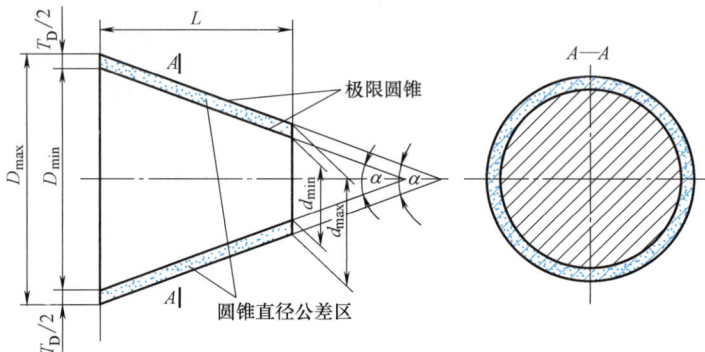

图 6-4　极限圆锥和圆锥直径公差区

在垂直于圆锥轴线的给定截面内，圆锥直径允许的变动量称为给定截面圆锥直径公差 T_{DS}。在该截面内，由两个同心圆所限定的区域称为给定截面圆锥直径公差区，如图 6-5 所示。

（5）圆锥角公差 AT 圆锥角公差 AT 是指圆锥角允许的变动量。圆锥角公差可用 AT_α 和 AT_D 两种形式表示。

AT_α：以角度单位微弧度（μrad）或度（°）、分（′）、秒（″）表示。

AT_D：以长度单位微米（μm）表示。

AT_α 与 AT_D 的关系为

图 6-5　给定截面圆锥直径公差及其公差区

$$AT_D = AT_\alpha \times L \times 10^{-3} \tag{6-3}$$

式中，AT_D 的单位为 μm，AT_α 的单位为 μrad，L 的单位为 mm。

允许的上极限圆锥角或下极限圆锥角称为极限圆锥角。两个极限圆锥角所限定的区域称为圆锥角公差区，如图 6-6 所示。

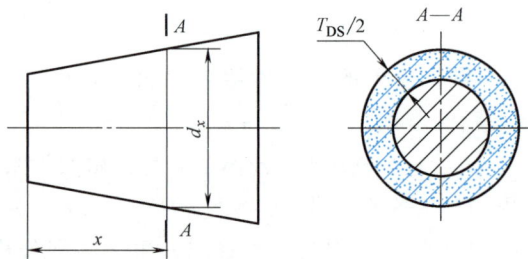

2. 圆锥公差项目及其数值

圆锥公差项目包括圆锥直径公差、圆锥角公差、圆锥的形状公差和给定截面圆锥直径公差四项。

（1）圆锥直径公差 T_D 圆锥直径公差 T_D 以公称圆锥直径（一般取最大圆锥直径 D）为公称尺寸，按 GB/T 1800.1—2020 规定的标准公差选取。

圆锥公差给定
方法的讲解

（2）圆锥角公差 AT

1）圆锥角公差等级及数值。圆锥角公差 AT 共分12 个公差等级，分别用 $AT1$、$AT2$、…、$AT12$ 表示。其中，$AT1$ 的公差等级最高，$AT12$ 的公差等级最低。部分公差等级的圆锥角公差数值见表 6-3。如需要更高或更低等级的圆锥角公差时，可按公比 1.6 向两端延伸得到。更高等级用 $AT0$、$AT01$、…表示，更低等级用 $AT13$、$AT14$、…表示。

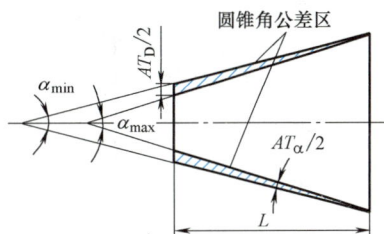

图 6-6　圆锥角公差区

表 6-3　圆锥角公差数值

公称圆锥长度 L /mm		圆锥角公差等级							
		$AT5$			$AT6$			$AT7$	
		AT_α		AT_D	AT_α		AT_D	AT_α		AT_D
大于	至	μrad	(′)(″)	μm	μrad	(′)(″)	μm	μrad	(′)(″)	μm
16	25	200	41″	>3.2~5.0	315	1′05″	>5.0~8.0	500	1′43″	>8.0~12.5
25	40	160	33″	>4.0~6.3	250	52″	>6.3~10.0	400	1′22″	>10.0~16.0
40	63	125	26″	>5.0~8.0	200	41″	>8.0~12.5	315	1′05″	>12.5~20.0
63	100	100	21″	>6.3~10.0	160	33″	>10.0~16.0	250	52″	>16.0~25.0
100	160	80	16″	>8.0~12.5	125	26″	>12.5~20.0	200	41″	>20.0~32.0
160	250	63	13″	>10.0~16.0	100	21″	>16.0~25.0	160	33″	>25.0~40.0

公称圆锥长度 L /mm		圆锥角公差等级							
		$AT8$			$AT9$			$AT10$	
		AT_α		AT_D	AT_α		AT_D	AT_α		AT_D
大于	至	μrad	(′)(″)	μm	μrad	(′)(″)	μm	μrad	(′)(″)	μm
16	25	800	2′45″	>12.5~20.0	1250	4′18″	>20~32	2000	6′52″	>32~50
25	40	630	2′10″	>16.0~25.0	1000	3′26″	>25~40	1600	5′30″	>40~63
40	63	500	1′43″	>20.0~32.0	800	2′45″	>32~50	1250	4′18″	>50~80
63	100	400	1′22″	>25.0~40.0	630	2′10″	>40~63	1000	3′26″	>63~100
100	160	315	1′05″	>32.0~50.0	500	1′43″	>50~80	800	2′45″	>80~125
160	250	250	52″	>40.0~63.0	400	1′22″	>63~100	630	2′10″	>100~160

注：1. 1μrad 等于半径为 1m、弧长为 1μm 所对应的圆心角。5μrad ≈ 1″（秒），300μrad ≈ 1′（分）。

　　2. 表中 AT_D 取值示例：

　　【例1】：L 为 63mm，选用 $AT7$，查表得 AT_α 为 315μrad 或 1′05″，AT_D 为 20μm。

　　【例2】：L 为 50mm，选用 $AT7$，查表得 AT_α 为 315μrad 或 1′05″，则 $AT_D = AT_\alpha \times L \times 10^{-3} = 315 \times 50 \times 10^{-3} \mu m = 15.75 \mu m$，取 AT_D 为 15.8μm。

2）圆锥角的极限偏差。锥角的极限偏差可按单向或双向（对称或不对称）取值，如图 6-7 所示。

（3）圆锥的形状公差 T_F　圆锥的形状公差 T_F 包括素线直线度公差和截面圆度公差，推荐按 GB/T 1184—1996 中附录 B"图样上注出公差值的规定"选取。

（4）给定截面圆锥直径公差 T_{DS}　给定截面圆锥直径公差 T_{DS} 以给定截面圆锥直径 d_x 为公称尺寸，按 GB/T 1800.1—2020 规定的标准公差选取。

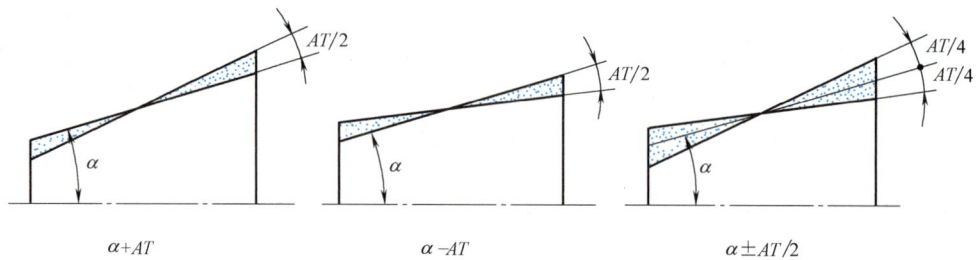

图 6-7　圆锥角的极限偏差

三、圆锥公差的给定方法

对于一个具体的圆锥，应根据零件功能的要求规定所需的公差项目，不必给出上述所有公差项目。GB/T 11334—2005 规定了以下两种圆锥公差的给定方法。

1）给出圆锥的公称圆锥角 α（或锥度 C）和圆锥直径公差 T_D。由 T_D 确定两个极限圆锥。此时，圆锥角误差和圆锥的形状误差均应在极限圆锥所限定的区域内。

当对圆锥角公差和圆锥的形状公差有更高的要求时，可再给出圆锥角公差 AT 和圆锥的形状公差 T_F。此时，AT 和 T_F 仅占 T_D 的一部分。

2）给出给定截面圆锥直径公差 T_{DS} 和圆锥角公差 AT。此时，给定截面圆锥直径和圆锥角应分别满足这两项公差的要求。T_{DS} 和 AT 的关系如图 6-8 所示。

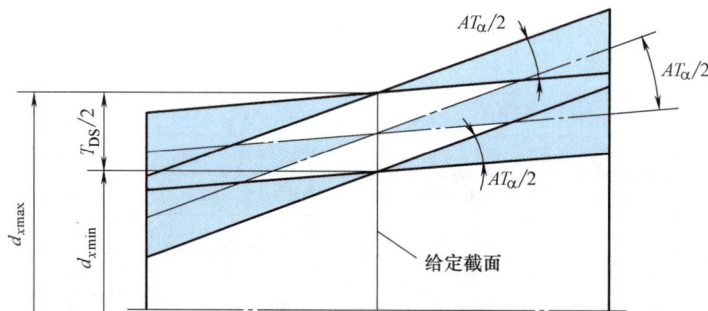

图 6-8　T_{DS} 和 AT 的关系

当圆锥在给定截面上具有下极限尺寸 $d_{x\min}$ 时，其圆锥角公差带为图 6-8 中下面两条实线所限定的两对顶三角形区域；当圆锥在给定截面上具有上极限尺寸 $d_{x\max}$ 时，其圆锥角公差带为图 6-8 中上面两条实线所限定的两对顶三角形区域；当圆锥在给定截面上具有某一实际 d_x 时，其圆锥角公差带为图 6-8 中两条点画线所限定的两对顶三角形区域。

该方法是在假定圆锥素线为理想直线的情况下给出的，它适用于对圆锥工件的给定截面有较高精度要求的情况。例如，阀类零件常采用这种给定方法，以使圆锥配合在给定截面上具有紧密的接触，保证良好的密封性。

当对圆锥形状公差有更高的要求时，可再给出圆锥的形状公差 T_F。

四、圆锥配合

GB/T 12360—2005《产品几何量技术规范（GPS）　圆锥配合》适用于锥度 C 为 1∶3～

1：500、圆锥长度 L 为 6~630mm、直径至 500mm 光滑圆锥的配合。

1. 圆锥配合的类型

圆锥配合是指基本圆锥相同的内、外圆锥直径之间，由于结合松紧的不同所形成的相互关系。国家标准中规定了结构型圆锥配合和位移型圆锥配合两种圆锥配合。

（1）结构型圆锥配合　结构型圆锥配合是指由圆锥结构确定装配后的最终轴向相对位置而获得的配合。结构型圆锥配合可以是间隙配合、过渡配合或过盈配合。

图 6-9a 所示为由外圆锥的轴肩与内圆锥的大端面接触来确定装配后的最终轴向相对位置，以获得指定的间隙配合；图 6-9b 所示为由内、外圆锥基准平面之间的结构尺寸 a（即基面距）来确定装配后的最终轴向相对位置，以获得指定的过盈配合。

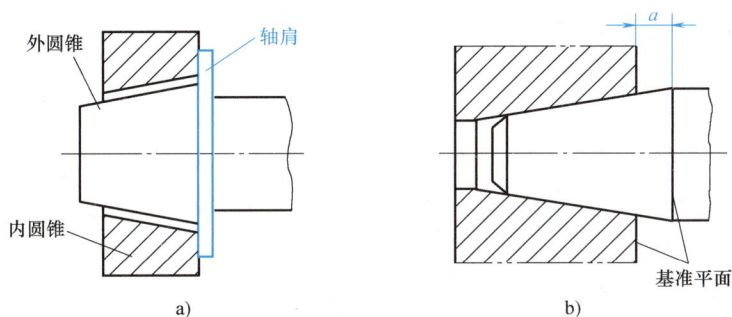

图 6-9　结构型圆锥配合

（2）位移型圆锥配合　位移型圆锥配合是指由内、外圆锥在装配时做一定相对轴向位移（E_a）来确定装配后的最终轴向相对位置而获得的配合。位移型圆锥配合可以是间隙配合或过盈配合。图 6-10a 所示为在不受力的情况下，内、外圆锥相接触，由实际初始位置 P_a 开始，沿轴向左做一定量的相对轴向位移 E_a 达到终止位置 P_f，以获得指定的间隙配合；图 6-10b 所示为由实际初始位置 P_a 开始，施加一定的装配力 F_s 产生轴向位移 E_a 达到终止位置 P_f，以获得指定的过盈配合。

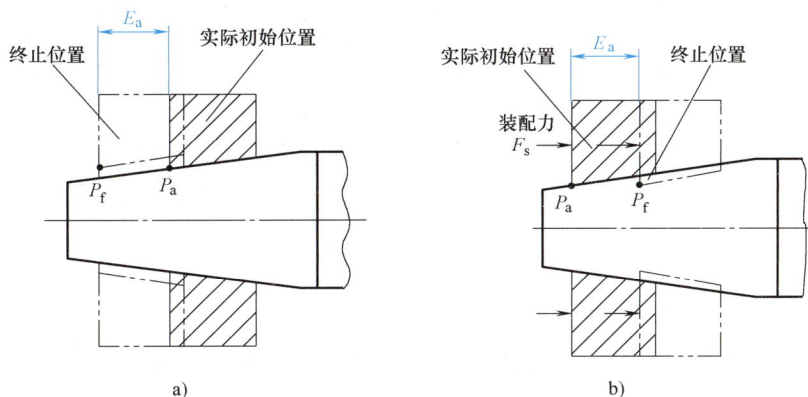

图 6-10　位移型圆锥配合

2. 圆锥配合的选用

GB/T 12360 —2005 规定的圆锥配合，其内、外圆锥通常都按第一种方法给定公差，即给出圆锥的公称圆锥角 α（或锥度 C）和圆锥直径公差 T_D。

（1）结构型圆锥配合的选用 结构型圆锥配合推荐优先采用基孔制。内、外圆锥直径公差带代号及配合按 GB/T 1800.1—2020 选取。

（2）位移型圆锥配合的选用 位移型圆锥配合的内、外圆锥直径公差带代号的基本偏差推荐选用 H、h 和 JS、js，其轴向位移极限值（E_{amax}、E_{amin}）和轴向位移公差（T_E）可按下列公式计算。

对于间隙配合，
$$E_{amax} = |X_{max}|/C$$
$$E_{amin} = |X_{min}|/C \tag{6-4}$$
$$T_E = E_{amax} - E_{amin} = |X_{max} - X_{min}|/C$$

式中 X_{max}——配合的最大间隙；

X_{min}——配合的最小间隙；

C——锥度。

对于过盈配合，
$$E_{amax} = |Y_{max}|/C$$
$$E_{amin} = |Y_{min}|/C \tag{6-5}$$
$$T_E = E_{amax} - E_{amin} = |Y_{max} - Y_{min}|/C$$

式中 Y_{max}——配合的最大过盈；

Y_{min}——配合的最小过盈；

C——锥度。

五、圆锥公差的给定及标注

1. 面轮廓度法

面轮廓度法是指给出圆锥的理论正确圆锥角 α（或锥度 C）、理论正确圆锥直径（D 或 d）和圆锥长度 L，标注面轮廓度公差。面轮廓度法标注圆锥公差的示例如图 6-11 所示。

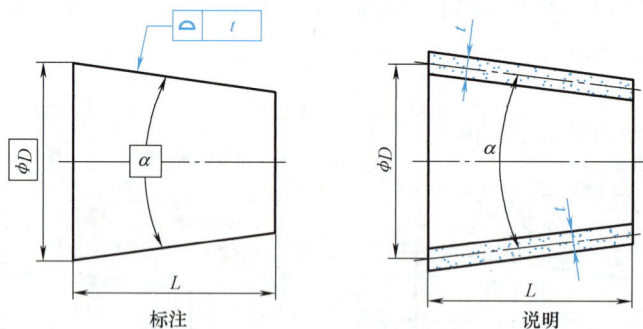

图 6-11 面轮廓度法标注圆锥公差

2. 基本锥度法

基本锥度法是指给出圆锥的公称圆锥角和圆锥直径公差 T_D，标注公称圆锥直径（D 或 d）及其极限偏差（按相对于该直径对称分布取值）。基本锥度法通常适用于有配合要求的结构型内、外圆锥。基本锥度法标注圆锥公差的示例如图 6-12 所示。

3. 公差锥度法

公差锥度法是指同时给出圆锥直径（最大或最小圆锥直径）极限偏差和圆锥角极限偏

差，并标注圆锥长度，它们各自独立，分别满足各自的要求，可以按独立原则解释。公差锥度法标注圆锥公差示例如图 6-13 所示。

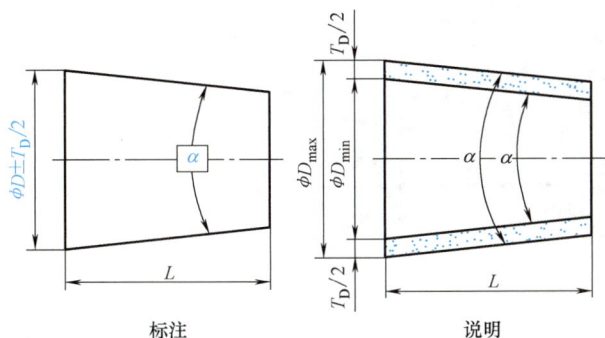

图 6-12　基本锥度法标注圆锥公差　　　　图 6-13　公差锥度法标注圆锥公差

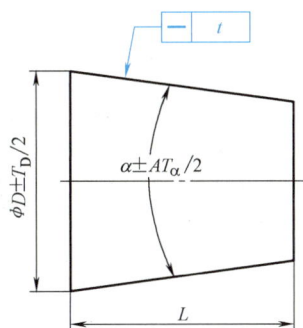

六、圆锥的检测

圆锥的检测主要是检测锥度与锥角，其测量方法主要有比较测量法、直接测量法、间接测量法等。

1. 比较测量法

比较测量法是指用定角度量具与被测角度比较，并用光隙法或涂色法估计被测角度的偏差。常用的量具有直角尺、角度量块、圆锥量规、角度或锥度样板等。下面以圆锥量规为例进行介绍。

大批量生产条件下，圆锥的检验多用圆锥量规。检验内锥体用锥度塞规，检验外锥体用锥度环规。用圆锥量规测量如图 6-14 所示。

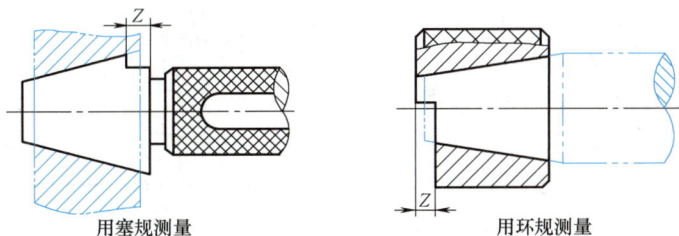

用塞规测量　　　　　　　　　　用环规测量

图 6-14　用圆锥量规测量

用圆锥量规检验圆锥工件时，应采用涂色法检验锥度，要求在锥体的大端接触，接触长度不低于国家标准的规定：对于高精度工件，接触长度不低于工作长度的 85%；对于精密工件，接触长度不低于工作长度的 80%；对于普通工件，接触长度不低于工作长度的 75%。圆锥量规还可检验工件的基面距。在圆锥量规的一端有两条刻线或台阶，其间距 Z 为基面距公差。若被测锥体的基面在量规的两条刻线或台阶的两端面之间，则被测锥体的基面距合格。

2. 直接测量法

直接测量法是指直接从角度计量器具上读出被测角度。常用的计量器具是万能角度尺，如图 6-15 所示，其分度值一般分为 2′ 和 5′ 两种。

图 6-15　万能角度尺

用万能角度尺测量时，旋松锁紧装置上的螺母，移动基尺进行粗调整，再转动万能尺背面的手把进行精细调整，直到两测量面与被测工件的工作面密切接触为止；然后拧紧锁紧装置上的螺母加以固定，便可进行读数。读数方法与游标卡尺相似，即先从主尺上读出游标零线前面的整数值，然后在游标上读出分的数值，两者相加就是被测件的角度数值。

3. 间接测量法

间接测量法是指测量与被测角度有关的线值尺寸，通过三角函数关系计算出被测角度值。常用的量具有正弦规、钢球、滚柱等。

（1）正弦规　图 6-16 所示为用正弦规测量外锥体锥度的示意图。

测量前，首先按式（6-6）计算量块组高度

$$h = L\sin\alpha \qquad (6\text{-}6)$$

式中　　L——正弦规两圆柱中心距（mm）

　　　　α——圆锥角（°）

然后按图 6-16 所示进行测量。如果被测角度有误差，则 a、b 两点的指示值必有一差值 n，n 与测量长度 l 之比即为锥度偏差 ΔC，即

$$\Delta C = n/l \qquad (6\text{-}7)$$

换算成锥角偏差 $\Delta\alpha$ 时，近似为

$$\Delta\alpha = \Delta C \times 2 \times 10^5 = 2 \times 10^5 n/l \qquad (6\text{-}8)$$

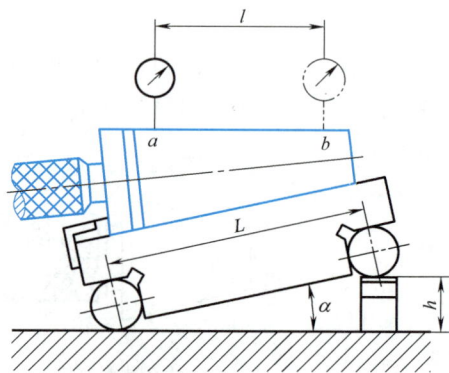

图 6-16　正弦规测量外锥体锥度

（2）钢球和滚柱　图 6-17a 所示为用钢球测量内圆锥的示意图。把两个直径分别为以 d、D 的钢球先后放入被测工件的内圆锥面，以被测工件的大头端面作为测量基面，分别测出钢球顶点到该基面的距离 L_1、L_2，则被测内圆锥半角 $\alpha/2$ 为

$$\sin\frac{\alpha}{2} = \frac{D-d}{2L_1 - 2L_2 + d - D} \qquad (6\text{-}9)$$

图 6-17b 所示为用滚柱测量外圆锥的示意图。将两个直径为 d 的滚柱与被测工件的外圆锥面贴合，测出尺寸 m，然后垫高度为 h 的量块，再测出尺寸 M，则被测外圆锥半角 $\alpha/2$ 为

$$\tan\frac{\alpha}{2} = \frac{M-m}{2h} \qquad (6\text{-}10)$$

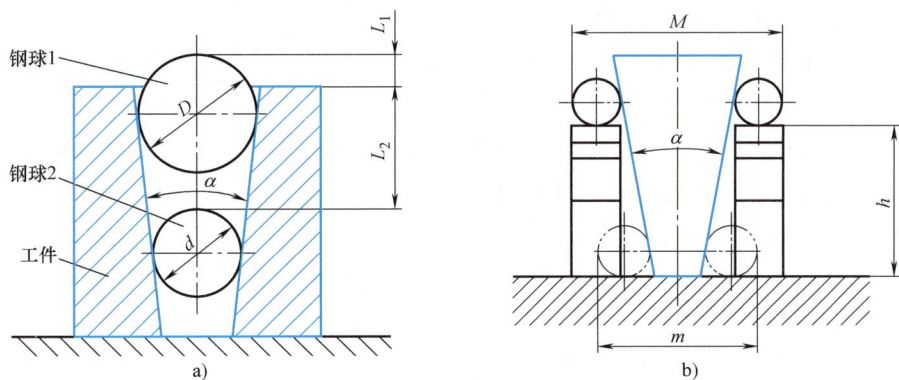

图 6-17　用钢球和滚柱测量圆锥

任务实施

1. 将学生分为若干小组，老师给出一些圆锥零件，让各小组练习用万能角度尺测量零件的圆锥角度。万能角度尺的测量方法如下。

① 测量 0°~50°之间的角度。直角尺和直尺全部装上，将被测部位放在基尺和直尺的测量面之间进行测量，按主尺上的第一排刻度读数。

② 测量 50°~140°之间的角度。把直角尺卸掉，将直尺装到直角尺位置，使它与扇形板连接在一起。工件的被测部位放在基尺和直尺的测量面之间进行测量，按主尺上的第二排刻度读数。

③ 测量 140°~230°之间的角度。把直尺和卡块卸掉，只装直角尺，但要把直角尺推上去，直到直角尺短边与长边的交点和基尺的尖端对齐为止。测量时，将工件的被测部位放在基尺和直角尺短边的测量面之间，按主尺上的第三排刻度读数。

④ 测量 230°~320°之间的角度。把直角尺、直尺和卡块全部卸掉，只留下扇形板和主尺（带基尺）。测量时，将工件的被测部位放在基尺和扇形板测量面之间，按主尺上的第四排刻度读数。

2. 每个零件测量 3 次，将测量结果记录在表 6-4 中。

表 6-4　测量结果

零件序号	测量次数		
	1	2	3
1			
2			
3			
4			
5			
6			

思考与练习

一、填空题

1. 由圆锥表面与一定尺寸所限定的几何体称为_____。它分为_____和_____。

2. 最大圆锥直径 D 和最小圆锥直径 d 之差与圆锥长度 L 之比称为_____。它一般用_____形式来表示。

3. 国家标准中对一般用途圆锥的锥度与锥角系列规定_____个基本值。选用时，应优先选用_____，其次选用_____。

4. 圆锥角公差 AT 共分_____个公差等级，如需要更高或更低等级的圆锥角公差时，可按公比_____向两端延伸得到。

5. 两种圆锥公差的给定方法为_____和_____。

6. 用圆锥量规检验圆锥工件时，应采用_____检验锥度，要求在锥体的大端接触，接触长度不低于国家标准的规定：对于高精度工件，接触长度不低于工作长度的_____；对于精密工件，接触长度不低于工作长度的_____；对于普通工件，接触长度不低于工作长度的_____。

二、选择题

1. 圆锥配合具有（　　）的特点。
   A. 同轴度高　　B. 加工方便　　C. 间隙可以调整　　D. 密封性好

2. 圆锥配合的主要参数有（　　）。
   A. 圆锥直径　　B. 圆锥角　　C. 锥度　　D. 圆锥长度

3. 常用的圆锥直径有（　　）。
   A. 最小圆锥直径　　　　　　B. 最大圆锥直径
   C. 给定截面的圆锥直径　　　D. 极限圆锥直径

4. 圆锥公差包括（　　）。
   A. 圆锥直径公差　　　　　　B. 圆锥的形状公差
   C. 圆锥角公差　　　　　　　D. 给定截面的圆锥直径公差

5. 比较测量法中常用的量具有（　　）。
   A. 直角尺　　B. 钢球　　C. 滚柱　　D. 圆锥量规

三、判断题

1. 圆锥角的极限偏差只能按双向取值。（　　）

2. 圆锥的形状公差包括直线度公差和面轮廓度公差。（　　）

3. 国家标准规定了四种圆锥公差，所以在实际应用中，对一个具体的圆锥零件，应同时标注圆锥的全部四项公差。（　　）

4. 结构型圆锥配合可以是间隙配合、过渡配合或过盈配合。（　　）

5. 标注两个相配合圆锥的尺寸及公差时，应确定标注尺寸公差的圆锥直径的公称尺寸一致。（　　）

四、简答题

1. 某圆锥的最大直径为 100mm，最小直径为 95mm，圆锥长度为 100mm，试确定其锥度 C 和公称圆锥角 α。

2. 圆锥公差有哪几种给定方法？

3. 圆锥配合有哪几种？如何选用？

4. 有一位移型圆锥配合，锥度 C 为 1：50，公称圆锥直径为 100mm，要求配合后得到 H8/s7 的配合性质，试计算极限轴向位移及轴向位移公差。

5. 常用的检测锥度与锥角的方法有哪几种？

表面粗糙度及其检测

1. 能够口述表面粗糙度的定义及其与其他表面结构特征的区别。
2. 能够解释表面粗糙度符号及参数的含义。
3. 能够使用比较法检测实际表面的表面粗糙度。

【任务描述】

如图 7-1 所示的轴套零件，请解释图样上的表面粗糙度标注的含义。

【任务分析】

要完成此任务，需要学习表面粗糙度的概念、基本术语、评定参数和标注方法，体验比较测量方法。

知识准备

图 7-1　轴套零件图

表面粗糙度定义的讲解

一、表面粗糙度概述

1. 表面粗糙度的定义

用机械加工或者其他方法获得的零件表面，微观上总会存在较小间距的峰、谷痕迹，如图 7-2 所示。表面粗糙度就是表述这些峰、谷高低程度和间距状况的微观几何形状特性的指标。

表面粗糙度反映的是实际表面几何形状误差的微观特性，有别于表面波纹度和形状误差。三者通常以波距（相邻两波峰，或两波谷之间的距离）的大小来划分，也有按波距与波高之比来划分的。波距小于 1mm 的属于表面粗糙度（表面微观形状误差）；波距在 1~10mm 的属于表面波纹度；波距大于 10mm 的属于形状误差。三者的区别如图 7-3 所示。

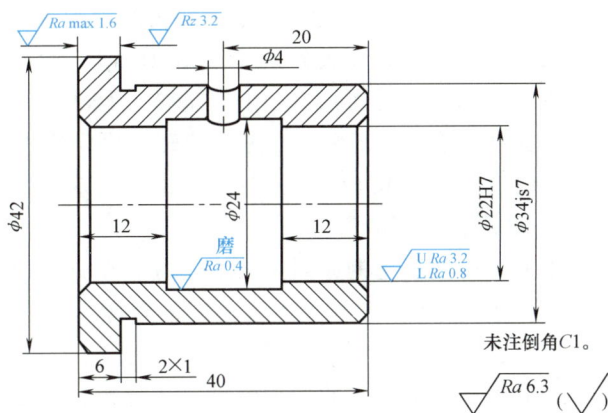

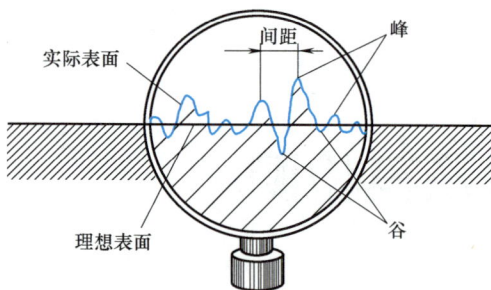

图 7-2   表面粗糙度的概念

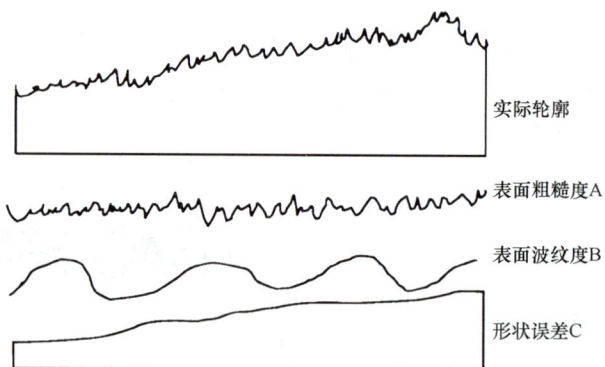

图 7-3   表面粗糙度、表面波纹度和形状误差三者的区别

表面粗糙度、表面波纹度、表面几何形状总是同时生成并存在于同一表面。

2. 轮廓滤波器和传输带

将轮廓分成长波和短波的仪器称为轮廓滤波器。滤波器由截止波长值表示，由两个不同截止波长的滤波器分离获得的轮廓波长范围则称为传输带（默认不注）。按滤波器的不同截止波长值，由小到大顺次分为 λs、λc 和 λf 三种。

原始轮廓（P 轮廓）：应用 λs 滤波器修正后的轮廓。

粗糙度轮廓（R 轮廓）：在 P 轮廓上再应用 λc 滤波器修正后形成的轮廓。

波纹度轮廓（W 轮廓）：对 P 轮廓连续应用 λf 和 λc 滤波器后形成的轮廓。

3. 表面粗糙度的产生及其影响

表面粗糙度产生的原因主要有：在切削加工过程中，刀具和被加工表面间的相对运动轨迹（即刀痕）、刀具和被加工表面间的摩擦、切削过程中切屑分离时表层金属材料的塑性变形以及工艺系统的高频振动等。

表面粗糙度对零件的使用性能和工作寿命有很大影响，主要表现在以下几个方面：

1）对零件耐磨性的影响。表面粗糙度值越大，配合面之间的有效接触面积越小，压强越大，磨损就越快。但如果表面粗糙度值过小，不仅不利于润滑油的储存，而且会加大金属分子间的吸附力，也会加快磨损。

2）对零件配合性质的影响。表面粗糙度会影响配合性质的稳定性。对于间隙配合，微观峰顶会在工作中迅速磨损，从而使间隙增大；对于过盈配合，压入装配时微观峰顶会被挤平，从而使实际过盈量减小。

3）对零件接触刚度的影响。两个零件上相互接触的表面粗糙度值越大，其实际接触面积越小，单位面积受力越大，峰顶处的局部塑性变形越严重，接触刚度越低。

4）对零件疲劳强度的影响。粗糙的零件表面存在较大的微观凹谷，其对应力集中十分敏感，会降低零件的疲劳强度。对于承受交变载荷的零件，这种影响尤为显著。

5）对零件耐蚀性的影响。粗糙的零件表面，易于在表面微观凹谷处积聚腐蚀性气体和液体，并由此渗入内层，造成表面锈蚀，降低零件的抗腐蚀能力。

6）对零件密封性的影响。粗糙表面结合时，两表面只在局部点上接触，无法严密贴合，气体或液体容易通过接触面间的微小缝隙而发生渗漏。

此外，表面粗糙度还对零件的外观、测量精度等有很大的影响。因此，表面粗糙度在零件的几何精度设计中是必不可少的，是一项非常重要的零件质量评定指标。

二、相关术语

表面粗糙度的基本术语主要包括表面轮廓、取样长度 lr、评定长度 ln、中线等。

1. 表面轮廓

表面轮廓是指一个指定平面与实际表面相交所得的轮廓，如图 7-4 所示。

2. 取样长度 lr

取样长度 lr 是指在 X 轴方向判别被评定轮廓不规则特征的长度。规定取样长度是为了限制和减弱表面波度对表面粗糙度测量结果的影响。若取样长度 lr 过长，则表面粗糙度的测量值中可能含有表面波度的成分；若取样长度 lr 过短，则不能客观地反映表面粗糙度的实际情况。在取样长度 lr 范围内，一般应有包含 5 个以上的轮廓峰和轮廓谷，表面越粗糙，一般来说取样长度 lr 应越长。

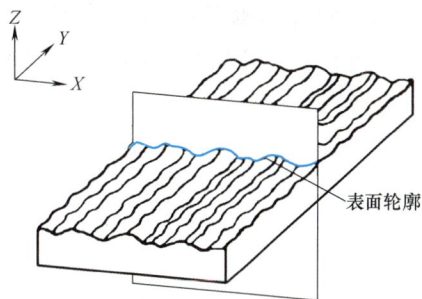

图 7-4 表面轮廓的定义

取样长度 lr 的数值一般应该从表 7-1 给出的数值中进行选取。

表 7-1 取样长度 lr 的数值（摘自 GB/T 1031—2009）　　　（单位：mm）

lr	0.08	0.25	0.8	2.5	8	25

3. 评定长度 ln

评定长度 ln 是指用于评定被评定轮廓的 X 轴方向上的长度，如图 7-5 所示。由于零件表面存在不均匀性，为了合理、客观地反映表面质量，评定长度 ln 一般包含一个或几个取样长度 lr，通常取 $ln = 5lr$；若被测表面均匀性较好，可选 $ln < 5lr$；若被测表面均匀性较差，可选 $ln > 5lr$。

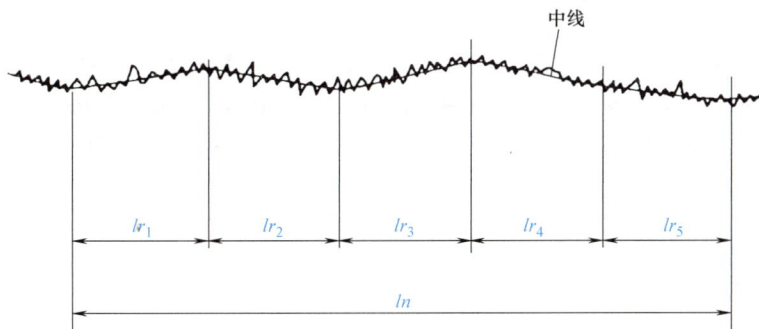

图 7-5 取样长度和评定长度

在评定长度 ln 内，根据取样长度 lr 进行测量，可得到一个或几个测量值，取其平均值作为表面粗糙度数值的可靠值。

4. 中线

中线是指评定表面粗糙度参数值大小的一条参考线，它包括轮廓最小二乘中线和轮廓算术平均中线两种。

（1）轮廓最小二乘中线　轮廓最小二乘中线简称中线，是指具有几何轮廓形状并划分轮廓的基准线，在取样长度之内，轮廓线上各点到该线距离 Z_i 的平方和为最小，如图 7-6a 所示，即

$$\sum_{i=1}^{n} Z_i^2 = \min \tag{7-1}$$

（2）轮廓算术平均中线　轮廓算术平均中线是指具有几何轮廓形状，在取样长度内与轮廓走向一致，并划分轮廓为上下两部分，且使上下两部分面积相等的基准线，如图 7-6b 所示，即

$$\sum_{i=1}^{n} F_i = \sum_{i=1}^{n} F_i' \tag{7-2}$$

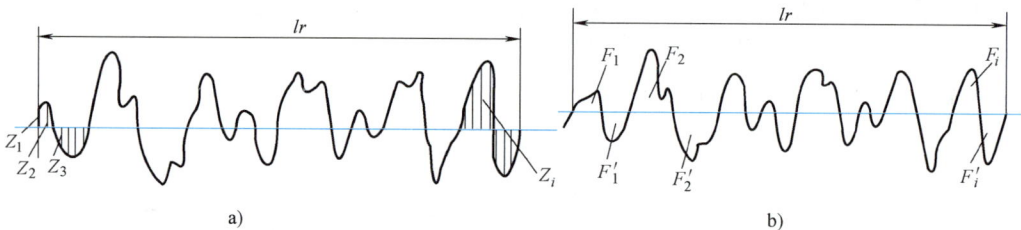

图 7-6　基准线

最小二乘中线符合最小二乘原则，从理论上讲是理想的基准线，但在轮廓图形上确定其位置比较困难；算术平均中线与最小二乘中线的差别很小，且可用目测方法确定，故通常用算术平均中线来代替最小二乘中线。当轮廓不规则时，算术平均中线不止一条，而最小二乘中线只有一条。

三、表面粗糙度的评定参数及其数值

GB/T 1031—2009 推荐评定表面粗糙度的参数从轮廓的算术平均偏差 Ra 和轮廓的最大高度 Rz 中选取其一，且在常用的参数范围内（Ra 为 $0.025 \sim 6.3\mu m$，Rz 为 $0.1 \sim 25\mu m$）优先选用 Ra。根据表面功能的需要，另外还可选用附加参数轮廓单元的平均宽度 Rsm 和轮廓的支承长度率 $Rmr(c)$。

1. 轮廓的算术平均偏差 Ra

轮廓的算术平均偏差 Ra 是指在一个取样长度内，纵坐标 $Z(x)$ 绝对值的算术平均值，其表达式为

$$Ra = \frac{1}{lr} \int_0^{lr} |Z(x)| \mathrm{d}x \tag{7-3}$$

或者近似为

$$Ra = \frac{1}{n} \sum_{i=1}^{n} |Z_i| \tag{7-4}$$

Ra 越大，则表面越粗糙。Ra 能比较全面、客观地反映表面微观几何形状的特性，因此是普遍采用的评定参数。

轮廓的算术平均偏差 Ra 的数值见表 7-2。

表 7-2　轮廓的算术平均偏差 Ra 的数值（摘自 GB/T 1031— 2009）　（单位：μm）

Ra	0.012	0.2	3.2	50
	0.025	0.4	6.3	100
	0.05	0.8	12.5	
	0.1	1.6	25	

2. 轮廓的最大高度 Rz

轮廓的最大高度 Rz 是指一个取样长度内，最大轮廓峰高 Rp 和最大轮廓谷深 Rv 之和，如图 7-7 所示，其表达式为

$$Rz = Rp + Rv \tag{7-5}$$

特别强调：Zp 为轮廓峰高，Zv 为轮廓谷深。在图 7-7 中，Zp_6 为最大轮廓峰高，Zv_2 为最大轮廓谷深。

Rz 越大，则表面越粗糙。Rz 不能全面、客观地反映表面轮廓情况，但其测量、计算方便，故应用较多。

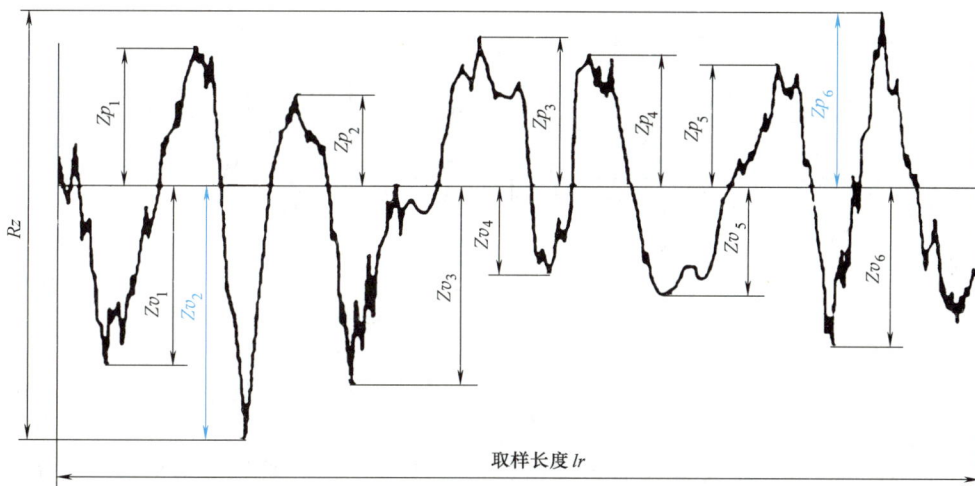

图 7-7　轮廓的最大高度

轮廓的最大高度 Rz 的数值见表 7-3。

表 7-3　轮廓的最大高度 Rz 的数值（摘自 GB/T 1031—2009）　（单位：μm）

Rz	0.025	0.4	6.3	100	1600
	0.05	0.8	12.5	200	
	0.1	1.6	25	400	
	0.2	3.2	50	800	

一般情况下，在测量 Ra 和 Rz 时，应按表 7-4 所示选用相应的取样长度 lr 和评定长度 ln（表中 $ln = 5lr$）。此时，取样长度值的标注在图样上或技术文件中可省略。当有特殊要求时，应给出相应的取样长度值，并在图样上或技术文件中注出。

表 7-4　Ra、Rz 与 lr、ln 的对应关系（摘自 GB/T 1031—2009）　（单位：μm）

Ra/μm	Rz/μm	lr/mm	ln/mm
≥0.008~0.02	≥0.025~0.10	0.08	0.4
>0.02~0.1	>0.10~0.50	0.25	1.25
>0.1~2.0	>0.50~10.0	0.8	4.0
>2.0~10.0	>10.0~50.0	2.5	12.5
>10.0~80.0	>50~320	8.0	40.0

3. 轮廓单元的平均宽度 Rsm

轮廓单元是指轮廓峰与相邻轮廓谷的组合。轮廓单元宽度是指一个轮廓单元与 X 轴相交线段的长度。

轮廓单元的平均宽度 Rsm 是指在一个取样长度内，轮廓单元宽度 Xs 的平均值，如图 7-8 所示，其表达式为

$$Rsm = \frac{1}{m}\sum_{i=1}^{m} Xs_i \tag{7-6}$$

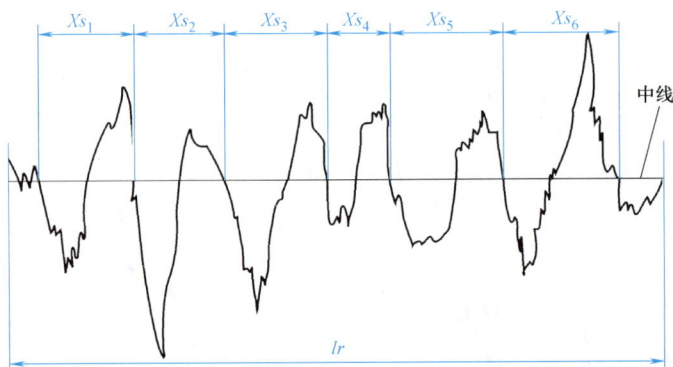

图 7-8　轮廓单元的平均宽度

一般来说，Rsm 越小，轮廓表面越细密，密封性越好。轮廓单元的平均宽度 Rsm 的数值见表 7-5。

表 7-5　轮廓单元的平均宽度 Rsm 的数值（摘自 GB/T 1031—2009）（单位：mm）

Rsm			
	0.006	0.1	1.6
	0.0125	0.2	3.2
	0.025	0.4	6.3
	0.05	0.8	12.5

4. 轮廓的支承长度率 Rmr(c)

轮廓的支承长度率 Rmr(c) 是指在给定水平截面高度 c 上，轮廓的实体材料长度 Ml(c) 与评定长度 ln 的比率，如图 7-9 所示，其表达式为

$$Rmr(c) = \frac{Ml(c)}{ln} \tag{7-7}$$

$$Ml(c) = Ml_1 + Ml_2 + Ml_3 + \cdots + Ml_i \tag{7-8}$$

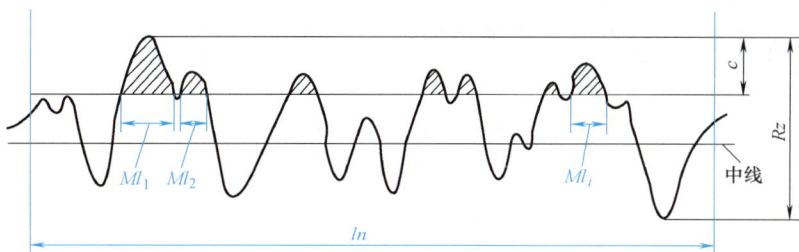

图 7-9　轮廓的支承长度率

轮廓的支承长度率 $Rmr(c)$ 的数值见表 7-6。

表 7-6　轮廓的支承长度率 $Rmr(c)$ 的数值（摘自 GB/T 1031—2009）

$Rmr(c)$	10	15	20	25	30	40	50	60	70	80	90

在选用轮廓的支承长度率 $Rmr(c)$ 参数时，应同时给出轮廓截面高度 c 值。c 值可用微米（μm）或 Rz 的百分数表示。

轮廓的支承长度率 $Rmr(c)$ 与零件的实际轮廓形状有关，是反映零件表面耐磨性能的指标。对于不同的实际轮廓形状，在相同的评定长度内给出相同的水平截面高度 c 时，$Rmr(c)$ 越大，表示零件表面凸起的实体部分越大，零件的承载面积就越大，因而接触刚度就越高，耐磨性能就越好。如图 7-10 所示，图 7-10a 所示的支承长度率大于图 7-10b 中的。

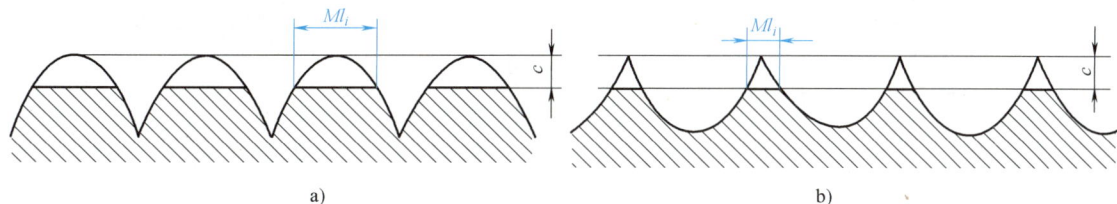

图 7-10　不同形状轮廓的支承长度率

四、表面结构符号、代号与表面结构要求的标注

1. 表面结构符号与代号

（1）表面结构的符号　表面粗糙度的评定参数及其数值确定后，应按现行国家标准 GB/T 131—2006 的规定，把表面结构要求正确地标注在零件图上。图样上所标注的表面结构符号见表 7-7。当零件表面仅需要加工（采用去除材料的方法或不去除材料的方法），但对表面粗糙度的其他规定没有要求时，允许在图样上只注表面结构符号。图样上表示表面结构要求的符号有五种，见表 7-7。

表 7-7　表面结构符号（摘自 GB/T 131—2006）

符号	意义
	基本图形符号，由两条不等长的与标注表面成 60°夹角的直线构成，表示表面可用任何方法获得。当不加注粗糙度参数值或有关说明（如表面热处理、局部热处理等）时，仅适用于简化代号标注

（续）

符号	意义
	扩展图形符号，基本图形符号上加一短横，表示指定表面用去除材料方法（如车、铣、钻等）获得
	扩展图形符号，基本图形符号上加一圆圈，表示指定表面用不去除材料方法（如铸造、锻造、热轧等）获得
	完整图形符号，在上述三个符号的长边上加一横线，用于标注表面结构特征的补充信息
	零件轮廓各表面的图形符号，在完整图形符号上加一圆圈，表示图样上构成封闭轮廓的各表面有相同的表面结构要求

（2）表面结构代号　在表面结构符号的基础上，注上其他有关表面特征的代号及数值，即组成了表面结构的完整图形符号。一般情况下，在表面结构符号中，只注出表面粗糙度评定参数代号及其允许值（单一要求）即可。但为了明确表面结构要求，必要时应注出补充要求。补充要求包括传输带、取样长度、加工工艺、表面纹理及方向、加工余量等。在完整符号中，对表面结构的单一要求和补充要求应标注在图 7-11 所示指定位置上。

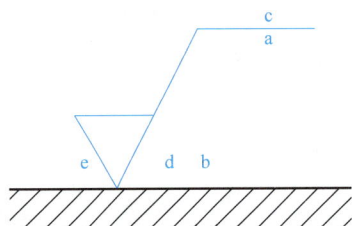

位置a：注写表面结构单一要求

位置a和b：注写两个或多个表面结构要求

位置c：注写加工方法、表面处理、涂层或其他加工工艺要求等

位置d：注写表面纹理及方向

位置e：注写加工余量，以"mm"为单位给出数值

图 7-11　完整的图形符号

评定参数值的判断规则有 16% 规则和最大规则两种。

运用 16% 规则时，当被测表面测得的全部参数值中，超过参数值的个数不多于总个数的 16% 时，该表面是合格的。超过参数值的含义是指大于上限值和（或）小于下限值。

运用最大规则时，被测整个表面上测得的参数值一个也不应超过给定的最大值，此时，应在参数代号后注写"max"。当参数代号后未注写"max"时，均默认为应用 16% 规则。

表面结构符号示例及其含义参见表 7-8。

表面粗糙度代号示例的讲解

表 7-8　表面结构符号示例及其含义

序号	符号示例	含义及解释	补充说明
1	*Ra 0.8*	表示不允许去除材料，单向上限值，默认传输带，R 轮廓，算术平均偏差 0.8μm，评定长度为 5 个取样长度（默认），"16%规则"（默认）	参数代号与极限值之间应留有空格（下同），默认传输带和取样长度均可查相关标准
2	*Ra 0.8*	表示去除材料，其余同上	

（续）

序号	符号示例	含义及解释	补充说明
3	$\sqrt{}$ Rzmax 0.2	表示去除材料，单向上限值，默认传输带，R 轮廓，粗糙度最大高度的最大值 0.2μm，评定长度为 5 个取样长度（默认），"最大规则"	本表 1~3 例均为单向极限要求，且均为单向上限值，则均不可加"U"，若为单向下限值则应加注"L"
4	$\sqrt{}$ U Ramax 3.2 L Ra 0.8	表示不允许去除材料，双向极限值，两极限值均使用默认传输带，R 轮廓，上限值：算术平均偏差 3.2μm，评定长度为 5 个取样长度（默认），"最大规则"，下限值：算术平均偏差 0.8μm，评定长度为 5 个取样长度（默认），"16% 规则"（默认）	本例为双向极限要求，用"U"和"L"分别表示上限值和下限值。在不致引起歧义时，可不加注"U"和"L"

2. 表面结构要求在图样中的标注

表面结构要求对每一个表面一般只标注一次，并尽可能注在相应的尺寸及其公差的同一视图上。除非另有说明，所标注的表面结构要求是对完工零件的表面要求。

表面结构要求的注写和读取方向与尺寸的注写和读取方向一致。可以标注在轮廓线或轮廓延长线上，其符号应从材料外指向并接触表面。必要时，表面结构符号也可以用带箭头或黑点的指引线引出标注。图 7-12 所示为常见的标注方式。

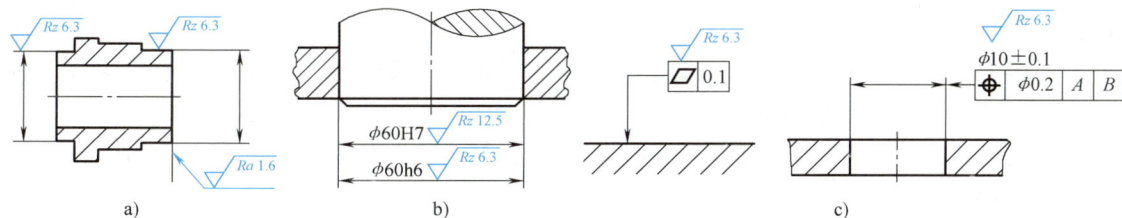

图 7-12 表面结构要求的常见标注方式

五、表面粗糙度评定参数的选择及检测

1. 表面粗糙度评定参数的选择

在表面粗糙度的参数评定中，Ra 和 Rz 两个幅度参数为基本参数，Rsm 和 $Rmr(c)$ 为附加参数。这些参数分别从不同角度反映了零件的表面形貌特征，但都存在着不同程度的完整性。在具体选用时，如果零件表面没有特殊要求，一般仅选用幅度参数。如果零件表面有特殊功能要求，为保证功能和提高产品质量，可以附加选用附加参数 Rsm 和 $Rmr(c)$ 来综合控制表面质量。

（1）轮廓的算术平均偏差 Ra　由于 Ra 既能反映加工表面的微观几何形状特征，又能反映微观凸峰高度，且测量效率高，测量时便于进行数据处理，因此，在幅度参数常用的参数值范围内，推荐优先选用 Ra 值。

（2）轮廓的最大高度 Rz　Rz 反映轮廓情况虽不如 Ra 全面、客观，但其概念简单，测量方便，同时也弥补了 Ra 不能测量极小表面的不足。因此，在零件加工表面过于粗糙、过于光滑，或测量面积很小时，可以选用 Rz 值。

（3）轮廓单元的平均宽度 Rsm 和轮廓的支承长度率 $Rmr(c)$　附加参数 Rsm 和 $Rmr(c)$ 只有在幅度参数不能满足表面功能要求时，才附加使用。例如，当表面要求耐磨时，可以选

用 Ra、Rz 和 $Rmr(c)$；当表面要求密封性时，可以选用 Rz 和 Rsm；当表面着重要求外观质量和可漆性时，可以选用 Ra 和 Rsm。

2. 表面粗糙度评定参数值的选择

表面粗糙度评定参数值选择的合理与否，不仅对产品的使用性能有很大的影响，而且直接关系到产品的质量和制造成本。一般来说，表面粗糙度评定参数值越小，零件的工作性能越好，使用寿命越长。但表面粗糙度评定参数值并不是越小越好。因为过小的评定参数值会增加加工难度，提高生产成本，且有时还会影响使用性能。

表面粗糙度评定参数值的选择原则是：在满足功能要求的前提下，尽量选用较大的参数允许值，以减小加工难度，降低生产成本。

在选择表面粗糙度评定参数值时，应根据国家标准 GB/T 1031—2009 规定的参数值系列来选择，见表 7-2 至表 7-6。实际生产中，可参照经过验证的实例，用类比法来确定。根据类比法初步确定表面粗糙度后，再对比工作条件进行适当调整。调整时应考虑以下几点。

1）同零件上，工作表面的表面粗糙度值（评定参数值）比非工作表面的表面粗糙度值小。

2）摩擦表面比非摩擦表面的表面粗糙度值小，滚动摩擦表面比滑动摩擦表面的表面粗糙度值小。

3）运动速度高、压强大，受交变载荷的零件表面，以及容易产生应力集中的沟槽、圆角部位等，表面粗糙度值应小些。

4）配合稳定性要求高的表面，如小间隙配合表面、受重载荷的过盈配合表面，表面粗糙度值应小些。

5）表面粗糙度值应与尺寸和形状公差相协调。例如，尺寸、形状公差小时，表面粗糙度值也要小些；相同公差等级时，轴的表面粗糙度值应比孔要小些。

6）密封性、耐蚀性要求高的表面或外形要求美观的表面，表面粗糙度值要小些。

7）凡有关标准已对表面粗糙度有具体规定的，应按标准的要求选择。表 7-9 为常用表面粗糙度 Ra 的推荐值，表 7-10 为不同加工方法获得的表面粗糙度值及应用举例。

表 7-9　常用表面粗糙度 Ra 的推荐值

表面特征			Ra　不大于/μm	
	公差等级	表面	公称直径/mm	
			≤50	>50～500
经常拆卸零件的配合表面（如交换齿轮、滚刀等）	5	轴	0.2	0.4
		孔	0.4	0.8
	6	轴	0.4	0.8
		孔	0.4～0.8	0.8～1.6
	7	轴	0.4～0.8	0.8～1.6
		孔	0.8	1.6
	8	轴	0.8	1.6
		孔	0.8～1.6	1.6～3.2

（续）

表面特征				Ra 不大于/μm		
		公差等级	表面	公称尺寸/mm		
				≤50	>50~120	>120~500
过盈配合的配合表面	压入装配	5	轴	0.1~0.2	0.4	0.4
			孔	0.2~0.4	0.8	0.8
		6~7	轴	0.4	0.8	1.6
			孔	0.8	1.6	1.6
		8	轴	0.8	0.8~1.6	1.6~3.2
			孔	1.6	1.6~3.2	1.6~3.2
	热装	—	轴	1.6		
			孔	1.6~3.2		

精密定心用零件的配合表面		径向跳动公差/μm					
	表面	2.5	4	6	10	16	25
	轴	0.05	0.1	0.1	0.2	0.4	0.8
	孔	0.1	0.2	0.2	0.4	0.8	1.6

滑动轴承的配合表面		公差等级		液体湿摩擦条件
	表面	6~9	10~12	
	轴	0.4~0.8	0.8~3.2	0.1~0.4
	孔	0.8~1.6	1.6~3.2	0.2~0.8

表 7-10　不同加工方法获得的表面粗糙度值及应用举例

表面微观特性		Ra/μm	Rz/μm	加工方法	应用举例
粗糙表面	可见刀痕	>20~40	>80~160	粗车、粗刨、粗铣、钻、粗锉、锯	半成品粗加工过的表面,非配合的加工表面,如轴端面、倒角、钻孔、齿轮侧面、带轮侧面、键槽底面、垫圈接触面等
	微见刀痕	>10~20	>40~80		
半光表面	微见加工痕迹	>5~10	>20~40	车、刨、铣、镗、钻、锉、粗铰、粗磨	轴上不安装轴承、齿轮处的非配合表面,紧固件的自由装配表面等
		>2.5~5	>10~20	车、刨、铣、镗、磨、锉、粗刮、滚压、电火花	半精加工表面,箱体、支架、端盖、套筒等和其他零件结合而无配合要求的表面,需要发蓝的表面等
	看不见加工痕迹	>1.25~2.5	>6.3~10	车、刨、铣、镗、磨、拉、刮、滚压、铣齿	接近于精加工表面,齿轮的齿面、定位销孔、箱体上安装轴承的镗孔表面

(续)

表面微观特性		$Ra/\mu m$	$Rz/\mu m$	加工方法	应用举例
光表面	可辨加工痕迹方向	>0.63~1.25	>3.2~6.3	车、镗、磨、铣、拉、刮、精铰、磨齿、粗研	要求保证定心及配合特性的表面,如圆柱销、圆锥销,与滚动轴承相配合的轴颈,磨削的齿轮表面,普通车床的导轨面,内、外花键定位表面等
	微辨加工痕迹方向	>0.32~0.63	>1.6~3.2	精铰、精镗、磨、刮、滚压、研磨	要求配合性质稳定的配合表面,受交变应力作用的重要零件,较高精度车床的导轨面
	不可辨加工痕迹方向	>0.16~0.32	>0.8~1.6	精磨、研磨、超精加工、抛光	精密机床主轴锥孔、顶尖圆锥面,发动机曲轴、凸轮轴工作表面,高精度齿轮齿面
极光表面	暗光泽面	>0.08~0.16	>0.4~0.8	精磨、研磨、抛光、超精车	精密机床主轴颈表面,气缸内表面,活塞销表面,仪器导轨面,阀的工作面,一般量规测量面等
	亮光泽面	>0.01~0.08	>0.2~0.4	超精磨、精抛光、镜面磨削	精密机床主轴颈表面,滚动导轨中的钢球、滚子和高速摩擦的工作表面
	镜状光泽面	>0.01~0.04	>0.1~0.2		高压柱塞泵中柱塞和柱塞套的配合表面,中等精度仪器零件配合表面
	镜面	≤0.01	≤0.1	镜面磨削,超精研	高精度量仪、量块的工作表面,高精度仪器摩擦机构的支承表面,光学仪器中的金属镜面

3. 表面粗糙度的检测

检测表面粗糙度参数值时,若图样上没有特别指明测量方向,则应该在尺寸最大的方向上测量,通常在垂直于表面纹理方向的截面上测量。对于没有一定纹理方向的表面,应在几个不同的方向上测量,取最大值为测量结果。此外,应注意测量时不要把表面缺陷(如气孔、划痕等)包含进去。

表面粗糙度的常用检测方法有比较法、光切法、干涉法和针描法等。

(1)比较法 比较法是指将被测表面与已知高度特征参数值的表面粗糙度样板进行比较,通过肉眼观察、手动触摸,或借助放大镜、显微镜等来判断被测表面的表面粗糙度的一种检验方法。比较时,所用表面粗糙度样板的材料、形状、加工方法及纹理方向等应尽可能与被测表面相同,以减少检测误差。图7-13所示为表

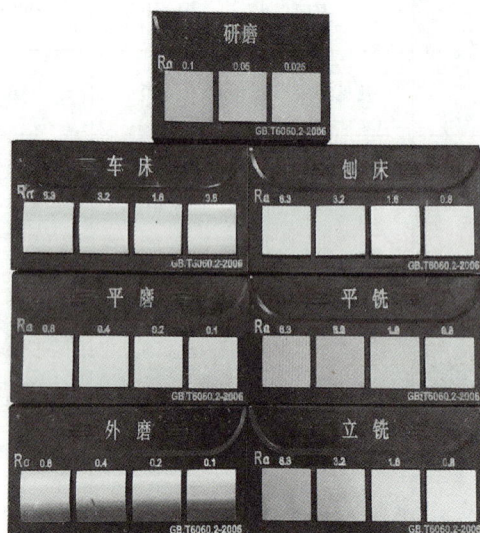

图7-13 表面粗糙度对比样块

面粗糙度对比样块。

比较法简单易行，适用于在车间条件下使用。但由于其评定结果的准确性很大程度上取决于检测人员的经验，因此仅适用于评定表面粗糙度要求不高的零件。

（2）光切法 光切法是指应用光切原理来测量表面粗糙度的一种检测方法。常用的仪器为光切显微镜（又称双管显微镜），如图 7-14a 所示。该仪器适用于测量用车、铣、刨等加工方法所获得的金属零件的平面或外圆表面。光切显微镜主要用于测量轮廓的最大高度 Rz 值。

（3）干涉法 干涉法是指利用光波干涉原理测量表面粗糙度的一种检测方法。利用此方法测量时，被测表面直接参与光路，用同一标准反射镜比较，以光波波长来度量干涉条纹的弯曲程度，从而测得该表面的表面粗糙度值。常用的仪器为干涉显微镜，如图 7-14b 所示。干涉显微镜主要用于测量轮廓的最大高度 Rz 值。

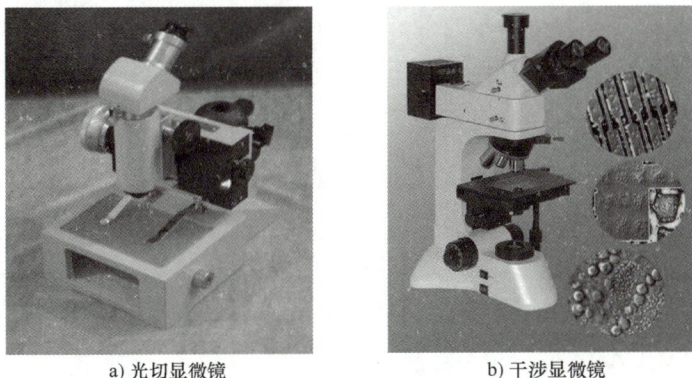

a) 光切显微镜　　　　　　　　b) 干涉显微镜

图 7-14　光切显微镜和干涉显微镜

（4）针描法 针描法又称轮廓法，是指利用仪器的触针与被测表面接触，并使触针沿被测表面轻轻滑动来测量表面粗糙度的一种检测方法。常用的仪器是电动轮廓仪。针描法测量表面粗糙度能够直接读出轮廓的算术平均偏差 Ra 值，且能测量平面、轴、孔和圆弧面等各种形状的表面粗糙度。但由于触针要与被测表面可靠接触，需要适当的测量力，当测量材料较软或表面粗糙度值较小时，被测表面容易产生划痕。

大国工匠：阎敏

大国工匠阎敏，是中国航天科工航天三江江北公司的首席技师，是三江江北公司运载火箭和导弹关键部件——喷管的最后一道关键工序的主刀手。

喷管是运载火箭和导弹上提供能量转换的重要装置，它负责将火箭发动机推进剂燃烧内部喷射出的火焰转化为动力。喷管出口处的燃气喷射速度高达每秒 3500 米以上。为了保证发动机的工作安全可靠，喷管关键部位的加工精度要求控制在 0.005 毫米，任何细小的偏差都可能导致火箭偏离轨道甚至解体。因此，行内人常将喷管称为火箭的"咽喉"。

作为最后一道关键工序的主刀手，阎敏要保证 20 多处精度在 0.005 毫米的尺寸全部合格，如果失败，则意味着前面所有 60 多道工序的零件全部报废，将导致上千万元的直接损失。

他苦练技术技能，总结了一套复合材料异形曲面的加工技术，突破了数控车床 0.02 毫米的精度，并且创下了 0.005 毫米的极值，将机床操作得就像自己的手一样，想让它走到哪儿，它就走到哪儿，达到了"人机合一""人技合一"的状态。

只有对所加工零件的心存敬畏、对精度极限的不懈追求，才有技艺成熟后的举重若轻，才能保证这一关键工序合格率 100%，才会被人们称为导弹的"咽喉主刀师"，成为"大国工匠"。

任务实施

将图 7-1 所示轴套零件的表面粗糙度标注的含义填入表 7-11。

表 7-11　表面粗糙度标注的含义

表面粗糙度标注	评定的对象（表面）	评定参数名称	参数值（要说明是上限值还是下限值）	评定参数值的判定规则及表面粗糙度合格条件
Ramax 1.6				
Rz 3.2				
磨 Ra 0.4				
U Ra 3.2 L Ra 0.8				

思考与练习

一、填空题

1. 取样长度 lr 是指_____。规定取样长度 lr 是为了限制和减弱_____对表面粗糙度测量结果的影响。

2. 评定长度 ln 是指_____。评定长度 ln 一般包含____长度 lr。通常取 $ln =$ ____ lr。

3. 国家标准规定，表面结构要求的注写和读取方向与_____的注写和读取方向一致。表面结构要求可标注在轮廓线上，其符号应从_____指向并接触_____。必要时，表面结构符号也可以用_____的指引线引出标注。

4. 国家标准规定，常见的表面粗糙度幅度参数有：____、____、____、____等。

5. 如果工件的多数（包括全部）表面具有相同的表面粗糙度要求，则其表面粗糙度要求可统一标注在_____附近。

二、选择题

1. 国家标准规定的表面粗糙度评定参数中，能比较全面、客观地反映工件表面微观几何形状特性的是（　　）。

　　A. Ra　　　　　　B. Rz　　　　　　C. Rsm　　　　　　D. $Rmr(c)$

2. 若表面粗糙度值小，则零件的（　　）。

    A. 耐磨性好　　　　　　　　　B. 配合精度高

    C. 抗疲劳强度差　　　　　　　D. 密封性好

3. 车间生产中评定表面粗糙度最常用的方法是（　　）。

    A. 针描法　　　B. 光切法　　　C. 干涉法　　　　D. 比较法

4. 双管显微镜是根据（　　）原理制成的。

    A. 针描　　　　B. 光切　　　　C. 干涉　　　　D. 比较

5. 下列说法正确的是（　　）。

    A. 表面粗糙度属于表面微观性质的形状误差

    B. 表面粗糙度属于表面宏观性质的形状误差

    C. 表面粗糙度属于表面波度误差

    D. 经磨削加工所得表面的表面粗糙度值比车削加工所得表面的表面粗糙度值大

三、判断题

1. 表面越粗糙，取样长度 lr 应越长。（　　）

2. 轮廓算术平均中线是理想的中线，且可用目测方法确定，故实际中最常用。（　　）

3. 轮廓的支承长度率 $Rmr(c)$ 是反映零件表面耐磨性能的指标。（　　）

4. 某经常拆卸的轴尺寸为 $\phi60h7$，其表面粗糙度 Ra 值可选 $3.2\mu m$。（　　）

5. 表面结构要求符号在标注时可以旋转一定的角度，也可以采用引线标注。（　　）

四、简答题

1. 表面粗糙度的含义是什么？它与形状误差和表面波度有何区别？

2. 表面粗糙度的评定参数如何选择？

3. 一般情况下，$\phi40H6/f5$ 和 $\phi40H6/s5$ 相比，哪个应选较小的表面粗糙度值？

4. 图样上表示表面结构要求的符号有几种？其意义如何？

五、综合题

将下列表面粗糙度的要求标注在图 7-15 中。

1）用去除材料方法获得表面 a 和 b，要求 Ra 上限值为 $1.6\mu m$。

2）用任何方法加工 $\phi60mm$ 圆柱面，要求 Rz 上限值为 $6.3\mu m$，下限值为 $3.2\mu m$。

3）用去除材料方法加工其余表面，要求 Ra 上限值为 $12.5\mu m$。

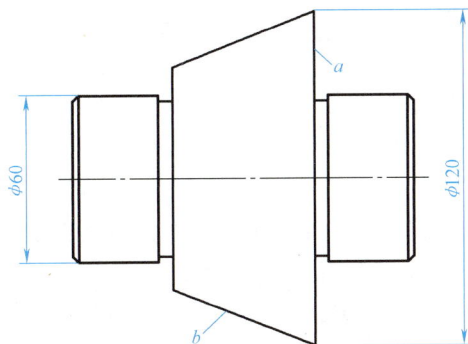

图 7-15　表面粗糙度标注练习

项目八

滚动轴承及与其配合孔轴的公差

【学习目标】

1. 能通过查阅相关标准，解读滚动轴承尺寸公差标注的含义。
2. 能通过查阅相关标准，解读滚动轴承几何公差标注的含义。
3. 能辨析滚动轴承内、外径公差带的特点。
4. 能辨析与滚动轴承配合的轴颈、轴承座孔的尺寸公差、几何公差、公差原则、表面粗糙度参数的应用。

【任务描述】

某单级齿轮减速器如图 8-1 所示，其中主动轴和从动轴均由一对深沟球轴承支撑。正确拆卸轴承，清洁后核对轴承的型号标记，查明等级；查标准确定与其配合的轴、轴承座孔的几何技术规范，与实际轴颈的检测结果比较，体验装配后的结果。

【任务分析】

要完成此任务，需要学习并掌握滚动轴承及与其配合的孔、轴公差知识。

图 8-1　单级齿轮减速器

知识准备

一、滚动轴承及其公差

滚动轴承是将运转的轴与轴座之间的滑动摩擦变为滚动摩擦，从而减少摩擦损失的一种精密的机械元件（标准件）。它支承转动的轴及轴上零件，并保持轴的正常工作位置和旋转精度。滚动轴承一般由内圈、外圈、滚动体和保持架四部分组成，如图 8-2 所示。为了保证其互换性和使用性能，国家标准规定了其内径 d、外径 D、宽度 B（内圈宽度 B、外圈宽度 C）和装配高度 T 的尺寸公差；规定了内、外圈的径向圆跳动、轴向圆跳动以及内圈端面对内孔的垂直度、外圈外表面对端面的垂直度等几何公差；也规定了与其配合的轴颈和轴承座孔的尺寸公差和几何公差、表面粗糙度等。

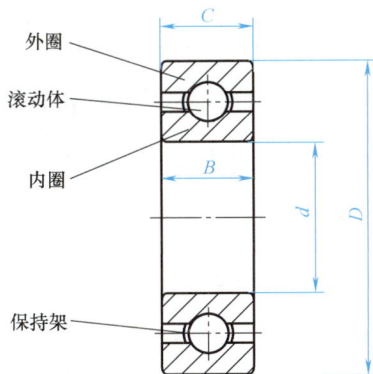

图 8-2　滚动轴承的结构

滚动轴承种类繁多，本项目主要以向心轴承为主介绍其相关公差项目。

1. 滚动轴承特性标注

图 8-3 所示为尺寸和公差值对应于尺寸系列 10、内径 60mm、5 级向心轴承的主要特性简化标注示意图。

2. 滚动轴承的公差等级

滚动轴承通用技术规则（GB/T 307.3—2017）规定：滚动轴承按尺寸公差与旋转精度分级，其中向心轴承（圆锥滚子轴承除外）分为普通级、6、5、4、2 共五级，公差等级依次由低到高，普通级（也称为 0 级）为最低级。普通级（即 0 级）代号在轴承型号中省略标记，6 级及以上等级代号要在轴承型号中标记。

3. 滚动轴承特性的公差项目及公差值

（1）滚动轴承内圈尺寸特性和几何特性项目

Δdmp 表示任意截面内，内径的平均尺寸（出自两点尺寸）与其公称尺寸的偏差，U 表示上极限偏差，L 表示下极限偏差。

图 8-3　滚动轴承特性标注示意图

Vdsp 表示任意截面内，内径的两点尺寸的范围。

Vdmp 表示任意截面得到的内径的平均尺寸（出自两点尺寸）的范围。

Kia 表示内圈内孔表面对基准（即由外圈外表面确定的轴线）的径向圆跳动。

Sd 表示内圈端面对基准（即由内圈内孔表面确定的轴线）的轴向圆跳动。

Sia 表示内圈端面对基准（即由外圈外表面确定的轴线）的轴向圆跳动。

ΔBs 表示内圈宽度的两点尺寸与其公称尺寸的偏差。

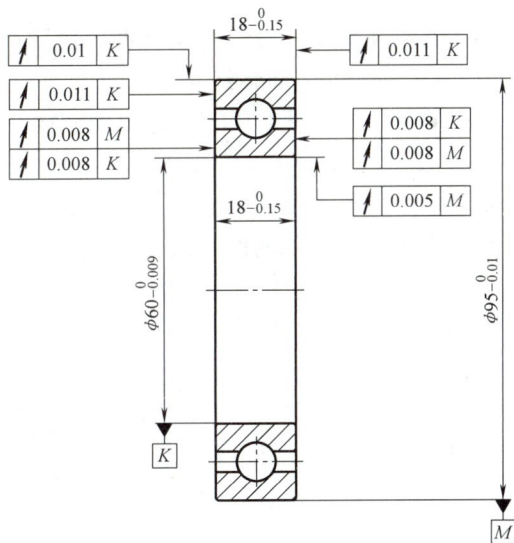

VBs 表示内圈宽度的两点尺寸的范围。

表 8-1 列举了普通级向心轴承内圈尺寸特性和几何特性项目公差值。其他等级的公差值请查阅 GB/T 307.1—2017。

表 8-1　向心轴承（圆锥滚子轴承除外）内圈普通级公差值　（单位：μm）

内圈直径 d/mm		$t_{\Delta dmp}$		t_{Vdsp}			t_{Vdmp}	t_{Kia}	$t_{\Delta Bs}$			t_{VBs}
				直径系列					全部	正常	修正	
>	≤	U	L	9	0、1	2、3、4			U	L		
10	18	0	−8	10	8	6	6	10	0	−120	−250	20
18	30	0	−10	13	10	8	8	13	0	−120	−250	20
30	50	0	−12	15	12	9	9	15	0	−120	−250	20
50	80	0	−15	19	19	11	11	20	0	−150	−380	25
80	120		−20	25	25	15	15	25	0	−200	−380	25

（2）滚动轴承外圈尺寸特性和几何特性项目

ΔDmp 表示任意截面内，外径的平均尺寸（出自两点尺寸）与其公称尺寸的偏差，U 表示上极限偏差，L 表示下极限偏差。

VDsp 表示任意截面内，外径的两点尺寸的范围。

VDmp 表示任意截面得到的外径的平均尺寸（出自两点尺寸）的范围。

Kea 表示外圈外表面对基准（即由内圈内孔表面确定的轴线）的径向圆跳动。

SD 表示外圈外表面轴线对基准（由外圈端面确定）的垂直度。

Sea 表示外圈端面对基准（即由内圈内孔表面确定的轴线）的轴向圆跳动。

Sea1 表示外圈凸缘背面对基准（即由内圈内孔表面确定的轴线）的轴向圆跳动。

ΔCs 表示外圈宽度的两点尺寸与其公称尺寸的偏差。

VCs 表示外圈宽度的两点尺寸的范围。

表 8-2 列举了普通级向心轴承外圈尺寸特性和几何特性项目公差值。其他等级的公差值请查阅 GB/T 307.1—2017。

表 8-2　向心轴承（圆锥滚子轴承除外）外圈普通级公差值　（单位：μm）

外圈直径 D/mm		$t_{\Delta Dmp}$		t_{VDsp}				t_{VDmp}	t_{Kea}	$t_{\Delta Cs}$		t_{VCs}
				开型轴承			闭型					
				直径系列								
>	≤	U	L	9	0、1	2、3、4	2、3、4			U	L	
18	30	0	−9	12	9	7	12	7	15			
30	50	0	−11	14	11	8	16	8	20			
50	80	0	−13	16	13	10	20	10	25	与同一轴承内圈的 $t_{\Delta Bs}$ 及 t_{VBs} 相同		
80	120	0	−15	19	19	11	26	11	35			
120	150	0	−18	23	23	14	30	14	40			

4. 滚动轴承内、外径尺寸公差的特点

根据滚动轴承国家标准规定，各级轴承内、外圈任意截面内、外径平均尺寸偏差的上

极限偏差 U 均为 0，即内、外径的尺寸公差带均在零线下方，下极限偏差为负值（表 8-1、表 8-2）。

滚动轴承外圈与轴承座孔的配合为基轴制，轴承外圈即为基准轴，其公差带位置与基本偏差代号为 h 的基准轴公差带位置一致（即上极限偏差为 0）。

而滚动轴承内圈与轴颈配合为基孔制，作为基孔制配合的基准孔的内圈，其内径公差带与基本偏差代号为 H 的基准孔的公差带（下极限偏差为 0）位置不同。这样规定主要是考虑配合的特殊需要，因为在大多数情况下，轴承的内圈是随轴一起转动的，为了防止在它们之间发生相对运动而导致结合面磨损，两者的配合应具有一定过盈，但由于内圈是薄壁零件，容易因弹性变形胀大，影响游隙，且一定时间后又必须拆换，因此配合的过盈又不宜过大。所以滚动轴承内圈任意截面内径平均尺寸偏差的上极限偏差 U 规定为 0，就是为了既满足轴承内圈与轴颈配合松紧的要求，又可使轴按标准偏差加工，实现标准化生产。

图 8-4　滚动轴承内、外径平均尺寸公差带示意图

滚动轴承内、外径平均尺寸公差带如图 8-4 所示。

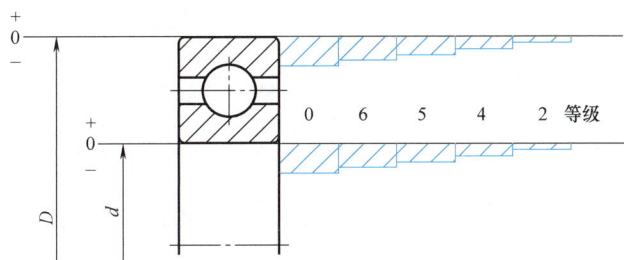

滚动轴承内外径尺寸公差带特点的讲解

二、滚动轴承与轴和轴承座孔的配合

1. 与滚动轴承配合的轴和轴承座孔的常用公差带

GB/T 275—2015 推荐的与普通级（0 级）和 6 级滚动轴承配合的轴的常用公差带有 17 种，轴承座孔的常用公差带 16 种，如图 8-5、图 8-6 所示。

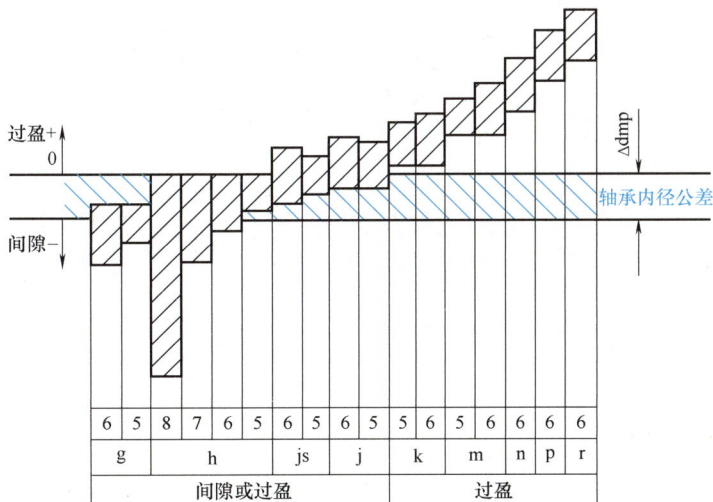

图 8-5　与滚动轴承内圈配合的轴的常用公差带

轴与轴承座孔的标准公差等级的选择应与轴承公差等级协调。与普通级（0 级）、6 级轴承配合的轴的公差等级一般为 IT6，轴承座孔一般为 IT7。对旋转精度和运转平稳性有较

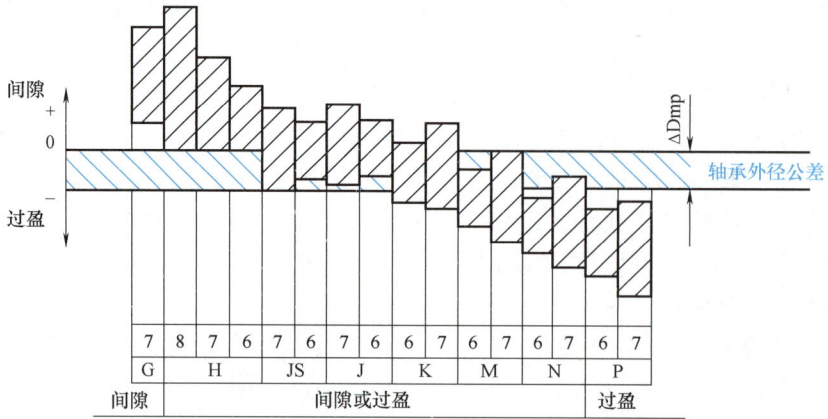

图 8-6　与滚动轴承外圈配合的轴承座孔的常用公差带

高要求时，轴的公差等级应为 IT5，轴承座孔应为 IT6。选择时可参考表 8-3 和表 8-4。

表 8-3　向心轴承和轴的配合——轴公差带（摘自 GB/T 275—2015）

圆柱孔轴承					
载荷情况		举例	深沟球轴承、调心球轴承和角接触球轴承	圆柱滚子轴承和圆锥滚子轴承	调心滚子轴承	公差带
			轴承公称内径/mm			
内圈承受旋转载荷或方向不定载荷	轻载荷	输送机、轻载齿轮箱	≤18	—	—	h5
			>18～100	≤40	≤40	j6①
			>100～200	>40～140	>40～100	k6①
			—	>140～200	>100～200	m6①
	正常载荷	一般通用机械、电动机、泵、内燃机、正齿轮传动装置	≤18	—	—	j5、js5
			>18～100	≤40	≤40	k5②
			>100～140	>40～100	>40～65	m5②
			>140～200	>100～140	>65～100	m6
			>200～280	>140～200	>100～140	n6
			—	>200～400	>140～280	p6
			—	—	>280～500	r6
	重载荷	铁路机车车辆轴箱、牵引电机、破碎机等	—	>50～140	>50～100	n6③
				>140～200	>100～140	p6③
				>200	>140～200	r6③
					>200	r7③
内圈承受固定载荷	所有载荷	内圈需在轴向易移动	非旋转轴上的各种轮子			f6 g6
		内圈不需在轴向易移动	张紧轮、绳轮	所有尺寸		h6 j6
仅有轴向载荷			所有尺寸			j6、js6

① 凡精度要求较高的场合，应用 j5、k5、m5 代替 j6、k6、m6。

② 圆锥滚子轴承、角接触球轴承配合对游隙影响不大，可用 k6、m6 代替 k5、m5。

③ 重载荷下轴承游隙应选大于 N 组。

表 8-4　向心轴承和轴承座孔的配合——孔公差带（摘自 GB/T 275—2015）

载荷情况		举例	其他情况	公差带[1]	
				球轴承	滚子轴承
外圈承受固定载荷	轻、正常、重	一般机械、铁路机车车辆轴箱	轴向易移动,可采用剖分式轴承座	H7、G7[2]	
	冲击		轴向能移动,可采用整体或剖分式轴承座	J7、JS7	
方向不定载荷	轻、正常	电机、泵、曲轴主轴承		K7	
	正常、重			M7	
	重、冲击	牵引电机	轴向不移动,采用整体式轴承座		
外圈承受旋转载荷	轻	皮带张紧轮		J7	K7
	正常	轮毂轴承		M7	N7
	重			—	N7、P7

① 并列公差带随尺寸的增大从左至右选择。对旋转精度有较高要求时,可相应提高一个公差等级。
② 不适用于剖分式轴承座。

2. 与滚动轴承配合的轴和轴承座孔的几何公差

要保证滚动轴承的使用性能,除了滚动轴承自身的制造精度要满足特定的规范之外,与滚动轴承配合的轴和轴承座孔也要满足特定的技术规范。GB/T 275—2015 规定了与各种轴承配合的轴和轴承座孔的几何公差,表 8-5 节选了部分公称尺寸的公差值。尺寸公差与几何公差之间的关系遵守包容要求,具体标注见图 8-7。

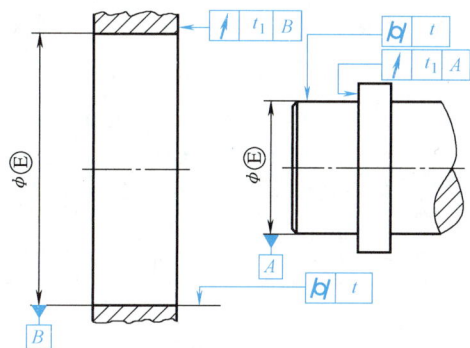

图 8-7　轴和轴承座孔几何公差标注示例

表 8-5　与滚动轴承（0 级和 6 级）配合的轴和轴承座孔的几何公差项目及数值

公称尺寸/mm		圆柱度 t/μm				轴向圆跳动 t_1/μm			
		轴颈		轴承座孔		轴肩		轴承座孔肩	
		轴承公差等级							
>	≤	0	6	0	6	0	6	0	6
10	18	3	2	5	3	8	5	12	8
18	30	4	2.5	6	4	10	6	15	10
30	50	4	2.5	7	4	12	8	20	12
50	80	5	3	8	5	15	10	25	15
80	120	6	4	10	6	15	10	25	15
120	180	8	5	12	8	20	12	30	20

3. 与滚动轴承配合的轴和轴承座孔的表面粗糙度

轴和轴承座孔配合表面的表面粗糙度规定见表 8-6。

表 8-6　配合表面及端面的表面粗糙度

轴或轴承座孔直径/mm		轴或轴承座孔配合表面直径公差等级					
		IT7		IT6		IT5	
		表面粗糙度 $Ra/\mu m$					
>	≤	磨	车	磨	车	磨	车
—	80	1.6	3.2	0.8	1.6	0.4	0.8
80	500	1.6	3.2	1.6	3.2	0.8	1.6
端面		3.2	6.3	6.3	6.3	6.3	3.2

三、径向游隙

滚动轴承的游隙是指将一个套圈固定，另一个套圈沿径向或轴向的最大活动量。沿径向的最大活动量称为径向游隙，沿轴向的最大活动量称为轴向游隙。

依据 GB/T 4604.1—2012 的规定，向心轴承的径向游隙分为五组，即 2 组、N 组、3 组、4 组、5 组，游隙的大小依次由小到大。表 8-7 节选了部分圆柱孔径向接触沟型球轴承的径向游隙数值，以供查阅。

表 8-7　圆柱孔径向接触沟型球轴承的径向游隙数值

内圈内径 d /mm		$G_r/\mu m$									
		2 组		N 组		3 组		4 组		5 组	
>	≤	min	max	min	max	min	max	min	max	min	max
10	18	0	9	3	18	11	25	18	33	25	45
18	24	0	10	5	20	13	28	20	36	28	48
24	30	1	11	5	20	13	28	23	41	30	53
30	40	1	11	6	20	15	33	28	46	40	64
40	50	1	11	6	23	18	36	30	51	45	73
50	65	1	15	8	28	23	43	38	61	55	90
65	80	1	15	10	30	25	51	46	71	65	105
80	100	1	18	12	36	30	58	53	84	75	120
100	120	2	20	15	41	36	66	61	97	90	140

向心轴承与轴和轴承座孔装配后，影响最大的就是轴承的径向游隙。一般滚动轴承与轴和轴承座孔的配合中，至少有一组是过盈配合，因此装配后，轴承径向游隙会受到影响而变小，会使轴承中滚动体与套圈的接触应力增大，增加轴承工作时的摩擦阻力。所以，国家标准对滚动轴承及与其配合的轴和轴承座孔的相应技术特性都规定了公差数值，以保证滚动轴承装配后的使用性能要求。

任务实施

实施方案如下：

1）拆卸、清洁轴承。

2）查看轴承标记及制造厂信息并填写表 8-8。查找该型轴承的公差要求。

3）测量轴承内、外径尺寸（外径千分尺 50～75mm，内测千分尺 5～30mm）并填写表 8-8。

4）对照轴颈尺寸，比较轴承内圈和轴颈的配合与光滑圆柱体配合的不同。

表 8-8　实测滚动轴承数据

轴承标记		生产厂家代号	
实测轴承内圈直径		实测轴承外圈直径	
已测轴颈直径		内圈与轴颈配合的种类	
内圈与轴颈装配时是否需要加压？试说明缘由			
滚动轴承内、外圈转动是否灵活，若转动不灵活，请查明缘由			

思考与练习

一、判断题

1. 滚动轴承是标准件，要保证其使用性能，只要其制造精度满足特定的规范（精度）要求即可。（　　）

2. 为了保证滚动轴承的回转精度，滚动轴承不允许存在游隙。（　　）

3. 滚动轴承外圈与轴承座孔的配合优先选用基孔制。（　　）

4. 滚动轴承的内圈与轴的配合采用基孔制。（　　）

二、选择题

1. GB/T 307.3—2017 规定，滚动轴承按尺寸公差与旋转精度分级，其中向心轴承（圆锥滚子轴承除外）分为（　　）共五级。

A. 普通级、6、5、4、2　　　　　B. 6、5、4、3、2

C. 5、4、3、2、1　　　　　　　D. 4、3、2、1、0

2. 向心轴承（圆锥滚子轴承除外）内圈公称尺寸的上极限偏差（　　）。

A. 等于 0　　　　　　　　　　B. 大于 0

C. 小于 0　　　　　　　　　　D. 没规定，可以任意取值

3. 与滚动轴承内圈配合的轴颈的形状公差要求项目是（　　）。

A. 直线度　　　　　　　　　　B. 圆度

C. 圆柱度　　　　　　　　　　D. 线轮廓度

4. 滚动轴承内圈与公差带代号为 h6 的轴颈的配合属于（　　）配合。

A. 间隙　　　　　　　　　　　B. 过盈

C. 过渡　　　　　　　　　　　D. 不确定

三、综合题

1. 综合应用尺寸公差、几何公差知识，对照滚动轴承（向心轴承）公差项目，解释图 8-3 所示滚动轴承各公差项目标注的含义。

2. 一深沟球轴承的型号为 6207（内径 35mm，外径 72mm，宽度 17mm），公差等级为普通级（即 0 级），与轴承内圈配合的轴颈的公差带代号为 j6，与轴承外圈配合的轴承座孔的公差带代号为 H7。综合应用尺寸公差、几何公差、表面粗糙度知识及与滚动轴承配合的轴、轴承座孔的几何公差规定、表面粗糙度规定，确定与轴承配合的轴颈和轴承座孔的极限尺寸、几何公差及公差原则、表面粗糙度的数值，并分别标注在图 8-8 所示的零件图上。

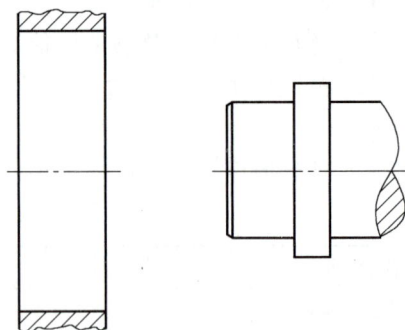

图 8-8　零件图

项目九

键和花键连接的公差及检测

【学习目标】

1. 熟练掌握普通平键连接和花键连接的公差与配合规范。
2. 能够熟练地查表得到键的各项几何参数。了解键和花键的检测方法。

【任务描述】

某型单级齿轮减速器，其中传动轴（从动轴）与齿轮通过普通平键连接。请解读键和轴上键槽的尺寸公差、几何公差、表面粗糙度等几何技术项目要求的含义。传动轴键槽如图 9-1 所示。

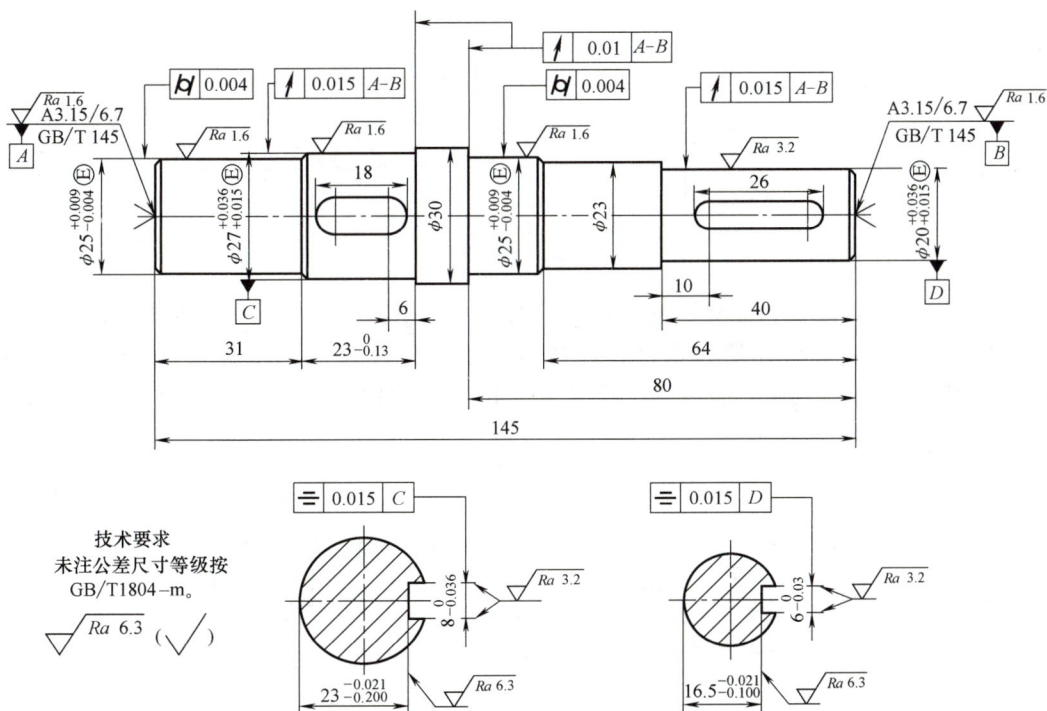

图 9-1 传动轴键槽

【任务分析】

平键连接是键连接的一种。要解读平键键槽的尺寸公差、几何公差、表面粗糙度等几何项目要求的含义，需要学习并掌握键连接的公差与配合的知识，拓展学习花键连接的公差与配合的知识，同时加深理解尺寸公差、几何公差规范的应用。

知识准备

一、平键连接的公差及检测

键又称单键，按其结构形式不同，可分为平键、半圆键、楔键和切向键四种。平键的应用最广，它又可分为普通平键和导向平键两种，前者用于固定连接，后者用于导向连接。本项目介绍平键连接的公差与配合的相关知识。

1. 平键连接的尺寸公差

如图 9-2 所示，平键连接由平键、轴槽和轮毂槽三部分组成。键同时与轴槽和轮毂槽配合，通过键的侧面与键槽的侧面相互接触来传递转矩。键宽和键槽宽 b 为配合尺寸，应采用较小的公差；而键高 h、键长 L、轴槽深 t_1 和轮毂槽深 t_2 均为非配合尺寸，可采用较大的公差。

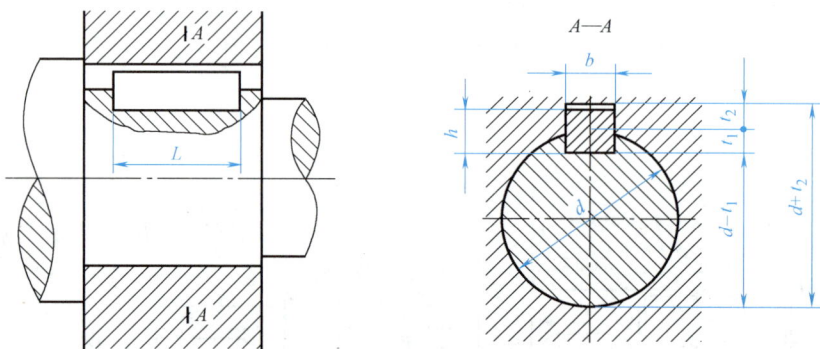

图 9-2 平键连接的剖面尺寸

由于平键为标准件，平键与轴槽和轮毂槽的配合采用基轴制。国家标准中对键宽只规定了一种公差带 h8，对轴槽和轮毂槽的宽度各规定了 3 种公差带，分别与平键构成松连接、正常连接和紧密连接，其配合公差带如图 9-3 所示，配合性质及应用见表 9-1。

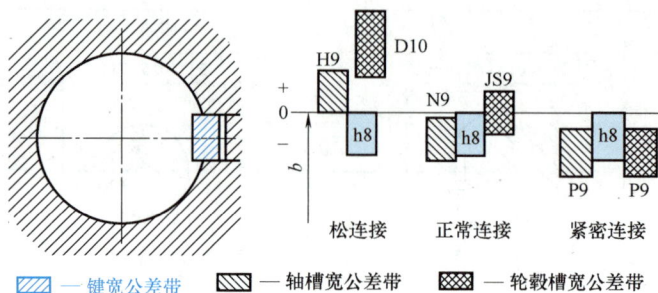

图 9-3 平键配合公差带

表 9-1　平键的配合性质及应用

配合类型	宽度 b 的公差带			配合性质及其应用
	键	轴槽	轮毂槽	
松连接		H9	D10	键在轴槽和轮毂槽中均能滑动,用于导向平键且轮毂可在轴上移动的场合
正常连接	h8	N9	JS9	键在轴槽和轮毂槽中均固定,用于载荷不大的场合
紧密连接		P9	P9	键在轴槽和轮毂槽中均固定,比正常连接配合紧,用于载荷较大、有冲击和双向转矩的场合

　　国家标准对普通平键连接的键槽宽 b 和槽深 t_1（轴）、t_2（毂）的尺寸与公差也进行了规定，见表 9-2。此外，键长 L 的公差采用 h14，轴槽长的公差采用 H14。

　　选用平键连接时，首先根据轴的公称直径 d，查表 9-2 确定键槽宽 b 及槽深 t_1、t_2 的基本尺寸；然后根据零件的使用性能要求，查表 9-1 确定平键连接的配合类型；再查表 9-2，确定轴槽宽、轮毂槽宽和槽深的极限偏差。

表 9-2　普通平键键槽的尺寸与公差（摘自 GB/T 1095—2003）　　　（单位：mm）

轴的公称直径 d 推荐值	键尺寸 b×h	键槽									
		宽度 b						深度			
		基本尺寸	极限偏差					轴 t_1		毂 t_2	
			正常连接		紧密连接	松连接		基本尺寸	极限偏差	基本尺寸	极限偏差
			轴 N9	毂 JS9	轴和毂 P9	轴 H9	毂 D10				
>6~8	2×2	2	−0.004 −0.029	±0.0125	−0.006 −0.031	+0.025 0	+0.060 +0.020	1.2	+0.10 0	1.0	+0.10 0
>8~10	3×3	3						1.8		1.4	
>10~12	4×4	4	0 −0.030	±0.015	−0.012 −0.042	+0.030 0	+0.078 +0.030	2.5		1.8	
>12~17	5×5	5						3.0		2.3	
>17~22	6×6	6						3.5		2.8	
>22~30	8×7	8	0 −0.036	±0.018	−0.015 −0.051	+0.036 0	+0.098 +0.040	4.0		3.3	
>30~38	10×8	10						5.0		3.3	
>38~44	12×8	12	0 −0.043	±0.0215	−0.018 −0.061	+0.043 0	+0.120 +0.050	5.0	+0.20 0	3.3	+0.20 0
>44~50	14×9	14						5.5		3.8	
>50~58	16×10	16						6.0		4.3	
>58~65	18×11	18						7.0		4.4	

2. 平键连接的几何公差、表面粗糙度及图样标注

　　为保证键与键槽之间有足够的接触面积，避免装配困难，应分别规定轴槽和轮毂槽的宽度 b 对轴和轮毂轴线的对称度公差，一般可按 GB/T 1184—1996 中规定的对称度公差 7~9 级选取。轴槽和轮毂槽的宽度 b 两侧面的表面粗糙度 Ra 值一般取 1.6~3.2μm，轴槽底面和轮毂槽底面的表面粗糙度 Ra 值取 6.3μm。

　　轴槽和轮毂槽的尺寸公差与几何公差标注示例如图 9-4 所示。

3. 平键连接的检测

　　平键连接的检测主要包括尺寸检测（键宽、轴槽和轮毂槽的宽度及深度）和对称度检

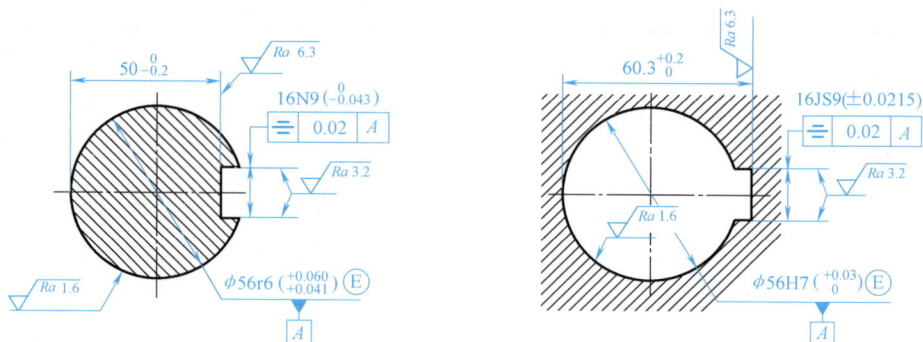

图 9-4　轴槽和轮毂槽的尺寸公差与几何公差标注

测（键槽的对称度）。

　　键宽、轴槽和轮毂槽的宽度及深度的检测比较简单。在单件、小批量生产中，常采用通用计量器具（如游标卡尺、千分尺）检测；在大批量生产中，常采用专用量规进行检测。图 9-5 所示为键槽极限量规，这 3 种量规均具有通端和止端，检测时通端能通过而止端不能通过为合格。

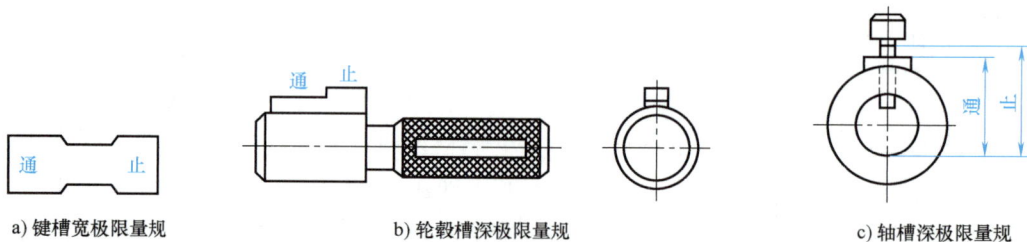

a) 键槽宽极限量规　　　　b) 轮毂槽深极限量规　　　　c) 轴槽深极限量规

图 9-5　键槽极限量规

　　对于对称度的检测，在单件、小批量生产中，可采用分度头、V 形块和百分表等进行检测；在大批量生产中，可采用专用量规进行检测。图 9-6 所示为检测轴槽和轮毂槽对称度的极限量规，这两种量规只有通端，没有止端，检测时量规能通过即为合格。

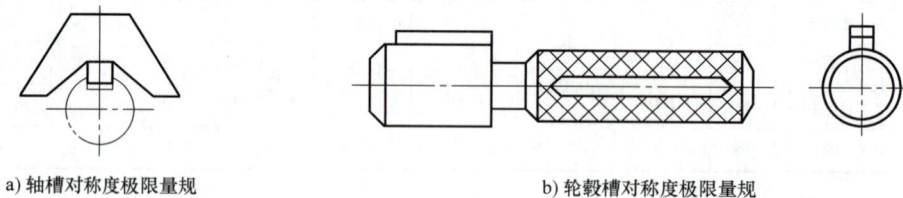

a) 轴槽对称度极限量规　　　　b) 轮毂槽对称度极限量规

图 9-6　对称度极限量规

二、花键连接的公差及检测

　　花键连接由内花键（花键孔）和外花键（花键轴）组成。与单键连接相比，花键连接具有承载能力强、定心精度高、导向性好等优点，但花键的加工工艺复杂，成本较高。按花键齿形状不同，花键可分为矩形花键、渐开线花键和三角形花键三种，其中矩形花键应用最广，本项目只介绍矩形花键连接的公差及检测知识。

1. 矩形花键的主要尺寸及定心方式

（1）矩形花键的主要尺寸　矩形花键的主要尺寸包括小径 d，大径 D 和键宽（键槽宽）B，如图 9-7 所示。

依据 GB/T 1144—2001《矩形花键尺寸、公差和检验》的规定，矩形花键的键数 N 为偶数，有 6、8、10 三种。按承载能力不同，矩形花键的尺寸分为轻、中两个系列，见表 9-3。中系列的键高尺寸比轻系列大，故承载能力较强。

（2）矩形花键的定心方式　在制造矩形花键时，若要求小径、大径和键宽（键槽宽）三个尺寸都能精密配合，同时起定心作用，是非常困难的。实际生产中，为了既保证矩形花键连接的配合精度，又降低矩形花键的制造难度，可在三个尺寸中选择一个作为定心尺寸，对其提出较高的精度要求，其余两个尺寸作为非定心尺寸，可以采用较低的精度要求。但由于矩形花键是靠键侧和键槽侧接触来传递转矩的，因此，键宽（键槽宽）不论是否为定心尺寸，都应保证有足够的精度。

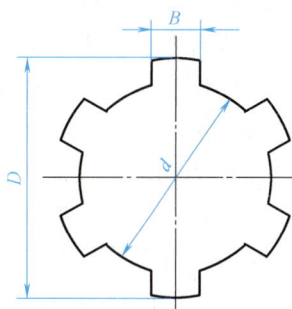

图 9-7　矩形花键的主要尺寸

表 9-3　矩形花键基本尺寸系列（摘自 GB/T 1144—2001）　（单位：mm）

小径	轻系列				中系列			
	规格 $N \times d \times D \times B$	键数 N	大径 D	键宽 B	规格 $N \times d \times D \times B$	键数 N	大径 D	键宽 B
11	—	—	—	—	6×11×14×3	6	14	3
13					6×13×16×3.5		16	3.5
16					6×16×20×4		20	4
18					6×18×22×5		22	5
21					6×21×25×5		25	
23	6×23×26×6	6	26	6	6×23×28×6	8	28	6
26	6×26×30×6		30		6×26×32×6		32	
28	6×28×32×7		32	7	6×28×34×7		34	7
32	6×32×36×6		36	6	8×32×38×6		38	6
36	8×36×40×7	8	40	7	8×36×42×7		42	7
42	8×42×46×8		46	8	8×42×48×8		48	8
46	8×46×50×9		50	9	8×46×54×9		54	9
52	8×52×58×10		58	10	8×52×60×10		60	10
56	8×56×62×10		62		8×56×65×10		65	
62	8×62×68×12		68	12	8×62×72×12		72	
72	10×72×78×12	10	78		10×72×82×12	10	82	12
82	10×82×88×12		88		10×82×92×12		92	
92	10×92×98×14		98	14	10×92×102×14		102	14
102	10×102×108×16		108	16	10×102×112×16		112	16
112	10×112×120×18		120	18	10×112×125×18		125	18

矩形花键连接以小径作为定心尺寸，即小径定心，如图 9-8 所示。这是因为小径定心的定心精度高，定心稳定性好，使用寿命长，有利于提高产品质量。

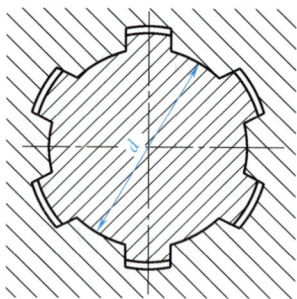

图 9-8　小径定心

2. 矩形花键连接的公差

（1）矩形花键连接的尺寸公差　为了减少专用刀具、量具（如拉刀、量规）的种类和数量，矩形花键连接采用基孔制配合。矩形花键的小径、大径和键宽（键槽宽）的尺寸公差带分为一般用和精密传动用两类。

按装配要求不同，矩形花键连接可分为滑动、紧滑动和固定三种配合。滑动配合的间隙最大，紧滑动配合的间隙次之，固定配合的间限最小。前两种配合既可传递转矩，也可让花键在轴上轴向移动；第三种配合只能传递转矩，花键在轴上无轴向移动。矩形花键的各尺寸公差带见表 9-4。

表 9-4　矩形花键的尺寸公差带（摘自 GB/T 1144—2001）

内花键				外花键			
小径 d	大径 D	键宽 B		小径 d	大径 D	键宽 B	装配形式
		拉削后不热处理	拉削后热处理				
一般用							
H7	H10	H9	H11	f7	a11	d10	滑动
				g7		f9	紧滑动
				h7		h10	固定
精密传动用							
H5	H10	H7、H9		f5	a11	d8	滑动
				g5		f7	紧滑动
				h5		h8	固定
H6				f6		d8	滑动
				g6		f7	紧滑动
				h6		h8	固定

注：1. 精密传动用的内花键，当需要控制键侧配合间隙时，键槽宽可选 H7，一般情况下可选 H9。

2. 小径 d 为 H6 和 H7 的内花键，允许与提高一级的外花键配合。

选用矩形花键连接的一般原则为：当定心精度要求高时，应选用精密传动用尺寸公差带，反之，可选一般用尺寸公差带；当要求传递转矩大或经常有正反转变动时，应选紧一些的配合，反之，可选松一些的配合；当内、外花键需频繁相对滑动或者配合长度较大时，应选紧一些的配合，反之，可选松一些的配合。

（2）矩形花键连接的几何公差和表面粗糙度　矩形花键的几何公差综合控制花键各键之间的角位置、各键对轴线的对称度误差、各键对轴线的平行度误差等。在大批量生产条件下，一般规定矩形花键的位置度公差。它遵守最大实体原则，用综合量规进行综合检测。矩形花键的位置度公差值 t_1 见表 9-5，在图样上的标注如图 9-9 所示。

在单件、小批量生产条件下，一般规定矩形花键的对称度公差和等分度公差。它们遵循独立原则，进行单项检测。

表 9-5　矩形花键的位置度公差值（摘自 GB/T 1144—2001）　　　　　（单位：mm）

键槽宽或键宽 B		3	3.5~6	7~10	12~18
t_1	键槽宽	0.010	0.015	0.020	0.025
	键宽 滑动、固定	0.010	0.015	0.020	0.025
	紧滑动	0.006	0.010	0.013	0.016

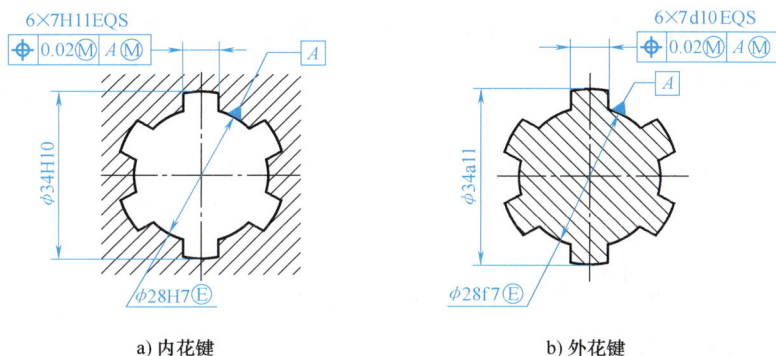

a) 内花键　　　　　　　b) 外花键

图 9-9　矩形花键位置度公差标注

矩形花键的对称度公差值 t_2 见表 9-6，在图样上的标注如图 9-10 所示。矩形花键的等分度公差是指花键各齿沿 360° 圆周方向均匀分布理想位置的最大允许偏离值，它等于矩形花键的对称度公差值。

表 9-6　矩形花键的对称度公差值（摘自 GB/T 1144—2001）　　　　　（单位：mm）

键槽宽或键宽 B		3	3.5~6	7~10	12~18
t_2	一般用	0.010	0.012	0.015	0.018
	精密传动用	0.006	0.008	0.009	0.011

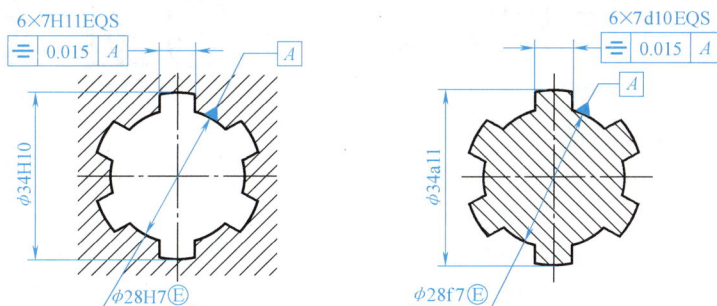

图 9-10　矩形花键对称度公差标注

对较长的矩形花键，可根据产品性能自行规定键侧对轴线的平行度公差。矩形花键连接的表面粗糙度值见表 9-7。

表 9-7　矩形花键连接的表面粗糙度值　　　　　　　　　　（单位：μm）

加工表面	内花键	外花键
	Ra 不大于	
小径	0.8	0.8
大径	6.3	3.2
键侧	3.2	0.8

（3）矩形花键的标记　矩形花键连接在图样上的标记为：键数 N×小径 d×大径 D×键宽 B 标准号，其各自的公差带代号可标注在各自的基本尺寸之后。例如，$N=6$，$d=23\dfrac{\text{H7}}{\text{f7}}$，$D=26\dfrac{\text{H10}}{\text{a11}}$，$B=6\dfrac{\text{H11}}{\text{d10}}$ 的花键标记如下：

花键规格：$N×d×D×B$　　　　　　$6×23×26×6$

花键副：$6×23\dfrac{\text{H7}}{\text{f7}}×26\dfrac{\text{H10}}{\text{a11}}×6\dfrac{\text{H11}}{\text{d10}}$　　GB/T 1144—2001

内花键：$6×23\text{H7}×26\text{H10}×6\text{H11}$　　GB/T 1144—2001

外花键：$6×23\text{f7}×26\text{a11}×6\text{d10}$　　GB/T 1144—2001

3. 矩形花键的检测

矩形花键的检测分为单项检测和综合检测。

（1）单项检测　单项检测主要用于单件、小批量生产中，用游标卡尺、千分尺和指示表等通用计量器具分别测量矩形花键的各项尺寸（小径 d、大径 D、键宽 B）误差，并检测键宽的对称度误差、键齿（槽）的等分度误差和大径对小径的同轴度误差等。

（2）综合检测　综合检测一般用于大批量生产中，用综合量规进行检验。用于检验内花键的为花键塞规，用于检验外花键的为花键环规，如图 9-11 所示。

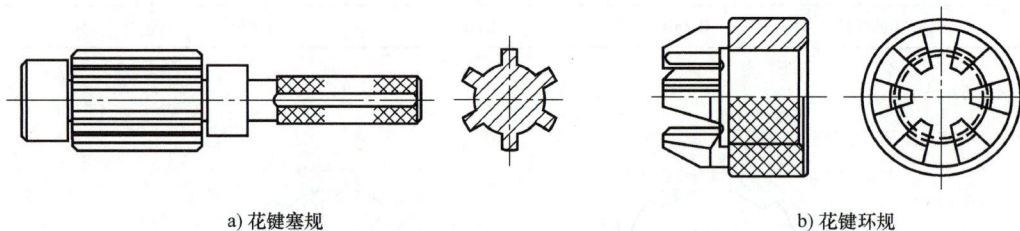

a) 花键塞规　　　　　　　　　　　　　　　　　　b) 花键环规

图 9-11　花键综合量规

综合检测内、外花键时，先用综合量规控制被测花键的最大实体边界，即综合检验小径、大径及键宽（键槽宽）的关联作用尺寸，使其控制在最大实体边界内；然后用单项止端量规分别检验尺寸 d、D 和 B 的最小实体尺寸。若综合量规能通过，且单项止端量规不能通过，则被测花键合格；反之，不合格。

任务实施

（1）根据图 9-1 所示传动轴零件图，查阅与之配合的键的各项参数，填写表 9-8。

表 9-8　平键及其配合参数

	轴槽的宽度尺寸（注公差）	轮毂槽的宽度尺寸（注公差）
键与键槽的配合（宽度）		
平键的宽度尺寸（注公差）		
键槽与键配合的最大间隙（或最小过盈）		
键槽与键配合的最小间隙（或最大过盈）		

（2）解读图样上轴槽、轮毂槽中心平面的对称度公差、槽面表面粗糙度的含义。

思考与练习

一、填空题

1. 键又称为_____，按其结构形式不同，可分为_____、_____、_____和_____四种，其中_____应用最广。

2. 按花键齿形状不同，花键可分为_____、_____、_____三种。

3. 平键与轴槽和轮毂槽的配合采用_____，矩形花键连接的配合采用_____。（要求填写基准制类别）

4. 平键的检测主要包括_____和_____。

5. 矩形花键的主要尺寸包括_____、_____和_____。

6. 按装配要求不同，矩形花键连接可分为_____、_____和_____三种配合。

二、选择题

1. 与平键连接相比，花键连接具有（　　）等优点。
   A. 承载能力强　　　　B. 导向性好　　　　C. 定心精度高　　　　D. 成本低

2. 平键连接的配合尺寸为（　　）。
   A. 键高 h　　　　B. 键宽 b　　　　C. 轴槽深 t_1　　　　D. 轮毂槽深 t_2

3. 矩形花键的键数 N 包括（　　）。
   A. 4　　　　B. 6　　　　C. 8　　　　D. 10

4. 矩形花键连接采用（　　）定心。
   A. 大径　　　　B. 小径　　　　C. 键宽　　　　D. 键数

5. 内、外花键小径 d 的极限尺寸遵循（　　）原则。
   A. 包容　　　　B. 最大实体　　　　C. 最小实体　　　　D. 独立

三、判断题

1. 国家标准对平键键宽只规定了一种公差带 h8。（　　　）

2. 国家标准规定平键键高 h 的公差带为 h11。（　　　）

3. 矩形花键中系列的键高尺寸比轻系列大，故承载能力较强。（　　　）

4. 矩形花键的键宽和键槽宽不论是否为定心尺寸，都应保证有足够的精度。（　　　）

5. 矩形花键连接中，固定配合既可传递转矩，也可让花键在轴上轴向移动。（　　）

6. 综合检测内、外花键时，若综合量规能通过，则被测花键合格。（　　）

四、综合题

某轴与齿轮的配合为 $\phi40H8/k7$，采用平键正常连接，平键截面为矩形，键长为 55mm。试确定键槽的基本尺寸、尺寸极限偏差、几何公差和表面粗糙度，并标注在图 9-12 中。

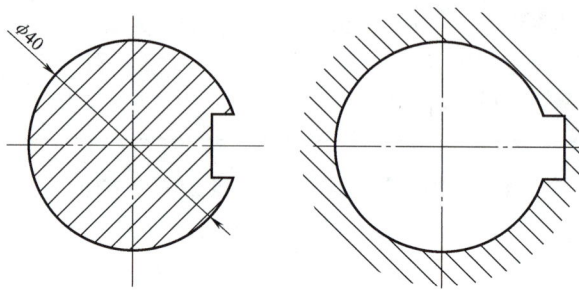

图 9-12　平键键槽标注

普通螺纹的公差及检测

1. 了解普通螺纹的主要几何参数对互换性的影响。
2. 掌握螺纹的公差带及其配合类型，能够按照要求选择普通螺纹的公差带及其配合。
3. 能够运用专业工具和仪器对普通螺纹进行检测。

【任务描述】

螺纹标注如图 10-1 所示。现需明确螺纹精度的具体要求，并选择相应的检具。

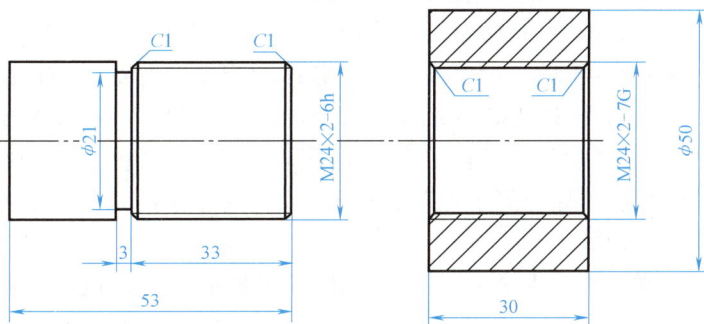

图 10-1　螺纹标注

【任务分析】

要完成此任务，就需要学习掌握螺纹的几何参数及其公差配合、螺纹代号及其标注的知识。

知识准备

一、普通螺纹的基本牙型及主要几何参数

1. 普通螺纹的基本牙型

普通螺纹的几何参数取决于螺纹轴向剖面内的基本牙型。内、外螺纹的大径、小径、中径和螺距等基本参数都是在基本牙型上定义的。

根据 GB/T 192—2003 规定，普通圆柱螺纹的基本牙型如图 10-2 所示，它是在通过螺纹轴线的轴向剖面上，将高度为 H 的原始等边三角形顶部截去 $H/8$ 和底部截去 $H/4$ 后形成的内、外螺纹共有的理论牙型。基本牙型上的尺寸为螺纹的基本尺寸。

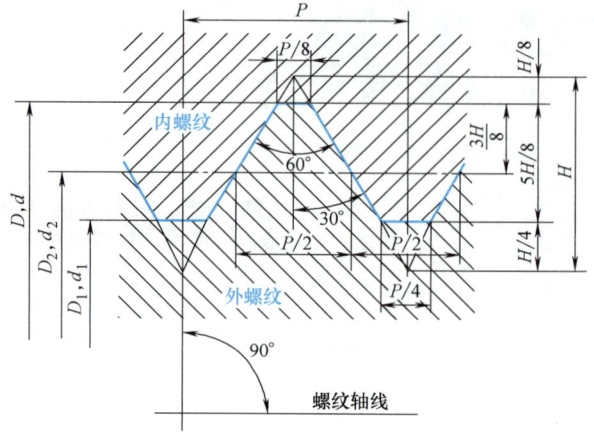

图 10-2　普通圆柱螺纹的基本牙型

2. 普通螺纹的主要几何参数

普通螺纹的主要几何参数包括大径、小径、中径、螺距、导程、单一中径、牙型高度、牙型角、牙型半角、升角、螺纹旋合长度、螺纹旋向等。

（1）大径　大径是指与内螺纹牙底或与外螺纹牙顶相切的假想圆柱或圆锥的直径。国家标准规定，普通螺纹大径的基本尺寸为螺纹的公称直径。对内螺纹而言，大径为底径，用 D 表示；对外螺纹而言，大径为顶径，用 d 表示。

（2）小径　小径是指与内螺纹牙顶或与外螺纹牙底相切的假想圆柱或圆锥的直径。对内螺纹而言，小径为顶径，用 D_1 表示；对外螺纹而言，小径为底径，用 d_1 表示。

（3）中径　中径是个假想圆柱或圆锥的直径，该假想圆柱或圆锥的母线通过牙型上牙厚和槽宽相等的地方。该假想圆柱或圆锥称为中径圆柱或中径圆锥。中径圆柱或中径圆锥的轴线为螺纹轴线，母线为螺纹中径线。内螺纹的中径用 D_2 表示，外螺纹的中径用 d_2 表示。

（4）螺距和导程　螺距 P 是指相邻两牙体上的对应牙侧与中径线相交两点间的轴向距离。导程 P_h 是指最邻近的两同名牙侧（处于同一螺旋面上的牙侧）与中径线相交两点间的轴向距离。对于单线螺纹，导程等于螺距，即 $P_h = P$；对于多线螺纹，导程等于螺距与螺旋线数 n 的乘积，即 $P_h = nP$。

（5）单一中径　单一中径是指一个假想圆柱或圆锥的直径，该假想圆柱或圆锥的母线通过实际螺纹上牙槽宽度等于 1/2 基本螺距的地方。当螺距无偏差时，单一中径与中径相等；当螺距有偏差时，两者不相等，如图 10-3 所示。

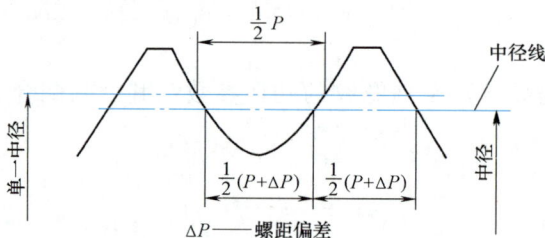

图 10-3　单一中径与中径

（6）牙型高度　牙型高度是指从一个螺纹牙体的牙顶到其牙底间的径向距离。如图 10-2 所示，$5H/8$ 即为牙型高度。

部分普通螺纹的基本尺寸见表 10-1。

表 10-1 普通螺纹的基本尺寸　　　　　　　　（单位：mm）

大径 D、d			螺距 P	中径 D₂、d₂	小径 D₁、d₁	大径 D、d			螺距 P	中径 D₂、d₂	小径 D₁、d₁
第1系列	第2系列	第3系列				第1系列	第2系列	第3系列			
6			1	5.350	4.917	14			1	13.350	12.917
			0.75	5.513	5.188			15	1.5	14.026	13.376
	7		1	6.350	5.917				1	14.350	13.917
			0.75	6.513	6.188	16			2	14.701	13.835
8			1.25	7.188	6.647				1.5	15.026	14.376
			1	7.350	6.917				1	15.350	14.917
			0.75	7.513	7.188			17	1.5	16.026	15.376
		9	1.25	8.188	7.647				1	16.350	15.917
			1	8.350	7.917		18		2.5	16.376	15.294
			0.75	8.513	8.188				2	16.701	15.835
10			1.5	9.026	8.376				1.5	17.026	16.376
			1.25	9.188	8.647				1	17.350	16.917
			1	9.350	8.917	20			2.5	18.376	17.294
			0.75	9.513	9.188				2	18.701	17.835
		11	1.5	10.026	9.376				1.5	19.026	18.376
			1	10.350	9.917				1	19.350	18.917
			0.75	10.513	10.188		22		2.5	20.376	19.294
12			1.75	10.863	10.106				2	20.701	19.835
			1.5	11.026	10.376				1.5	21.026	20.376
			1.25	11.188	10.647				1	21.350	20.917
			1	11.350	10.917	24			3	22.051	20.752
	14		2	12.701	11.835				2	22.701	21.835
			1.5	13.026	12.376				1.5	23.026	22.376
			1.25	13.188	12.647				1	23.350	22.917

（7）牙型角和牙型半角　牙型角 α 是指在螺纹牙型上，两相邻牙侧间的夹角；牙型半角 α/2 为牙型角 α 的一半，如图 10-4 所示。普通螺纹的牙型角 α = 60°，牙型半角 α/2 = 30°。

（8）升角　升角 φ（米制螺纹）是指在中径圆柱或中径圆锥上，螺旋线的切线与垂直于螺纹轴线平面间的夹角，如图 10-5 所示。它与导程 P_h 和中径 d_2 之间的关系为

$$\tan\varphi = \frac{P_h}{\pi d_2} \tag{10-1}$$

（9）螺纹旋合长度　螺纹旋合长度 l_E 是指两个配合螺纹的有效螺纹相互接触的轴向长度。

（10）螺纹旋向　顺时针旋转时旋入的螺纹，称为右旋螺纹。逆时针旋转时旋入的螺

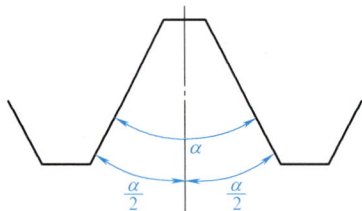

图 10-4　牙型角和牙型半角

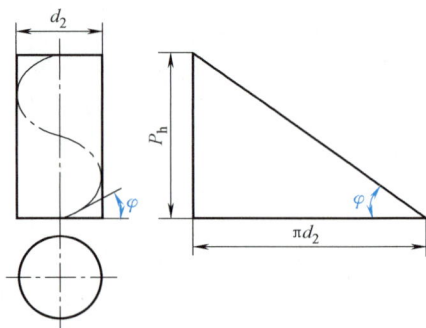

图 10-5　升角

纹，称为左旋螺纹。

当把零件沿轴线垂直放置时，螺纹旋线左端高于右端时，即为左旋螺纹；右端旋线高于左端时，即为右旋螺纹。

二、普通螺纹几何参数偏差对互换性的影响

影响螺纹互换性的几何参数有大径、小径、中径、螺距和牙型半角。由于螺纹的大径和小径处均留有间隙，一般不会影响其配合性质，因此，影响螺纹互换性的主要几何参数是中径、螺距和牙型半角。

1. 中径偏差对互换性的影响

中径偏差是指中径实际尺寸与其基本尺寸之差。内、外螺纹旋合时，相互作用集中在牙型侧面上，因此，中径的差异将直接影响牙型侧面的接触状态。若外螺纹的中径大于内螺纹的中径，内、外螺纹就会产生干涉，难以旋合；若外螺纹的中径小于内螺纹的中径，又会使螺纹结合过松，影响连接的可靠性。因此，加工螺纹牙型时，应当对中径偏差加以控制。

2. 螺距偏差对互换性的影响

螺距偏差是指螺距的实际值与其基本值之差。螺距偏差主要影响螺纹的旋合性和连接强度。螺距偏差包括单个螺距偏差和累积螺距偏差。累积螺距偏差是指在规定的螺纹长度内，任意两牙体间的实际累积螺距值与其基本累积螺距值之差中绝对值最大的那个偏差，它与旋合长度有关，对互换性的影响更为明显。因此，下面仅讨论累积螺距偏差对互换性的影响。

假定内螺纹具有基本牙型，外螺纹的中径及牙型半角与内螺纹相同，但外螺纹的螺距有偏差，且外螺纹的螺距比内螺纹的螺距大。假定在 n 个螺牙长度上，累积螺距偏差为 ΔP_Σ，则内、外螺纹的牙型将产生干涉（图 10-6a 中交叉剖面线部分），从而无法旋合。为使内、外螺纹能够旋合，可将外螺纹的中径减小一个数值 f_p（或将内螺纹的中径加大一个数值 f_p）。这个 f_p 值是为补偿累积螺距偏差的影响而折算到中径上的数值，称为螺距偏差中径当量。

由图 10-6b 所示几何关系可知

$$f_p = \left| \Delta P_\Sigma \right| \cot \frac{\alpha}{2} \tag{10-2}$$

对于普通螺纹，其牙型角 $\alpha = 60°$，则 $f_p = 1.732 \left| \Delta P_\Sigma \right|$。

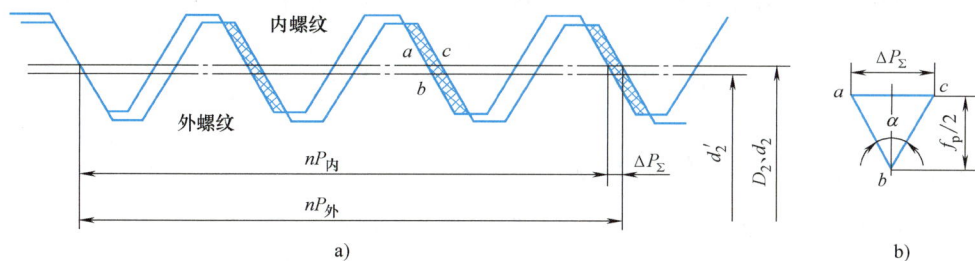

图 10-6　累积螺距偏差对互换性的影响

3. 牙型半角偏差对互换性的影响

牙型半角偏差是指实际牙型半角与理论牙型半角之差，它也会影响螺纹的旋合性和连接强度。图 10-7 所示为螺纹的牙型半角偏差。

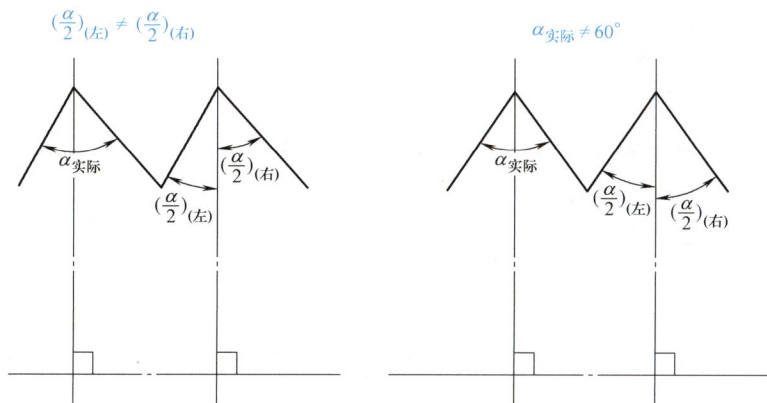

图 10-7　螺纹的牙型半角偏差

假设内螺纹具有基本牙型，外螺纹的中径及螺距与内螺纹的相同，且都没有偏差，但外螺纹的牙型半角有偏差，则内外螺纹旋合时，在牙侧将会产生干涉，难以旋合。图 10-8 所示为牙型半角偏差对互换性的影响，剖面线部分表示产生干涉处。

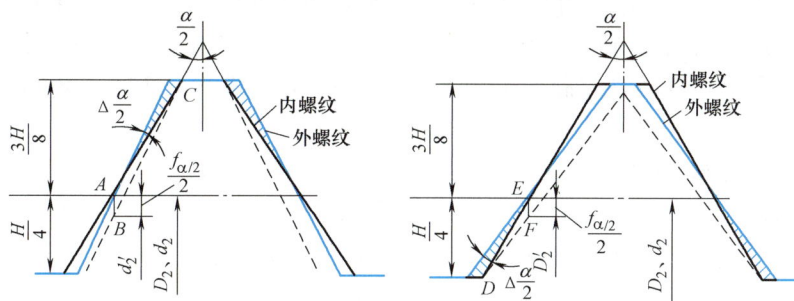

图 10-8　牙型半角偏差对互换性的影响

为使内外螺纹能够旋合，应将外螺纹的实际中径减小一个数值 $f_{\frac{\alpha}{2}}$（当内螺纹牙型半角有偏差时，可将内螺纹的实际中径增加一个数值 $f_{\frac{\alpha}{2}}$）。$f_{\frac{\alpha}{2}}$ 是为补偿牙型半角偏差的影响而折

算到中径上的数值，称为牙型半角偏差中径当量。$f_{\frac{\alpha}{2}}$ 与左、右牙型半角偏差的关系为

$$f_{\frac{\alpha}{2}} = 0.073P\left(K_1\left|\Delta\frac{\alpha_1}{2}\right| + K_2\left|\Delta\frac{\alpha_2}{2}\right|\right) \tag{10-3}$$

式中　　$\Delta\dfrac{\alpha_1}{2}$, $\Delta\dfrac{\alpha_2}{2}$——左、右牙型角半角偏差（′）；

K_1, K_2——系数，对于外螺纹，当牙型半角偏差为正值时，K_1 或 K_2 取 2，当牙型半角偏差为负值时，K_1 或 K_2 取 3；对于内螺纹，当牙型半角偏差为正值时，K_1 或 K_2 取 3，当牙型半角偏差为负值时，K_1 或 K_2 取 2。

4. 螺纹中径合格性判断

（1）螺纹中径合格性判断原则　　实际生产中，中径偏差 ΔD_2（Δd_2）、螺距偏差 ΔP 和牙型半角偏差 $\Delta\dfrac{\alpha}{2}$ 是同时存在的。因此，即使测得的螺纹中径合格，但由于有 ΔP 和 $\Delta\dfrac{\alpha}{2}$，仍不能确定螺纹是否合格。

对于内螺纹，当有 ΔP 和 $\Delta\dfrac{\alpha}{2}$ 后，只能与一个中径较小的外螺纹旋合，其效果相当于内螺纹的中径减小了，这个减小了的假想中径称为内螺纹的作用中径 D_{2m}，它是与外螺纹旋合时起作用的中径，其值为

$$D_{2m} = D_{2a} - (f_p + f_{\frac{\alpha}{2}}) \tag{10-4}$$

对于外螺纹，当有 ΔP 和 $\Delta\dfrac{\alpha}{2}$ 后，只能与一个中径较大的内螺纹旋合，其效果相当于外螺纹的中径增大了，这个增大了的假想中径称为外螺纹的作用中径 d_{2m}，它是与内螺纹旋合时起作用的中径，其值为

$$d_{2m} = d_{2a} + (f_p + f_{\frac{\alpha}{2}}) \tag{10-5}$$

国家标准中对作用中径的定义为：在规定的旋合长度内，恰好包容实际螺纹牙侧的一个假想理想螺纹的中径。该理想螺纹具有基本牙型，并且包容时与实际螺纹在牙顶和牙底处不发生干涉。

螺纹的实际中径 D_{2a}（d_{2a}）可用单一中径代替。由于螺距偏差和牙型半角偏差均可以折算成中径当量。因此，国家标准没有单独规定螺距和牙型半角公差，只规定了一个中径公差（T_{D2}、T_{d2}）。这个公差可同时控制实际中径（单一中径）偏差、螺距偏差和牙型半角偏差的共同影响。

根据以上分析可知，螺纹中径是衡量螺纹互换性的主要参数。螺纹中径合格性判断原则应遵循泰勒原则，即实际螺纹的作用中径不能超出最大实体牙型的中径，实际螺纹上任意位置的实际中径（单一中径）不能超出最小实体牙型的中径，即

对于内螺纹　　　　　　　　$D_{2m} \geqslant D_{2min}$,　　$D_{2a} \leqslant D_{2max}$ 　　　　　　　　(10-6)

对于外螺纹　　　　　　　　$d_{2a} \geqslant d_{2min}$,　　$d_{2m} \leqslant d_{2max}$ 　　　　　　　　(10-7)

（2）螺纹中径合格性判断原则的应用

【例】　已知一螺纹尺寸和公差要求为 M24×2-6g，加工后测量得实际大径 d_a = 23.850mm，实际中径 d_{2a} = 22.521mm，螺距累积偏差 ΔP_{Σ} = +0.05mm，牙型半角偏差分别

为 $\Delta\left(\dfrac{\alpha}{2}\right)_{左} = +20'$，$\Delta\left(\dfrac{\alpha}{2}\right)_{右} = -25'$。已知该螺纹理论中径 $d_2 = 22.701\text{mm}$，试判断顶径和中径是否合格。

【解】　（1）依据 GB/T 197—2018 查普通螺纹中径、顶径公差表（见表 10-3 和表 10-4），可得：中径 $es = -38\mu\text{m}$，$T_{d2} = 170\mu\text{m}$，大径 $es = -38\mu\text{m}$，$T_d = 280\mu\text{m}$。

（2）判断大径的合格性

$$d_{max} = d + es = 24\text{mm} - 0.038\text{mm} = 23.962\text{mm}$$

$$d_{min} = d_{max} - T_d = 23.962\text{mm} - 0.28\text{mm} = 23.682\text{mm}$$

因 $d_{max} > d_a = 23.850\text{mm} > d_{min}$，故大径合格。

（3）判断中径的合格性

$$d_{2max} = d_2 + es = 22.701\text{mm} - 0.038\text{mm} = 22.663\text{mm}$$

$$d_{2min} = d_{2max} - T_{d2} = 22.663\text{mm} - 0.17\text{mm} = 22.493\text{mm}$$

$$d_{2m} = d_{2a} + (f_p + f_{\alpha/2})$$

式中，$d_{2a} = 22.521\text{mm}$

$$f_p = 1.732|\Delta P_\Sigma| = (1.732 \times 0.05)\text{mm} = 0.087\text{mm}$$

$$f_{\alpha/2} = 0.073P(K_1|\Delta\alpha_1/2| + K_2|\Delta\alpha_2/2|)$$
$$= [0.073 \times 2 \times (2 \times 20 + 3 \times 25)]\mu\text{m} = 16.8\mu\text{m} = 0.017\text{mm}$$

则　　$d_{2m} = 22.521\text{mm} + (0.087 + 0.017)\text{mm} = 22.625\text{mm}$

按极限尺寸判断原则（泰勒原则）

$$d_{2m} = 22.625\text{mm} < 22.663\text{mm} = d_{2max}$$

$$d_{2a} = 22.521\text{mm} > 22.493\text{mm} = d_{2min}$$

故中径合格。

三、普通螺纹的公差

普通螺纹常常作为连接和紧固零部件的连接结构用于机械设备和仪表中，是应用最广的连接螺纹。普通螺纹零件大多都是标准件，为了保证螺纹结合的互换性，GB/T 197—2018《普通螺纹　公差》中规定了普通螺纹的公差带位置、公差等级、旋合长度、推荐公差带、牙底形状、螺纹标记等内容。

1. 普通螺纹的公差带

普通螺纹公差带与尺寸公差带一样，其大小由公差等级决定，位置由基本偏差决定。普通螺纹公差带以基本牙型为零线，沿螺纹牙型的牙侧、牙顶和牙底分布，并在垂直于螺纹轴线的方向上计量。

在普通螺纹中，为了满足互换性的要求，只需规定顶径（内螺纹的小径 D_1 和外螺纹的大径 d）和中径公差。螺纹底径（内螺纹的大径 D 和外螺纹的小径 d_1）是在加工时与中径一起由刀具切出的，其尺寸由刀具保证，因此，国家标准没有规定底径公差，只规定内、外螺纹牙底的实际轮廓不能超出基本偏差所确定的最大实体牙型，以保证旋合时不会发生干涉。这样，在普通螺纹国家标准中，只规定了内螺纹的小径 D_1、中径 D_2 和外螺纹的大径 d、中径 d_2 的公差。

（1）公差等级　螺纹的公差等级见表 10-2。其中，3 级精度最高，9 级精度最低，6 级为基本级。普通螺纹的顶径公差和中径公差分别见表 10-3 和表 10-4。

表 10-2 螺纹的公差等级

螺纹直径	公差等级	螺纹直径	公差等级
内螺纹小径 D_1	4、5、6、7、8	外螺纹大径 d	4、6、8
内螺纹中径 D_2	4、5、6、7、8	外螺纹中径 d_2	3、4、5、6、7、8、9

表 10-3 普通螺纹的基本偏差和顶径公差（摘自 GB/T 197—2018）

螺距 P/mm	内螺纹的基本偏差 EI/μm		外螺纹的基本偏差 es/μm								内螺纹小径公差 T_{D1}/μm					外螺纹大径公差 T_d/μm		
											公差等级					公差等级		
	G	H	a	b	c	d	e	f	g	h	4	5	6	7	8	4	6	8
0.75	+22	0	—	—	—	—	−56	−38	−22	0	118	150	190	236		90	140	
0.8	+24		—	—	—	—	−60	−38	−24		125	160	200	250	315	95	150	236
1	+26		−290	−200	−130	−85	−60	−40	−26		150	190	236	300	375	112	180	280
1.25	+28		−295	−205	−135	−90	−63	−42	−28		170	212	265	335	425	132	212	335
1.5	+32		−300	−212	−140	−95	−67	−45	−32		190	236	300	375	475	150	236	375
1.75	+34		−310	−220	−145	−100	−71	−48	−34		212	265	335	425	530	170	265	425
2	+38		−315	−225	−150	−105	−71	−52	−38		236	300	375	475	600	180	280	450
2.5	+42		−325	−235	−160	−110	−80	−58	−42		280	355	450	560	710	212	335	530
3	+48		−335	−245	−170	−115	−85	−63	−48		315	400	500	630	800	236	375	600
3.5	+53		−345	−255	−180	−125	−90	−70	−53		355	450	560	710	900	265	425	670
4	+60		−355	−265	−190	−130	−95	−75	−60		375	475	600	750	950	300	475	750
4.5	+63		−365	−280	−200	−135	−100	−80	−63		425	530	670	850	1060	315	500	800

表 10-4 普通螺纹的中径公差（摘自 GB/T 197—2018）

公称直径 D、d/mm		螺距 P/mm	内螺纹中径公差 T_{D2}/μm					外螺纹中径公差 T_{d2}/μm						
			公差等级					公差等级						
>	≤		4	5	6	7	8	3	4	5	6	7	8	9
5.6	11.2	0.75	85	106	132	170	—	50	63	80	100	125	—	—
		1	95	118	150	190	236	56	71	90	112	140	180	224
		1.25	100	125	160	200	250	60	75	95	118	150	190	236
		1.5	112	140	180	224	280	67	85	106	132	170	212	265
11.2	22.4	1	100	125	160	200	250	60	75	95	118	150	190	236
		1.25	112	140	180	224	280	67	85	106	132	170	212	265
		1.5	118	150	190	236	300	71	90	112	140	180	224	280
		1.75	125	160	200	250	315	75	95	118	150	190	236	300
		2	132	170	212	265	335	80	100	125	160	200	250	315
		2.5	140	180	224	280	355	85	106	132	170	212	265	335
22.4	45	1	106	132	170	212	—	63	80	100	125	160	200	250
		1.5	125	160	200	250	315	75	95	118	150	190	236	300
		2	140	180	224	280	355	85	106	132	170	212	265	335
		3	170	212	265	335	425	100	125	160	200	250	315	400
		3.5	180	224	280	355	450	106	132	170	212	265	335	425
		4	190	236	300	375	475	112	140	180	224	280	355	450
		4.5	200	250	315	400	500	118	150	190	236	300	375	475

从表 10-4 可以看出：同一公差等级中，内螺纹中径公差比外螺纹中径公差大 32% 左右，原因是内螺纹加工比外螺纹困难。

（2）基本偏差 内、外螺纹公差带的位置如图 10-9 所示。对于内螺纹，基本偏差为下极限偏差 EI，对于外螺纹，基本偏差为上极限偏差 es。在普通螺纹国家标准中，对内螺纹规定了两种公差带位置，其基本偏差分别为 G、H，如图 10-9a、b 所示。对外螺纹规定了八种公差带位置，其基本偏差分别为 a、b、c、d、e、f、g、h，如图 10-9c、d 所示。部分基本偏差的数值见表 10-3，其中，H、h 的基本偏差为零，G 的基本偏差为正值，a～g 的基本偏差为负值。选择基本偏差时，主要依据螺纹表面涂镀层的厚度及螺纹件的装配间隙。

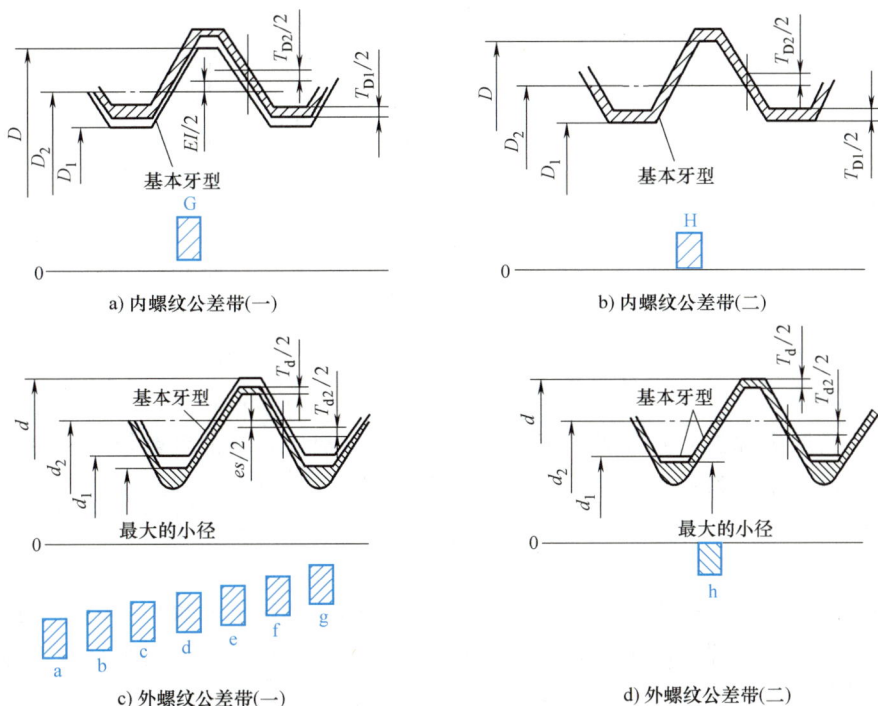

图 10-9 内、外螺纹公差带

2. 旋合长度

为满足普通螺纹不同使用性能的要求，国家标准将螺纹的旋合长度分为了短组 S、中等组 N 和长组 L 三组，其值见表 10-5。

表 10-5 螺纹的旋合长度（摘自 GB/T 197—2018）　　　（单位：mm）

公称直径 D,d		螺距 P	旋合长度			
			S	N		L
>	≤		≤	>	≤	>
5.6	11.2	0.75	2.4	2.4	7.1	7.1
		1	3	3	9	9
		1.25	4	4	12	12
		1.5	5	5	15	15

（续）

公称直径 D,d		螺距 P	旋合长度			
			S	N		L
>	≤		≤	>	≤	>
11.2	22.4	1	3.8	3.8	11	11
		1.25	4.5	4.5	13	13
		1.5	5.6	5.6	16	16
		1.75	6	6	18	18
		2	8	8	24	24
		2.5	10	10	30	30
22.4	45	1	4	4	12	12
		1.5	6.3	6.3	19	19
		2	8.5	8.5	25	25
		3	12	12	36	36
		3.5	15	15	45	45
		4	18	18	53	53
		4.5	21	21	63	63

3. 公差精度

螺纹公差精度由螺纹公差等级和旋合长度两个因素决定，当公差等级为一定时，旋合长度越长，加工时产生的累积螺距偏差和牙型半角偏差就可能越大，以同样的中径公差值加工就越困难。螺纹公差精度的高低，反映螺纹加工的难易程度。根据使用场合的不同，螺纹的公差精度分为精密、中等和粗糙三级。精密级主要用于精密螺纹；中等级主要用于一般用途螺纹；粗糙级主要用于制造螺纹有困难的场合，如在热轧棒料上和深盲孔内加工螺纹等。实际选用时，还必须考虑螺纹的工作条件、尺寸大小、工艺结构及加工的难易程度等因素。例如，当螺纹承载较大，且为交变载荷或有较大振动时，应选用精密级；对于小直径螺纹，为保证连接强度，应提高其公差精度。

四、普通螺纹公差带与配合的选择

1. 公差带的选择

国家标准规定了内、外螺纹的推荐公差带，见表10-6和表10-7。除特殊情况外，不应选用标准规定以外的公差带。如果不知道螺纹旋合长度的实际值（如标准螺栓），国家标准推荐按中等旋合长度组 N 选取螺纹公差带。

表 10-6　内螺纹的推荐公差带（摘自 GB/T 197—2018）

公差精度	公差带位置 G			公差带位置 H		
	S	N	L	S	N	L
精密	—	—	—	4H	5H	6H
中等	(5G)	**6G**	(7G)	**5H**	**6H**	**7H**
粗糙	—	(7G)	(8G)	—	7H	8H

表 10-7　外螺纹的推荐公差带（摘自 GB/T 197—2018）

公差精度	公差带位置 e			公差带位置 f			公差带位置 g			公差带位置 h		
	S	N	L	S	N	L	S	N	L	S	N	L
精密	—	—	—	—	—	—	—	(4g)	(5g4g)	(3h4h)	**4h**	5h4h
中等	—	**6e**	(7e6e)	—	**6f**	—	(5g6g)	**6g**	(7g6g)	(5h6h)	6h	(7h6h)
粗糙	—	(8e)	(9e8e)	—	—	—	—	8g	(9g8g)	—	—	—

公差带的优先选用顺序为：黑字体公差带、一般字体公差带、括号内公差带。带方框的黑字体公差带用于大量生产的紧固件螺纹。

2. 配合的选择

从原则上讲，表 10-6 所示内螺纹公差带能与表 10-7 所示外螺纹公差带形成任意组合。但为了保证内、外螺纹间有足够的螺纹接触高度，国家标准推荐完工后的螺纹零件应优先组成 H/g、H/h 或 G/h 配合。对公称直径小于和等于 1.4 mm 的螺纹，应选用 5H/6h、4H/6h 或更精密的配合。

3. 表面粗糙度的选择

普通螺纹的牙侧表面粗糙度，主要按用途和中径公差等级来确定，见表 10-8。

表 10-8　普通螺纹牙侧表面粗糙度

零件	中径公差等级		
	4、5	6、7	7~9
	Ra/μm		
螺栓、螺钉、螺母	≤1.6	≤3.2	3.2~6.3
轴及套上的螺纹	0.8~1.6	≤1.6	≤3.2

五、普通螺纹的标记

完整的螺纹标记由螺纹特征代号、尺寸代号、公差带代号及其他有必要进一步说明的个别信息组成，如图 10-10 所示。

| 螺纹特征代号 | 公称直径 | × | 螺距（导程/线数） | - | 公差带代号 | - | 旋合长度组别代号 | - | 旋向代号 |

图 10-10　普通螺纹的标注

1. 特征代号

普通螺纹的特征代号用字母"M"表示。

2. 尺寸代号

单线螺纹的尺寸代号为"公称直径×螺距"，公称直径和螺距数值的单位为毫米（mm）。对于粗牙螺纹，可以省略标注其螺距项。例如，公称直径为 8mm、螺距为 1mm 的单线细牙螺纹，标记为"M8×1"；公称直径为 8mm、螺距为 1.25mm 的单线粗牙螺纹，标记为"M8"。多线螺纹的尺寸代号为"公称直径×Ph 导程 P 螺距"，公称直径、导程和螺距的单位为毫米（mm）。如果要进一步表明螺纹的线数，可在螺距后增加括号说明（用英语进行说明），如双线为 two starts、三线为 three starts。例如，公称直径为 16mm、螺距为 1.5mm、导程为 3mm 的双线螺纹，标记为 M16×Ph3 P1.5 或 M16×Ph3P1.5（two starts）。

3. 公差带代号

普通螺纹的公差带代号包含中径公差带代号和顶径公差带代号。中径公差带代号在前，顶径公差带代号在后。各直径的公差带代号由表示公差等级的数值和表示公差带位置的字母（内螺纹用大写字母，外螺纹用小写字母）组成。如果中径公差带代号和顶径公差带代号相同，则只标注一个公差带代号。

螺纹尺寸代号与公差带间用"-"号分开。例如，公称直径为 10mm、中径公差带为 5g、顶径公差带为 6g 的粗牙外螺纹，标记为 M10-5g6g；公称直径为 10mm、中径公差带和顶径公差带都为 6H 的粗牙内螺纹，标记为 M10-6H。

在下列情况下，中等公差精度螺纹的公差带代号可以省略：

1）内螺纹：公称直径 $D \leqslant 1.4$mm 时，公差带代号为 5H；公称直径 $D \geqslant 1.6$mm 时，公差带代号为 6H；对螺距为 0.2mm 的螺纹，其公差等级为 4 级。

2）外螺纹：公称直径 $d \leqslant 1.4$mm 时，公差带代号为 6h；公称直径 $d \geqslant 1.6$mm 时，公差带代号为 6g。

表示内、外螺纹配合时，内螺纹公差带代号在前，外螺纹公差带代号在后，中间用斜线"/"分开。例如，公差带为 6H 的内螺纹与公差带为 5g6g 的外螺纹组成的配合，标记为 M20×2-6H/5g6g。

4. 旋合长度组别和旋向代号

对短旋合长度组和长旋合长度组的螺纹，应在公差带代号后分别标注"S"和"L"代号。旋合长度组别代号与公差带间用"-"分开。如短旋合长度组的内螺纹 M20×2-5H-S、长旋合长度组的外螺纹 M6-7g6g-L。中等旋合长度组螺纹不标注旋合长度组代号 N。对于左旋螺纹，应在旋合长度代号之后标注代号"LH"。旋合长度组别代号与旋向代号间用"-"分开，如左旋螺纹 M6×0.75-5h6h-S-LH。右旋螺纹不标注旋向代号。

5. 标记示例

如螺纹：M20×2-5g6g-S-LH

标记的含义：M——普通螺纹；20×2——公称直径为 20mm，螺距 P 为 2mm（细牙）；5g6g——外螺纹中径和顶径公差带代号；S——短旋合长度组；LH——左旋。

六、普通螺纹的检测

普通螺纹的检测可分为综合检验和单项测量两类。

1. 综合检验

综合检验的目的是检验螺纹各参数偏差的综合结果是否符合螺纹的使用性能要求。对螺纹进行综合检验的仪器有光滑极限量规和螺纹量规，它们都是由通规（通端）和止规（止端）组成的。光滑极限量规用于检验内、外螺纹顶径的合格性。螺纹量规的通规用于检验内、外螺纹的作用中径及底径的合格性，螺纹量规的止规用于检验内、外螺纹单一中径的合格性。检验内螺纹的螺纹量规称为螺纹塞规，检验外螺纹的螺纹量规称为螺纹环规，如图 10-11 和图 10-12 所示。

根据螺纹中径合格性的判断原则，螺纹量规的通规和止规在螺纹长度和牙型上的结构特征是不同的。

螺纹通规主要用于检验作用中径，使其不得超出最大实体牙型中径（同时控制螺纹的底径），它应该具有完整的牙型，且其螺纹长度至少要等于螺纹工件旋合长度的80%。当螺纹通规可以和螺纹工件自由旋合时，表示螺纹工件的作用中径没有超出其最大实体牙型中径。

螺纹止规只控制螺纹的实际中径不超出其最小实体牙型中径。为了消除螺距偏差和牙型半角偏差的影响，其牙型应做成截短牙型，且螺纹长度只有2~3.5牙。当螺纹止规不能旋合或不完全旋合时，表示螺纹的实际中径没有超出其最小实体牙型中径。

如果螺纹通规能自由旋过工件、螺纹止规不能旋入工件（或旋入工件不超过两圈），则表示工件合格；否则不合格。

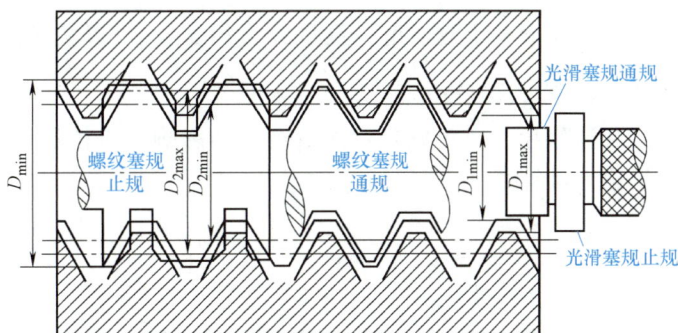

图 10-11　螺纹塞规

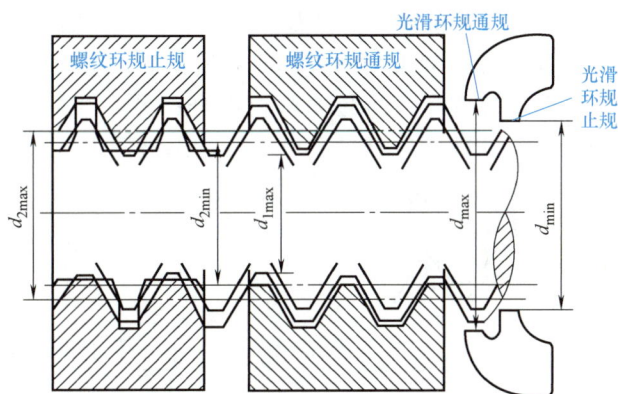

图 10-12　螺纹环规

2. 单项测量

对于大尺寸普通螺纹、精密螺纹和传动螺纹，除了可旋合性和连接可靠以外，还有其他精度和功能要求，生产中一般都采用单项测量。

单项测量是指分别测量螺纹的各个参数，主要包括中径、螺距和牙型半角，其次包括顶径和底径，有时还需测量牙底的形状。单项测量主要用于螺纹工件的工艺分析或螺纹量规和螺纹刀具的质量检查。单项测量的方法很多，最典型的是用万能工具显微镜测量螺纹的中径、螺距和牙型半角。用工具显微镜将被测螺纹的牙型轮廓放大成像，按被测螺纹的影像，测量其螺距、牙型半角和中径，因此该法又称为影像法。

在实际生产中，测量外螺纹中径多用三针法。该方法简单，测量精度高，应用广泛。

下面将主要介绍用三针法测量螺纹中径和用螺纹千分尺测量螺纹中径的方法。

（1）用三针法测量螺纹中径　三针法主要用于测量精密外螺纹（如螺纹塞规、丝杠等）的中径 d_2。如图 10-13 所示，测量时，将三根直径相等的精密量针放在被测螺纹沟槽中，用光学或机械量仪测出针距 M。然后根据被测螺纹已知的螺距 P、牙型半角 $\dfrac{\alpha}{2}$ 及量针直径 d_0，按下式计算螺纹中径的实际尺寸 d_2

$$d_2 = M - d_0\left(1 + \frac{1}{\sin\dfrac{\alpha}{2}}\right) + \frac{P}{2}\cot\frac{\alpha}{2} \tag{10-8}$$

式中，螺距 P、牙型半角 $\dfrac{\alpha}{2}$ 及量针直径 d_0 均可以按照理论值代入。对于普通螺纹，$\alpha = 60°$，则 $d_2 = M - 3d_0 + 0.866P$。

为消除牙型半角偏差对测量结果的影响，应使量针在中径线上与牙侧接触，此时的量针直径称为量针最佳直径 $d_{0最佳}$，即

$$d_{0最佳} = \frac{P}{2\cos\dfrac{\alpha}{2}} \tag{10-9}$$

对于普通螺纹，$\alpha = 60°$，则 $d_{0最佳} = 0.577P$。

（2）用螺纹千分尺测量螺纹中径　螺纹千分尺是测量低精度外螺纹中径的常用量具，其结构如图 10-14 所示。可以看出，螺纹千分尺的结构与外径千分尺基本相同，只是在测杆和砧座上装有可换测头。测头是成对配套的，它们被做成与螺纹牙型相吻合的形状：一个为 V 形测头，与螺纹牙型凸起部位相吻合；另一个为圆锥形测头，与螺纹牙型沟槽部位相吻合。测量时，在螺纹千分尺上可直接读出被测螺纹中径的实际尺寸。

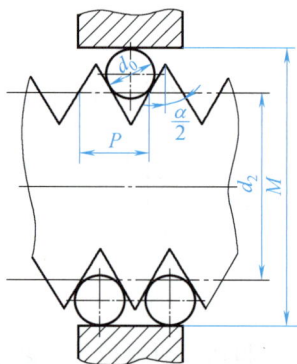

图 10-13　用三针法测量螺纹中径

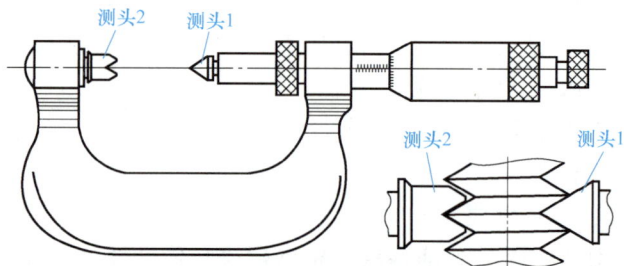

图 10-14　螺纹千分尺

任务实施

将对图 10-1 所示螺纹标注的解读填入表 10-9。

螺纹标注的讲解

表 10-9　螺纹标注的解读

参数	基本尺寸	内螺纹		外螺纹	
		上极限偏差	下极限偏差	上极限偏差	下极限偏差
中径					
顶径（小径）				/	/
顶径（大径）		/	/		
旋向					
旋合长度					

思考与练习

一、填空题

1. 普通螺纹的基本牙型是在通过＿＿＿＿＿＿＿的剖面上，将高度为 H 的原始等边三角

形顶部截去_____和底部截去_____后形成的内、外螺纹共有的理论牙型。基本牙型上的尺寸为螺纹的_____。

2. 大径是指与内螺纹_____或与外螺纹_____相切的假想的_____直径。普通螺纹大径的基本尺寸为螺纹的_____尺寸。

3. 普通螺纹公差带以_____为零线，沿着螺纹牙型的____、____和____分布，并在垂直于_____的方向上计量。

4. 螺纹公差精度由螺纹_____和_____两个因素决定。它可分为____、____和____三级。

5. 普通螺纹的检测方法可分为_____和_____两类。

二、选择题

1. 下列关于底径的描述正确的是（　　）。
　　A. 其尺寸由刀具保证　　　　B. 底径为大径
　　C. 国家标准没有规定底径公差　D. 国家标准规定了底径公差

2. 普通螺纹的中径公差可以限制（　　）。
　　A. 单一中径偏差　　　　　　B. 累积螺距偏差
　　C. 牙型半角偏差　　　　　　D. 大径偏差

3. 关于标记 M10×1-5g6g，说法正确的是（　　）。
　　A. 此螺纹为内螺纹　　　　　B. 螺距为 1mm
　　C. 此螺纹为粗牙螺纹　　　　D. 顶径公差带为 5g

三、判断题

1. 当螺距无偏差时，单一中径与中径相等。（　　）
2. 螺纹中径是衡量螺纹互换性的主要参数。（　　）
3. 螺纹公差带代号的标记中，顶径公差带代号在前，中径公差带代号在后。（　　）

四、简答题

1. 什么是螺纹的作用中径？如何判断螺纹中径的合格性？

2. 某普通螺纹标记为 M24×2-6H，加工后，测得实际中径 $D_{2a}=22.785$mm，累积螺距偏差 $\Delta P_{\Sigma}=30\mu m$，实际牙型半角 $\frac{\alpha_1}{2}=30°35'$，$\frac{\alpha_2}{2}=30°25'$。试确定此螺纹的中径是否合格。

3. 某普通螺纹标记为 M18×2-6g，试查表确定此螺纹的大径、小径和中径的极限偏差。

4. 解释下列标记的含义。
（1）M30×2-5g6g。
（2）M20×2-5H-L-LH。
（3）M16×Ph3P1.5。

渐开线圆柱齿轮的公差及检测

1. 能口述齿轮传动的使用要求。
2. 能解读渐开线圆柱齿轮精度指标的含义。

【任务描述】

某单级齿轮减速器中有一圆柱齿轮，其零件图如图 11-1 所示。图样除了一些几何技术规范标注外，还标注有齿距累积总偏差、齿廓总偏差、单个齿距偏差、螺旋线总偏差等齿轮精度的要求，现需解读这些齿轮精度评定项目的要求。

参数项目	代号	数值
模数	m	2
齿数	z	55
压力角	α	20°
齿距累积总偏差	F_p	+0.037
齿廓总偏差	F_α	+0.012
单个齿距偏差	$\pm f_p$	±0.011
螺旋线总偏差	F_β	+0.015

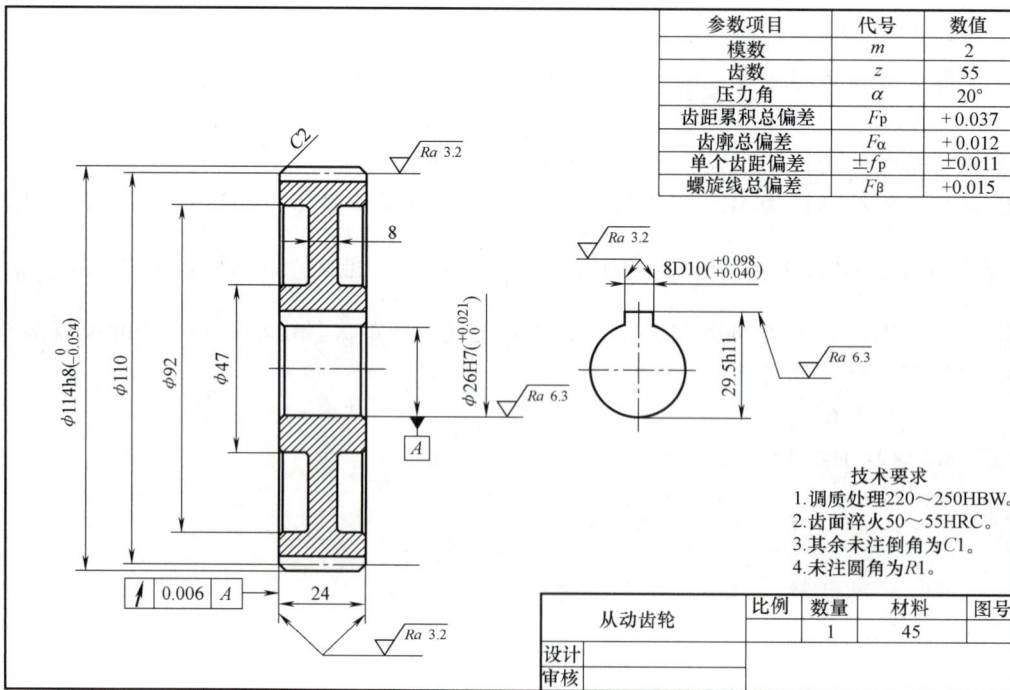

技术要求
1. 调质处理220～250HBW。
2. 齿面淬火50～55HRC。
3. 其余未注倒角为C1。
4. 未注圆角为R1。

从动齿轮	比例	数量	材料	图号
设计		1	45	
审核				

图 11-1 圆柱齿轮零件图

【任务分析】

本任务要解读齿轮的精度指标，需要学习齿轮精度的评价指标、精度标准及标注规范等相关知识。

知识准备

一、齿轮传动的使用要求

齿轮主要用于传递运动和动力，是机器和仪器中最常用的传动件之一。齿轮传动的质量将会直接影响机器或仪器的工作精度、承载能力和使用寿命。

现代工业中的各种机器和仪器对齿轮传动的使用提出了多方面的要求，归纳起来主要有四个方面：传递运动的准确性、传动的平稳性、载荷分布的均匀性和传动侧隙的合理性。

（1）传动的准确性 理论上，齿轮应按设计规定的传动比来传递运动，即主动轮转过一个角度时，从动轮应按传动比关系转过一个相应的角度。但实际中，由于齿轮存在加工误差和安装误差，齿轮传动不可能一直保持恒定的传动比，从动轮的实际转角将会产生转角误差。传动的准确性就是要求齿轮在一转范围内的传动比变化尽量小，以使其最大转角误差限制在一定范围内，保证从动轮与主动轮的运动协调。

（2）传动的平稳性 齿轮传动过程中，当瞬时传动比变化时，从动轮转速将会不断变化，产生瞬时加速度和惯性冲击力，引起冲击、振动和噪声。传动的平稳性就是要求齿轮传动中的瞬时传动比变化尽量小，以降低冲击、振动和噪声，保证传动平稳，提高工作精度。

（3）载荷分布的均匀性 齿轮传递载荷时，若齿面上的载荷分布不均匀，将会引起齿面局部应力集中，导致齿面发生磨损、点蚀甚至轮齿折断等现象。载荷分布的均匀性就是要求齿轮啮合时齿面接触良好，使轮齿承载均匀，从而提高齿轮的承载能力和使用寿命。

（4）传动侧隙的合理性 在齿轮传动中，为了储存润滑油，补偿齿轮因受力变形、受热变形、制造和安装误差等产生的尺寸变化，在相啮合轮齿的非工作面间应留有一定的齿侧间隙（简称侧隙），以防止齿轮传动过程中出现卡死或烧伤现象。但该侧隙也不能过大，尤其是对于经常需要正反转的齿轮，如果侧隙过大，会产生空程，引起换向冲击。因此，应合理确定侧隙的大小。

实际工作中，为保证齿轮传动具有较好的工作性能，对上述四个方面均要有一定的要求，但对于不同工作条件和不同用途的齿轮，上述四项使用要求的侧重点会有所不同。

我国颁布了 GB/T 10095.1—2022、GB/T 10095.2—2008、GB/T 13924—2008、GB/Z 18620.1—2008、GB/Z 18620.2—2008、GB/Z 18620.3—2008、GB/Z 18620.4—2008 等国家标准及标准化指导性技术文件来规范齿轮的精度要求，分别规定了影响各使用性能的评定指标。

二、单个齿轮精度的评定指标

1. 传动准确性的评定指标与检测

传动准确性的评定指标共有五项。其中，属于综合指标的有切向综合总偏差 $F_{is}(F_i')$ 和齿距累积总偏差 F_p，属于单项指标的有径向跳动 F_r、径向综合总偏差 $F_{id}(F_i'')$ 和公法线变

动量 E_{bn}。

（1）切向综合总偏差 F_{is}　切向综合总偏差 F_{is} 是指被测齿轮与测量齿轮单面啮合检验时，被测齿轮一转内，齿轮分度圆上实际圆周位移与理论圆周位移的最大差值，以分度圆弧长计值。它能综合反映出径向误差和切向误差对齿轮传动准确性的影响，是评定齿轮传动准确性比较理想的综合指标。

切向综合总偏差 F_{is} 用单面啮合综合检查仪（简称单啮仪）进行测量。单啮仪的种类很多，有机械式、光栅式、磁分度式等。下面以机械式为例进行介绍。

图 11-2a 所示为双圆盘摩擦式单啮仪的测量原理示意图。被测齿轮 1 与作为测量基准的测量齿轮 2，在公称中心距 a 下形成单面啮合齿轮副传动；两个与被测齿轮 1 和测量齿轮 2 分度圆直径相等的精密摩擦盘 4 和 3 之间的纯滚动形成标准传动。若被测齿轮 1 没有误差，则其传动轴 6 与精密摩擦盘 4 同步，传感器 7 无信号输出；若被测齿轮 1 有误差，则其传动轴 6 与精密摩擦盘 4 不同步，两者产生的相对转角误差由传感器 7 经放大器 8 传至记录器 9，并可绘出一条光滑、连续的齿轮转角误差曲线，如图 11-2b 所示。该曲线称为切向误差曲线，其最大值即为 F_{is}。

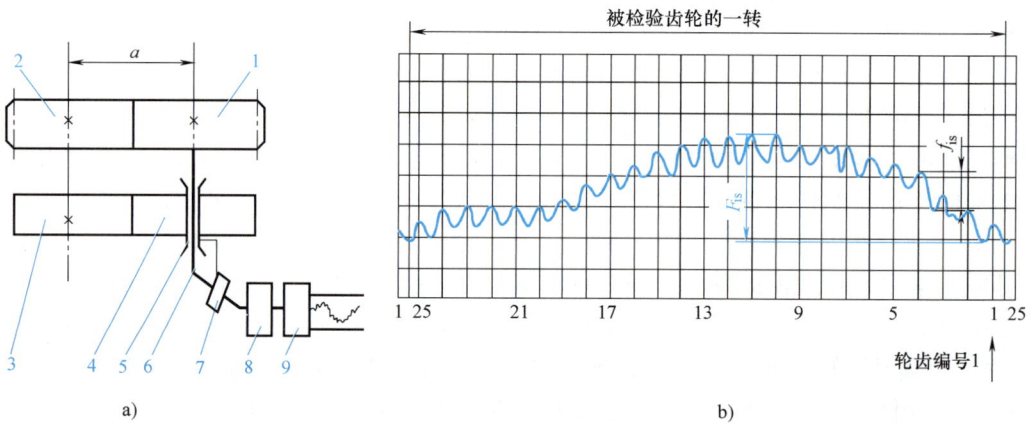

图 11-2　单面啮合综合测量
1—被测齿轮　2—测量齿轮　3、4—精密摩擦盘　5—辅助装置
6—传动轴　7—传感器　8—放大器　9—记录器

用单啮仪测量时，测量过程较接近齿轮实际工作状态，因而测量结果能较好地反映出齿轮的使用质量，且测量效率高，便于实现自动化。但单啮仪的制造精度要求较高，价格也较贵。

（2）齿距累积总偏差 F_p　齿距累积总偏差 F_p 是指齿轮同侧齿面任意弧段（$k=1$ 至 $k=z$，z 为齿轮齿数）内的最大齿距累积偏差，它表现为齿距累积偏差曲线的总幅值。齿距累积偏差 F_{pk} 是指任意 k 个齿距的实际弧长与理论弧长的代数差。

齿距累积总偏差 F_p 反映了分度圆上齿距的不均匀性。F_p 越大，齿廓间的相互位置误差就越大，齿轮一转内的最大转角误差也越大，传动的准确性就越差；反之，传动的准确性就越高。

由于齿距累积总偏差 F_p 同样能综合反映出径向误差和切向误差对齿轮传动准确性的影响，因此，它也是评定齿轮传动准确性的综合指标。为避免齿距累积总偏差 F_p 在整个齿圈上的分布过于集中，必要时可加检 F_{pk}。除非另有规定，F_{pk} 的计值仅限于不超过圆周 1/8 的弧段内，因此，F_{pk} 的允许值适用于齿距数 k 为 2 到 $z/8$ 的弧段内。通常，取 $k \approx z/8$ 就足够了，但对于某些特殊应用（如高速齿轮），还需检验较小弧段，并规定相应的 k 值。

F_p 和 F_{pk} 的测量方法有绝对法和相对法两种，应用较为广泛的是相对法。采用相对法测量时，常用的仪器有齿距仪和万能测齿仪。下面以齿距仪为例进行介绍。

图 11-3a 所示为用齿距仪进行测量的示意图。测量时，先用定位支脚 1 和 4 在被测齿轮的齿顶圆上定位，调整固定量爪 2 和活动量爪 3，使其在相邻两齿同侧齿廓的分度圆附近与齿面接触。以被测齿轮上任意一个齿距为基准，将仪器的指示表调到零位。然后依次测出其余各实际齿距相对于基准齿距的偏差 Δ，经数据处理，便可得齿距累积总偏差 F_p 和 k 个齿距累积偏差 F_{pk}，如图 11-3b 所示。

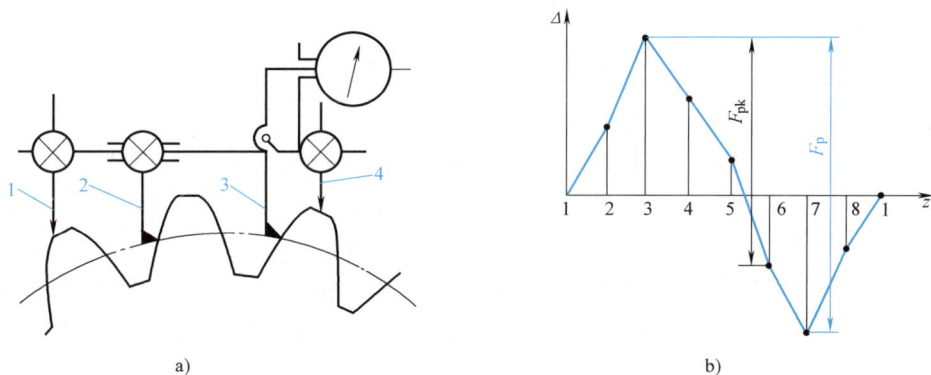

a)   b)

图 11-3 齿距偏差的测量
1、4—定位支脚 2—固定量爪 3—活动量爪

由于齿距偏差的测量仅对分度圆上的若干点（每个同侧齿廓与分度圆的交点）进行测量，测量结果 F_p 从不连续的折线上取得，如图 11-3b 所示，因此，它只能反映出这些有限点的偏差，用它来评定齿轮传动准确性时，不及切向综合总偏差 F_{is} 全面。

（3）径向跳动 F_r 径向跳动 F_r 是指测头相继置于每个齿槽内时，其到齿轮轴线的最大和最小径向距离之差。检验时，测头（球形、圆柱形和砧形）应在近似齿高中部与左右齿面接触。径向跳动 F_r 仅能反映齿轮的径向误差，属于评定齿轮传动准确性的单项指标。径向跳动 F_r 可用齿圈径向跳动检查仪或普通偏摆检查仪测量。图 11-4a 所示为用齿圈径向跳动检查仪进行测量的示意图。测量时，被测齿轮绕其基准轴线 O' 转动，将测头依次放入每一个齿槽内，对所有齿槽进行测量。与测头连接的指示表的示值变动 Δr 如图 11-4b 所示，其中的最大值与最小值之差即为被测齿轮的径向跳动 F_r。

（4）径向综合总偏差 F_{id} 径向综合总偏差 F_{id} 是指进行径向综合检验时，被测齿轮的左右齿面同时与测量齿轮接触（双面啮合），在转过一转的过程中出现的中心距最大值与最小值之差（最大变动量）。由于测量齿轮的轮齿在测量中相当于一个锥形测头，因此，在双面啮合状态下中心距的最大变动量 F_{id} 类似于径向跳动 F_r，主要反映齿轮的径向误差。但由于 F_{id} 是在齿轮连续回转状态下测得的，齿轮的基节误差、齿廓形状误差等以一齿转角为周期的误差也能综合反映在 F_{id} 中，故将双面啮合状态下中心距的最大变动量称为径向综合总偏差。

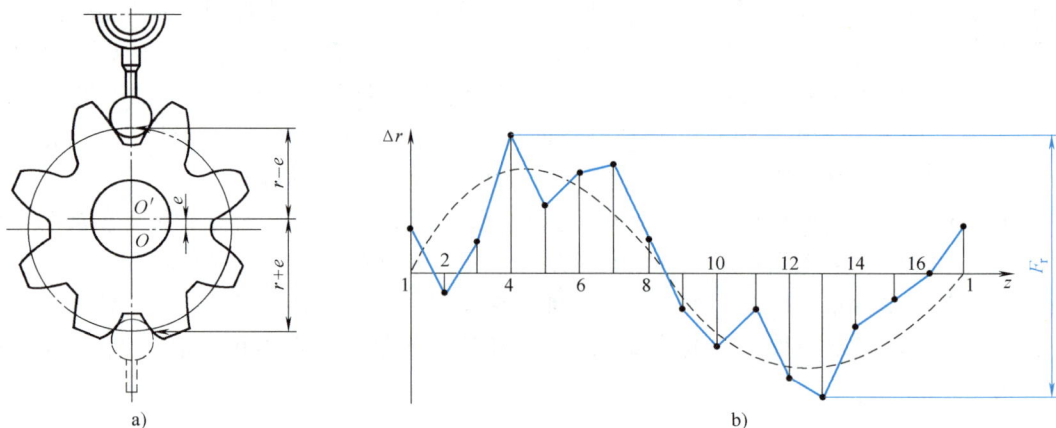

图 11-4　径向跳动的测量

径向综合总偏差 F_{id} 作为齿轮传动准确性的评定指标，与径向跳动一样，属于径向性质的单向指标。径向综合总偏差 F_{id} 用齿轮双面啮合仪（简称双啮仪）进行测量，其测量原理如图 11-5a 所示。被测齿轮 5 安装在固定溜板 6 的心轴上，测量齿轮 3 安装在滑动溜板 4 的心轴上，借助弹簧 2 的作用，使两齿轮做无侧隙双面啮合。在被测齿轮一转内，双啮中心距 a 连续变动，使滑动溜板 4 产生位移，通过指示表 1 测出最大与最小中心距变动的差值，即为径向综合总偏差 F_{id}。同时，自动记录装置可记录双啮中心距误差曲线，如图 11-5b 所示，误差曲线的最大幅值即为 F_{id}。

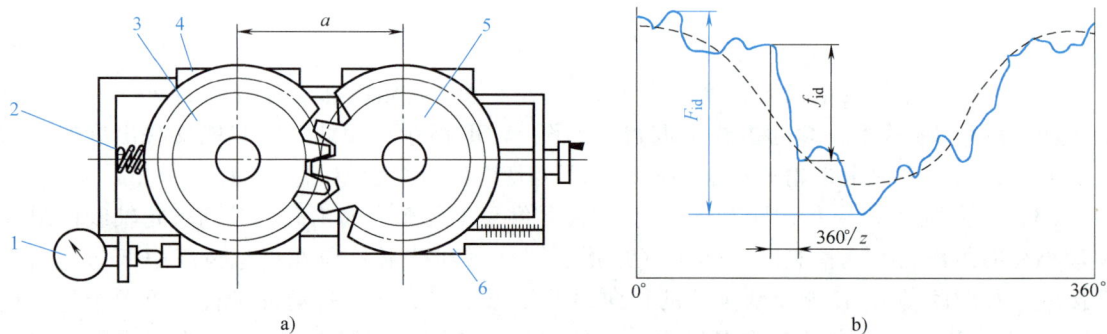

图 11-5　双面啮合综合测量

1—指示表　2—弹簧　3—测量齿轮　4—滑动溜板　5—被测齿轮　6—固定溜板

（5）公法线变动量 E_{bn}　公法线长度 W_k 是指在基圆柱切平面（公法线平面）上跨 k 个齿（对外齿轮）或 k 个齿槽（对内齿轮），在接触到一个齿的右齿面和另一个齿的左齿面的两个平行平面之间所测得的距离。对于标准直齿圆柱齿轮，$k = 0.5 + z\alpha/180°$（z 为齿轮齿数，α 为压力角）。

公法线变动量 E_{bn} 是指在齿轮一转范围内，实际公法线长度最大值与最小值之差，即 $E_{bn} = W_{max} - W_{min}$。

齿轮有切向误差时，实际齿廓沿分度圆切线方向相对于其理论位置将会产生位移，使得公法线长度发生变动,因此,公法线变动量 E_{bn} 可以反映齿轮的切向误差。因测量公法线长度时没有径向测量基准,故公法线变动量 E_{bn} 不能反映齿轮的径向误差。因此,在齿轮传动准确性的评定指标中,公法线变动量 E_{bn} 属于切向性质的单项指标。

测量公法线长度常用公法线千分尺或公法线指示卡规。公法线千分尺的分度值为 0.01mm,用于一般精度齿轮的公法线长度测量,如图 11-6a 所示。公法线指示卡规是根据比较法来进行测量的,其分度值为 0.005 mm,用于精度较高齿轮的公法线长度测量,如图 11-6b 所示。对于精度较低的齿轮,公法线长度也可用分度值为 0.02mm 的游标卡尺进行测量。

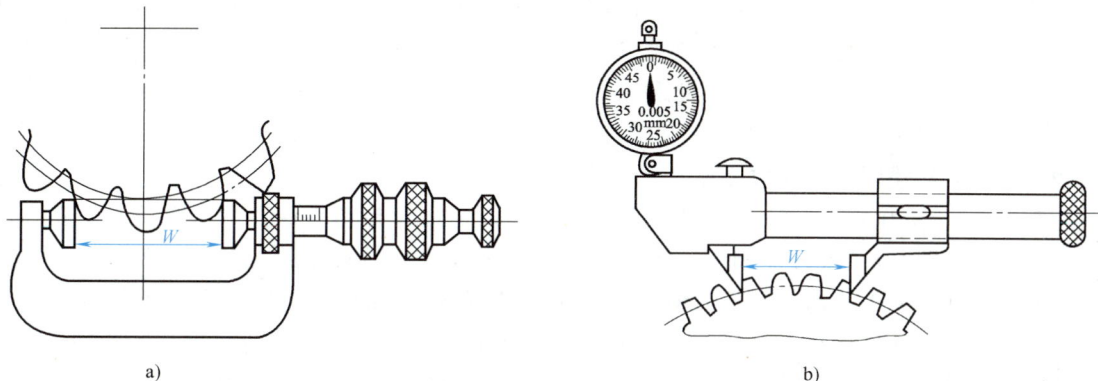

图 11-6 公法线长度测量

在齿轮设计中,不必将上述五项齿轮传动准确性的评定指标全部提出,可根据生产文件和工作要求,采用一项综合指标或两项单项指标的组合。但采用单项指标时,径向指标和切向指标必须各选一项。对于精度较低的齿轮,也可只用径向误差的评定指标(切向误差由机床精度保证)。因此,齿轮传动准确性的检验组包括以下五组。

1)切向综合总偏差 F_{is}。

2)齿距累积总偏差 F_p。(必要时加检 F_{pk}。)

3)径向跳动 F_r 和公法线变动量 E_{bn}。

4)径向综合总偏差 F_{id} 和公法线变动量 E_{bn}。

5)径向跳动 F_r(仅用于 10~11 级精度的齿轮)。

特别强调:由于同一齿轮的径向误差与切向误差有可能相互叠加或补偿,故采用 F_r 和 E_{bn} 或 F_{id} 和 E_{bn} 的组合来评定时,若其中有一项超差,不应将该齿轮判废,而应加检齿距累积总偏差 F_p,并按 F_p 来检定和验收齿轮精度。

2. 传动平稳性的评定指标与检测

传动平稳性的评定指标共有五项。其中,属于综合指标的有一齿切向综合偏差 f_{is} 和一齿径向综合偏差 f_{id},属于单项指标的有基圆齿距偏差 f_{pb}、齿廓总偏差 F_α 和单个齿距偏差 f_p。

(1)一齿切向综合偏差 f_{is} 一齿切向综合偏差 f_{is} 是指进行被测齿轮与测量齿轮单面啮合检验时,在被测齿轮一个齿距内,齿轮分度圆上实际圆周位移与理论圆周位移的最大差值,以分度圆弧长计值。一齿切向综合偏差 f_{is} 能综合反映出基节误差和齿廓形状误差对齿轮传动平稳性的影响,是评定齿轮传动平稳性较理想的综合指标。用单啮仪测量切向综合总

偏差 F_{is} 的同时可测得 f_{is}。如图 11-2b 所示，在波长为一个齿距的范围内，小波纹的最大幅值即为 f_{is}。

（2）一齿径向综合偏差 f_{id}　一齿径向综合偏差 f_{id} 是指进行径向综合检验时，被测齿轮与测量齿轮双面啮合，在被测齿轮一个齿距内，双啮中心距的最大值与最小值之差。一齿径向综合偏差 f_{id} 在一定程度上也能综合反映基节误差和齿廓形状误差对齿轮传动平稳性的影响，也是评定齿轮传动平稳性的综合指标。但 f_{id} 的测量结果还会受到左、右两齿面误差的影响，因此，用 f_{id} 评定传动平稳性不如 f_{is} 精确。

用双啮仪测量径向综合总偏差 F_{id} 的同时可测得 f_{id}。如图 11-5b 所示，在波长为一个齿距的范围内，小波纹的最大幅值即为 f_{id}。

（3）基圆齿距偏差 f_{pb}　基圆齿距偏差 f_{pb} 又称基节偏差，是指实际基节与理论基节之差，如图 11-7 所示。实际基节是指基圆柱切平面所截两相邻同侧齿面交线之间的法向距离，理论基节是指基圆周长与齿数之比。

基节偏差 f_{pb} 仅能反映齿轮的基节误差，属于评定齿轮传动平稳性的单项指标。基节偏差 f_{pb} 常用基节检查仪或万能测齿仪进行测量。图 11-8 所示为基节检查仪的测量原理。测量时，先按被测齿轮 1 的理论基节数值，用量块把基节检查仪的活动量爪 2 和固定量爪 5 之间的位置调整好，并使指示表 4 对零；然后将支脚 3 靠在齿轮上，并使两量爪与基圆切线和两相邻同侧齿面的交点相接触。此时，指示表的读数即为实际基节与理论基节之差。

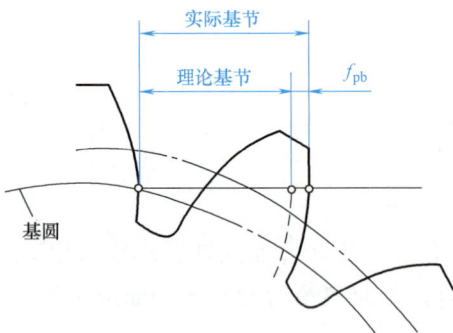

图 11-7　基节偏差

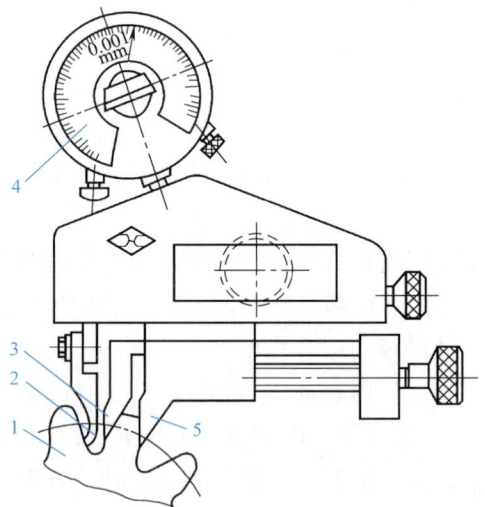

图 11-8　基节检查仪的测量原理
1—被测齿轮　2—活动量爪　3—支脚
4—指示表　5—固定量爪

测量时，一般要求逐齿测量，并且要测量轮齿的两个侧面，以测得的最大实际偏差作为被测齿轮的基节偏差 f_{pb}。

（4）齿廓总偏差 F_{α}　齿廓总偏差 F_{α} 是指在计值范围 L_{α} 内，包容实际齿廓迹线的两条设计齿廓迹线间的距离，如图 11-9a 所示。齿廓的计值范围 L_{α} 是指齿廓从齿顶倒棱或倒圆的起始点 A 到与配对齿轮或基本齿条相啮合的有效齿廓的起始点 E 之间的长度，它约占齿廓有效长度的 92%。

通常，设计齿形为理论渐开线。但在齿轮设计中，对于高速齿轮，为减小基节偏差和弹性变形引起的冲击，可采用修形的渐开线，如图 11-9b、c 所示。

齿廓总偏差 F_α 仅能反映齿轮的齿廓形状误差，属于评定齿轮传动平稳性的单项指标。齿廓总偏差 F_α 通常用渐开线检查仪进行测量。渐开线检查仪有单盘式和万能式两种。图 11-10 所示为单盘式渐开线检查仪的测量原理。被测齿轮 3 与一直径等于该齿轮基圆直径的基圆盘 2 同轴安装。基圆盘 2 在弹簧力作用下与直尺 1 紧靠。杠杆 4 安装在直尺 1 上，并随之一起移动；它一端的测头与被测齿面接触，另一端与指示表或记录器相连。

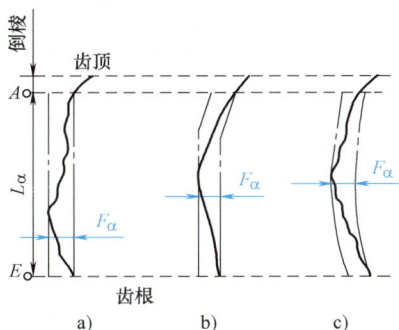

图 11-9　齿廓总偏差

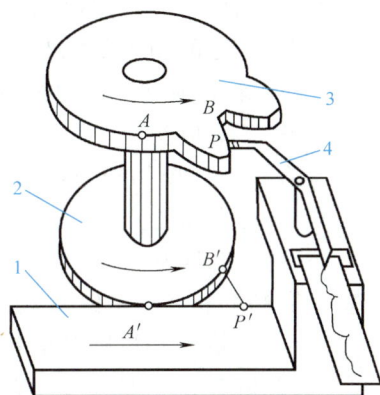

图 11-10　单盘式渐开线检查仪的测量原理

1—直尺　2—基圆盘　3—被测齿轮　4—杠杆

直尺 1 做直线运动时，通过摩擦力带动基圆盘 2 旋转，两者做无滑动的纯滚动，则直尺 1 的工作面与基圆盘 2 最初接触的切点相对于基圆盘 2 运动的轨迹是一条理论渐开线。测量时，被测齿轮 3 与基圆盘 2 同步转动。将杠杆 4 的测头与被测齿轮 3 齿面的接触点调整在直尺 1 与基圆盘 2 相切的平面内，则测头端点相对于基圆盘 2 的运动轨迹为一条渐开线，也就是被测齿轮 3 齿面的理论渐开线。

当杠杆 4 的测头在一定测量力作用下与被测齿轮 3 齿面接触时，若被测齿形为理论渐开线，则在测量过程中，测头相对于齿面无移动，指示表的指针也不会动，记录器记下的是一条直线（或折线和凸形线），如图 11-9 所示点画线；若实际齿形相对于理论渐开线有偏差，则测头会产生相对运动，指示表的指针发生偏转，记录器记录下的是一条弯曲的曲线，如图 11-9 所示实线。

在计值范围 L_α 内，指示表读数的最大值与最小值之差，或记录器记录的曲线上，包容实际齿形的两条虚线之间的距离，即为齿廓总偏差 F_α。

（5）单个齿距偏差 f_p　单个齿距偏差 f_p 是指所有任意单个齿距偏差的最大绝对值，即 $f_p = |f_{pi}|_{max}$。其中 f_{pi} 为任一单个齿距偏差，是指在齿轮端平面内的测量圆上，实际齿距与理论齿距的代数差，如图 11-11 所示。

单个齿距偏差 f_p 作为传动平稳性的评定指标，可代替基节偏差 f_{pb}（9 级精度以下的齿轮）。但由于单个齿

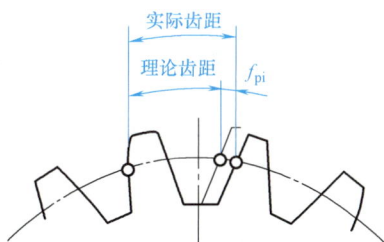

图 11-11　单个齿距偏差

距偏差 f_p 不能全面反映出齿轮的基节偏差和齿廓总偏差对齿轮传动平稳性的影响，所以 f_p 只是评定齿轮传动平稳性的单项指标。

单个齿距偏差 f_p 与齿距累积总偏差 F_p 的测量方法相同。采用相对法测量时，用所测得的各个实际齿距的平均值作为理论齿距。

在齿轮设计中，不必将上述五项齿轮传动平稳性的评定指标全部提出，可根据实际情况，采用一项综合指标或两项单项指标的组合。

采用单项指标的组合时，原则上评定基节偏差和齿廓总偏差的指标应各占一项，即可用 f_{pb} 与 F_α 或 f_p 与 F_α 的组合。从控制质量的观点看，这两组指标是等效的。但对于修缘齿轮，由于其不能测量 f_{pb}，故应选用 f_p 与 F_α 的组合。

此外，考虑到 F_α 的测量较困难，测量成本较高，故对精度较低（9 级精度以下），特别是尺寸较大的齿轮，通常不控制其齿廓总偏差 F_α，而由 f_{pb} 代替 F_α，有时甚至可以只检查 f_p 或 f_{pb}（10~11 级精度）。

因此，齿轮传动平稳性的检验组包括以下六组。

1）一齿切向综合偏差 f_{is}。
2）一齿径向综合偏差 f_{id}。
3）基节偏差 f_{pb} 和齿廓总偏差 F_α。
4）单个齿距偏差 f_p 和齿廓总偏差 F_α。
5）单个齿距偏差 f_p 和基节偏差 f_{pb}（用于 9~11 级精度）。
6）单个齿距偏差 f_p 或基节偏差 f_{pb}（用于 10~11 级精度）。

3. 载荷分布均匀性的评定指标与检测

影响载荷分布均匀性的主要因素是相啮合轮齿齿面接触的均匀性。齿面接触不均匀，载荷分布也就不均匀。对于单个齿轮，影响齿面均匀接触的偏差，沿齿宽方向主要是齿向偏差，沿齿高方向主要是齿廓形状偏差。齿廓形状偏差已由传动平稳性指标限制，故载荷分布均匀性的评定指标只有齿宽方向的指标，即螺旋线总偏差 F_β。

螺旋线总偏差 F_β 是指在计值范围 L_β 内，包容实际螺旋线迹线的两条设计螺旋线迹线间的距离，如图 11-12a 所示。螺旋线的计值范围 L_β 是指在轮齿两端处各减去齿宽的 5% 或一个模数的长度（取两者中的较小值）后的齿线长度。

为了改善齿面接触，提高齿轮承载能力，也可对螺旋线进行修形，如图 11-12b、c 所示鼓形齿和两端修薄齿等。

螺旋线总偏差 F_β 仅能反映齿轮沿齿宽方向载荷分布的均匀性，是评定载荷分布均匀性

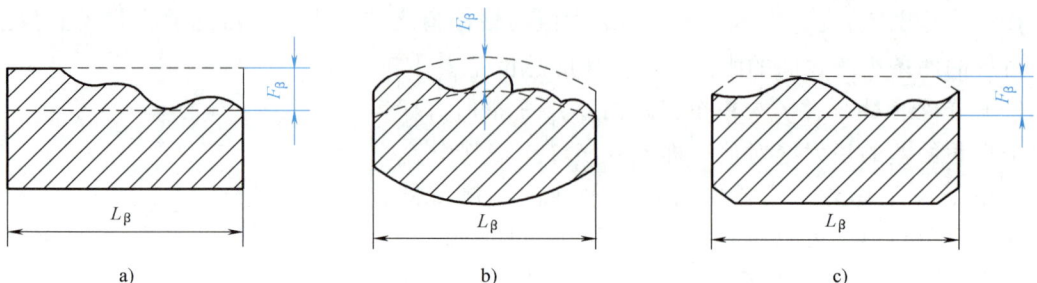

a)   b)   c)

图 11-12　螺旋线总偏差

的单项指标。

螺旋线总偏差 F_{β} 常用螺旋线偏差测量仪进行测量，图 11-13 所示为其原理。被测齿轮 3 安装在量仪主轴顶尖和尾座顶尖之间，纵向滑台 8 上安装有传感器 5，它一端的测头 4 与被测齿轮 3 的齿面在接近齿高中部接触，另一端与记录器 6 相连。

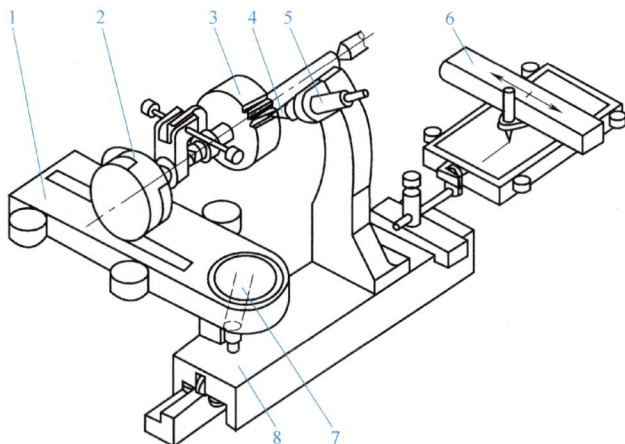

图 11-13　螺旋线偏差测量仪原理

1—横向滑台　2—主轴滚轮　3—被测齿轮　4—测头　5—传感器
6—记录器　7—带导槽的分度盘　8—纵向滑台

当纵向滑台 8 平行于齿轮基准轴线移动时，测头 4 和记录器 6 上的记录纸随之一起轴向移动。同时，它的滑柱在横向滑台 1 上分度盘 7 的导槽中移动，使横向滑台 1 在垂直于齿轮基准轴线的方向移动，相应地使主轴滚轮 2 带动被测齿轮 3 绕其基准轴线回转，以实现被测齿面相对于测头做螺旋线运动。测量时，若实际被测螺旋线为理论螺旋线，则测量过程中测头 4 的位移为零，记录器 6 记录下的图形为一条直线或凸形线，如图 11-12 所示的虚线；若实际螺旋线相对理论螺旋线有偏差，则测量过程中测头 4 会产生位移，记录器 6 记录下的图形为一条曲线，如图 11-12 所示的实线。

4. 传动侧隙合理性的评定指标与检测

对于齿轮副，为保证齿轮正常啮合，必须具有齿侧间隙。在中心距确定的条件下，常通过减薄齿厚的方法获得齿侧间隙。而齿轮齿厚减薄量可以用齿厚偏差 E_{sn} 或公法线平均长度偏差 E_{wm} 来评定。

（1）齿厚偏差 E_{sn}　　齿厚偏差 E_{sn} 是指分度圆柱面上，齿厚的实际值 s_{na} 与公称值 s_n 之差，以分度圆弧长计值，如图 11-14 所示。实际齿厚 s_{na} 是指通过测量确定的齿厚；公称齿厚 s_n 是指在分度圆柱上法向平面的齿厚理论值，具有该齿厚的互啮齿轮在基本中心距下实现无侧隙啮合。

设计时，规定齿厚的偏差值（上偏差 E_{sns}、下偏差 E_{sni}）作为对齿厚偏差允许变化的界限值，即 $E_{sni} \leqslant E_{sn} \leqslant E_{sns}$。

测量齿厚常用的量具为齿厚游标卡尺，按定义，齿厚应以分度圆弧长计值，但为了方便，一般测量分度圆弦齿厚，如图 11-15 所示。测量时，以齿顶圆为基准，调整纵向游标尺来确定分度圆弦齿顶高 h_c，再用横向游标尺测出弦齿厚的实际值 s_{nca}，用实际值 s_{nca} 减去公

称值 s_{nc}，即为分度圆弦齿厚偏差。在齿圈上，每隔 $90°$ 测量一个齿厚，取最大的齿厚偏差值作为该齿轮的齿厚偏差 E_{sn}。

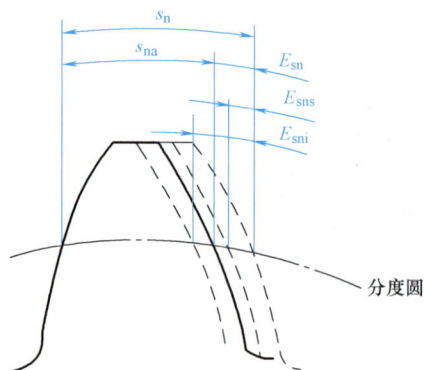

图 11-14　齿厚偏差

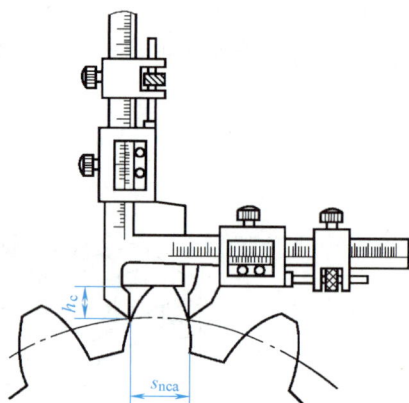

图 11-15　齿厚游标卡尺测量齿厚

对于直齿圆柱齿轮，分度圆的公称弦齿高 h_c 和公称弦齿厚 s_{nc} 分别为

$$h_c = m \left[1 + \frac{z}{2} \left(1 - \cos \frac{90°}{z} \right) \right] \qquad (11-1)$$

$$s_{nc} = mz\sin \frac{90°}{z} \qquad (11-2)$$

式中　m——齿轮模数；

　　　z——齿轮齿数。

由于测量是以齿顶圆为基准进行的，而齿顶圆直径的实际偏差和齿顶圆柱面对基准轴线的径向跳动都会对测量结果产生较大的影响，因此，此方法只适用于测量精度较低，或模数较大的齿轮。

（2）公法线平均长度偏差 E_{wm}　公法线平均长度偏差 E_{wm} 是指在齿轮一转内，公法线实际长度的平均值与公称值之差。

公法线长度公称值的计算公式为

$$W = m_n\cos\alpha_n \left[(k-0.5)\pi + z\mathrm{inv}\alpha_t + 2x\tan\alpha_n \right] \qquad (11-3)$$

式中　m_n——法向模数（mm）；

　　　α_n——法向压力角（°）；

　　　k——跨齿数，对标准直齿圆柱齿轮，$k = 0.5 + z\alpha/180°$；

　　　α_t——端面压力角（°），$\alpha_t = \arctan (\tan\alpha_n/\cos\beta)$，其中 β 为螺旋角；

　$\mathrm{inv}\alpha_t$——渐开线函数，$\mathrm{inv}20° = 0.014904$；

　　　x——变位系数，对标准直齿圆柱齿轮，$x = 0$。

公法线平均长度偏差（上偏差 E_{wms}、下偏差 E_{wmi}）是对公法线平均长度偏差的限制，即 $E_{wmi} \leqslant E_{wm} \leqslant E_{wms}$。

齿轮齿厚减薄时，公法线长度也相应减小，反之亦然。因此，控制公法线平均长度偏差，实质上就是间接控制齿厚偏差。

公法线平均长度偏差 E_{wm} 的测量与 E_{bn} 的测量一样，可用公法线千分尺、公法线指示卡规或游标卡尺等量具进行。在测量 E_{bn} 的同时可测得 E_{wm}。

　　由于测量公法线长度并不以齿顶圆为基准，因此，测量结果不受齿顶圆直径的实际偏差和齿顶圆柱面对基准轴线的径向跳动影响，测量精度较高。但为排除切向误差对测量结果的影响，应在齿轮一转内至少测量均布的六段公法线长度，并取其平均值为 E_{wm}。

三、圆柱齿轮精度标准

1. 精度等级及标注

　　（1）精度等级　GB/T 10095.1—2022 按照公差值由小到大的顺序，定义了 11 个齿面公差等级，从 1 级到 11 级，1 级精度最高，11 级精度最低。

　　GB/T 10095.2—2008 中对径向综合偏差 F_{id}、一齿径向综合偏差 f_{id} 规定了 4、5、…、12 共 9 个精度等级，其中 4 级精度最高，12 级精度最低。

　　指定齿面公差等级的齿轮的各项公差（GB/T 10095.1—2022 规定的各项公差）值根据表 11-1 所列公式计算圆整得到（圆整规则：如果计算值大于 $10\mu m$，圆整到最接近的整数值；如果计算值不大于 $10\mu m$，且不小于 $5\mu m$，圆整到最接近的尾数为 $0.5\mu m$ 的值；如果计算值小于 $5\mu m$，圆整到最接近的尾数为 $0.1\mu m$ 的值）。公差值单位为 μm。各公差值计算公式的应用范围如下。

　　1）齿轮齿数 z：$5 \leqslant z \leqslant 1000$。

　　2）齿轮分度圆直径 d：$5mm \leqslant d \leqslant 15000mm$。

　　3）齿轮法向模数 m_n：$0.5mm \leqslant m_n \leqslant 70mm$。

　　4）齿轮齿宽（轴向）b：$4mm \leqslant b \leqslant 1200mm$。

　　5）螺旋角 β：$\beta \leqslant 45°$。

表 11-1　齿面公差值计算公式

齿面公差项目	公差值（μm）计算公式
单个齿距公差 f_{pT}	$f_{pT} = (0.001d + 0.4 m_n + 5)\sqrt{2}^{A-5}$
齿距累积总公差 F_{pT}	$F_{pT} = (0.002d + 0.55\sqrt{d} + 0.7m_n + 12)\sqrt{2}^{A-5}$
齿廓倾斜公差 $f_{H\alpha T}$	$f_{H\alpha T} = \pm(0.4 m_n + 0.001d + 4)\sqrt{2}^{A-5}$
齿廓形状公差 $f_{f\alpha T}$	$f_{f\alpha T} = (0.55 m_n + 5)\sqrt{2}^{A-5}$
齿廓总公差 $F_{\alpha T}$	$F_{\alpha T} = \sqrt{f_{H\alpha T}^2 + f_{f\alpha T}^2}$
螺旋线倾斜公差 $f_{H\beta T}$	$f_{H\beta T} = \pm(0.05\sqrt{d} + 0.35\sqrt{b} + 4)\sqrt{2}^{A-5}$
螺旋线形状公差 $f_{f\beta T}$	$f_{f\beta T} = (0.07\sqrt{d} + 0.45\sqrt{b} + 4)\sqrt{2}^{A-5}$
螺旋线总公差 $F_{\beta T}$	$F_{\beta T} = \sqrt{f_{H\beta T}^2 + f_{f\beta T}^2}$
径向跳动公差 F_{rT}	$F_{rT} = 0.9F_{pT} = 0.9(0.002d + 0.55\sqrt{d} + 0.7m_n + 12)\sqrt{2}^{A-5}$

注：d 为分度圆直径（mm）；m_n 为法向模数（mm）；b 为轴向齿宽（mm）；A 为齿面公差等级。

　　径向综合总偏差 F_{id}、一齿径向综合总偏差 f_{id} 两项公差数值参见表 11-2 和表 11-3。

　　（2）齿轮精度等级在图样上的标注　依据 GB/T 10095—2022，齿面公差等级的标识或规定应表示的格式为：

　　GB/T 10095.1—2022，等级 A

　　A 表示设计齿面公差等级。

表 11-2　径向综合总偏差 F_{id}（摘自 GB/T 10095.2—2008）　　　（单位：μm）

分度圆直径 d/mm	法向模数 m_n/mm	精度等级				
		5	6	7	8	9
50<d≤125	1.5<m_n≤2.5	22	31	43	61	86
	2.5<m_n≤4.0	25	36	51	72	102
	4.0<m_n≤6.0	31	44	62	88	124
	6.0<m_n≤10	40	57	80	114	161
125<d≤280	1.5<m_n≤2.5	26	37	53	75	106
	2.5<m_n≤4.0	30	43	61	86	121
	4.0<m_n≤6.0	36	51	72	102	144
	6.0<m_n≤10	45	64	90	127	180
280<d<560	1.5<m_n≤2.5	33	46	65	92	131
	2.5<m_n≤4.0	37	52	73	104	146
	4.0<m_n≤6.0	42	60	84	119	169
	6.0<m_n≤10	51	73	103	145	205

表 11-3　一齿径向综合总偏差 f_{id}（摘自 GB/T 10095.2—2008）　　　（单位：μm）

分度圆直径 d/mm	法向模数 m_n/mm	精度等级				
		5	6	7	8	9
50<d≤125	1.5<m_n≤2.5	6.5	9.5	13	19	26
	2.5<m_n≤4.0	10	14	20	29	41
	4.0<m_n≤6.0	15	22	31	44	62
	6.0<m_n≤10	24	34	48	67	95
125<d≤280	1.5<m_n≤2.5	6.5	9.5	13	19	27
	2.5<m_n≤4.0	10	15	21	29	41
	4.0<m_n≤6.0	15	22	31	44	62
	6.0<m_n≤10	24	34	48	67	95
280<d≤560	1.5<m_n≤2.5	6.5	9.5	13	19	27
	2.5<m_n≤4.0	10	15	21	29	41
	4.0<m_n≤6.0	15	22	31	44	62
	6.0<m_n≤10	24	34	48	68	96

对于给定的具体齿轮，各偏差项目可使用不同的齿面公差等级。

2. 检验项目的选择

GB/T 10095.1—2022 给出了应进行检验的最少项目参数，表 11-4 给出了分度圆直径不大于 4000mm 的齿轮齿面公差检验参数。当供需双方同意时，可用备选参数表替代默认参数表。选择默认参数表还是备选参数表，取决于可用的测量设备。评价齿轮时，可使用更高精度的齿面公差等级的参数列表。

表 11-4　齿面公差检验参数表

齿面公差等级	最少可接受参数	
	默认参数表	备选参数表
10~11	$F_p, f_p, s, F_\alpha, F_\beta$	s, c_p, F_{id}, f_{id}
7~9	$F_p, f_p, s, F_\alpha, F_\beta$	s, c_p, F_{is}, f_{is}
1~6	$F_p, f_p, s,$ $F_\alpha, f_{f\alpha}, f_{H\alpha}$ $F_\beta, f_{f\beta}, f_{H\beta}$	s, c_p, F_{is}, f_{is}

齿轮公差检验
项目选择
的讲解

任务实施

将图 11-1 所示齿轮精度评定指标的含义填入表 11-5。

表 11-5　齿轮精度指标含义

齿轮精度评定项目	含义
齿距累积总偏差+0.037mm	
齿廓总偏差+0.012mm	
单个齿距偏差±0.011mm	
螺旋线总偏差+0.015mm	

思考与练习

一、填空题

1. 对齿轮传动的使用要求主要包括_____、_____、_____和_____等四个方面。

2. GB/T 10095.1—2022 规定了齿轮的_____个精度等级，用_____表示，其中，_____级最高，_____级最低。GB/T 10095.2—2008 中对_____只规定了_____共 9 个精度等级，对_____的精度等级规定与 GB/T 10095.1—2008 相同。

二、选择题

1. 影响齿轮传动平稳性的评定指标有（　　）。
   A. 单个齿距偏差 f_p 　　　　　　B. 一齿切向综合偏差 f_{is}
   C. 螺旋线总偏差 F_β 　　　　　　D. 齿距累积总偏差 F_p

2. 影响齿轮载荷分布均匀性的评定指标有（　　）。
   A. 单个齿距偏差 f_p 　　　　　　B. 一齿切向综合偏差 f_{is}
   C. 螺旋线总偏差 F_β 　　　　　　D. 齿距累积总偏差 F_p

3. 影响齿轮传动侧隙合理性的评定指标有（　　）。
   A. 公法线平均长度偏差 E_{wm} 　　B. 一齿径向综合偏差 f_{id}
   C. 公法线长度变动量 E_{bn} 　　　　D. 径向跳动 F_r

三、判断题

1. 影响传动准确性的误差是以齿轮一转为周期的径向误差和切向误差。（　　　）

2. 径向综合总偏差 F_{id} 是评定齿轮传动准确性的综合指标。（　　　）

3. 公法线平均长度偏差 E_{wm} 是指在齿轮一转范围内，实际公法线长度最大值与最小值之差。（　　　）

四、简答题

1. 评定齿轮传动准确性的指标有哪些？

2. 评定齿轮传动平稳性的指标有哪些？

3. 评定齿轮传动载荷分布均匀性的指标有哪些？

4. 评定齿轮传动侧隙合理性的指标有哪些？

参 考 文 献

［1］ 甘永立. 几何量公差与检测 ［M］. 8 版. 上海：上海科学技术出版社，2008.

［2］ 廖念钊，古莹菴，莫雨松，等. 互换性与技术测量 ［M］. 6 版. 北京：中国质检出版社，2012.

［3］ 吕天玉. 公差配合与测量技术 ［M］. 6 版. 大连：大连理工大学出版社，2018.

［4］ 苏采兵，王凤娜. 公差配合与测量技术 ［M］. 北京：北京邮电大学出版社，2013.

［5］ 韩凤霞，刘英超. 互换性与测量技术 ［M］. 北京：北京邮电大学出版社，2016.

［6］ 张春荣，支保军. 公差配合与测量技术 ［M］. 北京：北京交通大学出版社，2010.